Zum Schweigen gebracht!

1. Auflage Januar 2010

Copyright © 2010 bei
Kopp Verlag, Pfeiferstraße 52, D-72108 Rottenburg

Alle Rechte vorbehalten

Lektorat: Dr. Renate Oettinger, Thomas Mehner
Umschlaggestaltung: Anke Brunn
Satz und Layout: Agentur Pegasus, Zella-Mehlis
Druck und Bindung: CPI – Clausen & Bosse, Leck

ISBN: 978-3-942016-15-5

Gerne senden wir Ihnen unser Verlagsverzeichnis
Kopp Verlag
Pfeiferstraße 52
D-72108 Rottenburg
E-Mail: info@kopp-verlag.de
Tel.: (0 74 72) 98 06-0
Fax: (0 74 72) 98 06-11

Unser Buchprogramm finden Sie auch im Internet unter:
www.kopp-verlag.de

Andreas von Rétyi

Zum Schweigen gebracht!

Rätselhaften Todesfällen
auf der Spur

KOPP VERLAG

Inhalt

1. Vom Gift des Bösen

Tod in der Chesapeake Bay — S. 7

Das »Gawrilo-Prinzip«: mörderische Intrigen seit Jahrhunderten — S. 16

2. Politischer Mord

Kettenreaktion: der Kennedy-Komplex 1944–1999 — S. 31

»Die USA haben es nicht getan«: Salvador Allende, 1973 — S. 84

Kompromissloser Mord: Aldo Moro, 1978 — S. 107

Schüsse in der Nacht: Olof Palme, 1986 — S. 123

Der Tote von Marcy Park: Vince Foster, 1993 — S. 134

3. Geheim soll auch geheim bleiben

Kronjuwelen verschenkt man nicht: William Colby, 1996 — S. 147

Tod im Tunnel: »Lady Di«, 1997 — S. 161

Im Zweifelsfalle Polonium: Alexander Walterowitsch Litwinenko, 2006 — S. 179

4. Tödliche Geschäfte

Den Vatikan erpresst man nicht:
Roberto Calvi, 1982 — S. 193

CIA, Drogen und Mord:
Adler Berriman Seal, 1986 — S. 211

Herzinfarkt und doch selbst erhängt:
Amschel Rothschild, 1996 — S. 223

5. Schauplatz Deutschland

Der Schwur: Uwe Barschel, 1987 — S. 235

Moral als Vision: Alfred Herrhausen, 1989 — S. 256

Sturz in die Tiefe: Jürgen Möllemann, 2003 — S. 272

»Nach-Mord«: Und wenn sie nicht gestorben sind, dann morden sie noch heute! — S. 287

Ergänzende Literatur — S. 293

1.

Vom Gift des Bösen

Tod in der Chesapeake Bay

Es war die Jahreszeit, in der sich das Blut des Bären über die Landschaft zu legen beginnt. Die Welt schien sich allmählich in ein scharlachfarbenes Gewand zu hüllen.

Es war die Zeit des Todes. Doch sie nahte mit unwirklicher Schönheit.

Eine alte Indianerlegende kennt das Geheimnis, das sich mit dem herbstlichen Rot der Bäume und Wälder verbindet. Dieses Rot sei das Symbol eines erlegten Bären. Daher auch der Name *Indian Summer* – der Indianersommer, der jene wunderbare Herbstfärbung, die »Fall Foliage«, mit sich bringt. An der US-amerikanischen Ostküste zeigen sich die herbstlichen Töne ganz besonders ausgeprägt. Vor allem der weitverbreitete Zuckerahorn verwandelt das Land zeitweilig in ein Kunstwerk feuriger Farben. Die südlichen Appalachen scheinen im Indian Summer förmlich in Brand zu stehen.

Doch am Sonntag, dem 1. Oktober 1978, verblasste das Blut des Bären, denn Regen und Herbstnebel tauchten das ganze Land um die Hauptstadt Washington in ein tristes Grau. Kalte Windböen strichen durch rauschende Baumkronen, und die welken Blätter fielen wie geronnene Blutstropfen zu Boden. So lag die Vergänglichkeit in der Luft und schien gleichsam Vorbote einer grausigen Entdeckung zu sein. Denn an jenem ersten Oktobertag, an dem dichte Nebelschwaden die »blutende« Landschaft übertünchten, drang ein tödliches Verbrechen ans fahle Licht: Nahe dem Gebiet, wo der Patuxent River in die riesige Chesapeake Bay mündet, trieb ein offenbar lebloser Körper im Wasser. Per Funk verständigte eine

Gruppe von Freizeit-Seeleuten die Küstenwache, die daraufhin sofort eine Bergungsmannschaft entsandte.

Trotz des sehr schlechten Zustands, in dem sich der Leichnam befand, gab der leitende Pathologe Dr. Stephen Adams schon nach kurzer Zeit bekannt, ihn einwandfrei identifiziert zu haben: Der Tote war demnach ein gewisser John A. Paisley, Mitarbeiter des Wirtschaftsprüfungsunternehmens *Coopers & Lybrand* in Washington, D. C. Doch mit dem Toten verband sich eine weit spannendere berufliche Karriere. Tatsächlich nämlich finden wir den 1923 in Oklahoma geborenen Paisley nach einer militärischen Laufbahn bald bei der *Central Intelligence Agency* als Funkoffizier wieder, wo er die Entwicklung sowjetischer Elektronik überwachen sollte und zum stellvertretenden Chef des Büros für Strategische Forschung (*Office for Strategic Research*, OSR) avancierte. Hier ging es auch um die wesentlichen Abschätzungen der nuklearen Gefahr, wie sie von der Sowjetunion ausging. Wie ernst war die kommunistische Bedrohung? Die OSR-Leute gaben zunächst Entwarnung, dann aber wehte ihnen ab 1969 ein kräftiger Wind von der Regierungsspitze entgegen, vor allem von Richard Nixon und Henry Kissinger – die stark gestiegenen US-Militärausgaben mussten gerechtfertigt werden. Also musste auch das OSR seine Ergebnisse entsprechend »anpassen«. Denn was nicht passt, wird eben passend gemacht. So war es immer, und so wird es auch immer sein.

Paisley aber stellte sich gegen diese Forderung und wollte die CIA verlassen. Nun kam es zu einer ersten mysteriösen Wendung.

John A. Paisley (links) im Gespräch mit CIA-Chef William Colby. Paisley wurde am 1. Oktober 1978 tot in der Chesapeake Bay aufgefunden. Angeblich Selbstmord.

Der CIA-Mann sollte eine Art »Studienurlaub« in England verbringen und war bald am *Imperial Defence College* in London anzutreffen. Als er im Januar 1971 in die Staaten zurückkehrte, erschien er seinen Kollegen wie ausgewechselt. Da war kein Wille zur Kritik mehr, Paisley riskierte keinen Einwand, wenn es um die Wünsche Nixons und Kissingers ging. Welch magische »britische Dressur« mag er wohl erfahren haben – oder wäre »Gehirnwäsche« die geeignetere Bezeichnung gewesen? Jedenfalls fügte sich Paisley nun den Forderungen. Und stieg weiter auf.

Als Mitglied einer verdeckten Untersuchungsgruppe des Weißen Hauses, der *White House Plumbers*, sollte er das Treiben von CIA-Insidern aufdecken, die geheime Papiere und Informationen an die Medien weiterleiteten. Zuerst wurde Paisley auf den Pentagon-Mann Daniel Ellsberg angesetzt, der ein 7000 Seiten starkes Geheimpapier aus den hoch gesicherten Aktenschränken des US-Verteidigungsministeriums entwendet hatte und damit das Lügengebilde des Vietnam-Krieges hatte auffliegen lassen. Im Rahmen der *Operation Odessa* arbeitete sich Paisley an das Pentagon-Leck heran. Auch in Watergate soll er verwickelt gewesen sein. Sein gesamtes Leben war ein einziges Geheimnis. 1971 gründete Paisley die *Rush River Lodge Corporation*. Was nach einer ehrenwerten Gesellschaft klang oder klingen sollte, diente in Wahrheit einem ganz anderen Zweck. Paisley organisierte Sexpartys in Washington. In der CIA stieg er weiter auf, vor allem auch, als 1973 William Colby Chef der »Firma« wurde. Die beiden Geheimdienstler hatten ein sehr gutes Einvernehmen, weshalb manch einer sich auch wunderte, warum Paisley im Jahr 1974 aus der CIA ausschied. Doch war das nur ein Täuschungsmanöver, um weiter an hoch geheimen Aufgaben mitwirken zu können. Paisley war seinem Arbeitgeber treu geblieben.

Als ein Beratungsstab um Präsident Gerald Ford im Sommer 1975 schließlich die Bildung einer unabhängigen Gruppe vorschlug, die Einblick in sämtliche klassifizierte CIA-Dokumente erhalten sollte, welche auch den CIA-Analysten zugänglich waren, kam es zu einigem Aufruhr in den Reihen des US-Auslandsgeheimdienstes. Das gewünschte »Team B«, eine Gruppe außerhalb der Nachrichtendienste, würde nunmehr das geheime Wissen der CIA (»Team A«) kennenlernen und somit ein klares zusätzliches Sicherheitsrisiko darstellen. Selbst wenn dieses Wissen dadurch *nicht* an die Öffentlichkeit gelangte, so würde es in die Hände eines bislang nicht involvierten Personenkreises geraten und ihn automatisch auch mit zusätzlicher Macht ausstatten.

William Colby entschied sich 1976 deutlich gegen den Vorschlag. Präsident Ford hingegen ließ sich von diesem Entschluss nicht weiter beeindrucken und feuerte Colby kurzerhand. Ihm folgte als CIA-Direktor niemand anderer als der spätere US-Präsident George H. W. Bush. Das war umso verblüffender, als Bush zuvor »offiziell« noch nie in einer CIA-Position aufgetreten war. Aber Verbindungen gab es genügend. Jedenfalls war nunmehr die Bahn frei für die neue Gruppe, jenes Team B. Und gleich zwei bemerkenswerte Aspekte fallen dabei auf: zum einen, dass John Paisley interessanterweise aus seinem Pseudo-Ruhestand wieder zurück in den offiziellen CIA-Dienst berufen wurde, um das Team B zu koordinieren, zum anderen auch die personelle Zusammensetzung der Gruppe, in der sich unter anderen auch später so enorm mächtige Leute befanden wie Thomas W. Wolfe von der *RAND Corporation*, einer der mächtigsten US-Denkfabriken, sowie auch der Vater der Wasserstoffbombe, Edward Teller. Ebenso finden sich der »Falke« Paul Nitze unter ihnen und der spätere stellvertretende US-Verteidigungsminister und Weltbankchef Paul Wolfowitz. Als der *New York Times* allerdings geheimes CIA-Material zugespielt wurde, geriet das Team B in Verruf. Und Team A kochte förmlich.

General Daniel O. Graham, einer der B-Männer, machte John A. Paisley als Quelle verantwortlich. Er habe den Sowjets gegenüber stets eine zu nachgiebige, geradezu sanfte Haltung gepflegt. Der undurchsichtige CIA-Mann David S. Sullivan, dessen Handeln wahrhaft nicht immer nachvollziehbar war, wandte sich an den damaligen Sicherheitschef der CIA und erklärte, innerhalb des Dienstes gebe es zehn Maulwürfe. Er begann auch herumzuerzählen, dass Henry A. Kissinger und John A. Paisley de facto sowjetische Spione seien. Paisley nannte er konkret einen Mitarbeiter des KGB, obwohl er keinerlei handfeste Beweise auf den Tisch legen konnte. Das klang dann letztlich so: »Ich habe ihm nie getraut, ich habe ihn nie gemocht. Irgendetwas an ihm hat nicht gestimmt. Er schien mir wie ein ausgebrannter alter Sack, der einen Bart hatte und aussah wie ein Schwuler. Ich bin mir sicher, dass er der Maulwurf war.« Doch der »alte Sack« arbeitete bis zu seinem Tod weiter für die CIA.

Am Abend des 23. September 1978 brach Paisley mit seinem motorisierten Segelboot, der *Brillig*, von Solomon Island auf und fuhr Richtung Chesapeake Bay, um kurzzeitig am Leuchtturm von Hooker Island zu ankern. Über Funk meldete er sich bei einem Freund, dem er nur sagte, er müsse an einem wichtigen Bericht schreiben. Paisley hatte das Schiff demnach als Refugium gewählt, um eine ihm sehr bedeutsame Arbeit auszuführen. Er suchte offenbar die absolute Ruhe und einen Ort, an dem er nicht direkt zugänglich war. Was dann geschah, liegt im Dunkel und lässt sich aufgrund widersprüchlicher Berichte und Aussagen auch nicht mehr im Einzelnen rekonstruieren. Jedenfalls machte ein Park-Ranger aus der Region wohl schon am folgenden Tag die Küstenwache von St. Inigoes darauf aufmerksam, dass Freizeitsegler beobachtet hätten, wie ein kleines Schiff unter vollem Segel bei Point Lookout strandete. Als die Ermittler an Bord gingen, fanden sie keine Menschenseele vor. Doch nichts deutete darauf hin, der Eigner sei an Land gegangen. Im Sand waren keine Fußspuren zu sehen, gar nichts. Wer auch immer die Verantwortung für das Schiff hatte, musste aller Wahrscheinlichkeit nach über Bord gegangen sein. Andernfalls hätte er den Verlust des Schiffes sicherlich längst gemeldet. Auffallend war die Spezialausrüstung des Seglers, darunter vor allem ausgefeilte Funkgeräte für geheimen Nachrichtenaustausch. Die *New York Times* erklärte, solcherlei Technologie sei einzig und allein innerhalb der Geheimdienste anzutreffen – und sie lag mit dieser Behauptung wohl kaum falsch. Angeblich habe die CIA oder aber auch der technische US-Geheimdienst

NSA sich unmittelbar eingeschaltet und bereits klassifizierte Dokumente von Bord geholt, bevor unbefugte Dritte hier Einsicht nehmen konnten.

Dann, an jenem nebligen ersten Oktobertag 1978, machten andere Ausflügler in der Chesapeake Bay vom Boot aus ihre grausige Entdeckung. Nahe der Patuxent-Mündung schwamm eine Leiche im Wasser, die bald als John A. Paisley identifiziert wurde. Schon damit begannen die Ungereimtheiten.

Der Körper befand sich bereits in einem sehr schlechten Zustand, war er doch schon eine Woche lang im Wasser getrieben. Sowohl CIA als auch FBI erklärten zudem, keinerlei Fingerabdrücke von Paisley archiviert zu haben, sodass ein Vergleich nicht möglich war. Am Zahnstatus habe ebenfalls keine Identifikation stattgefunden. Bevor man Paisleys sterbliche Überreste einäscherte, nahm man dem Leichnam beide Hände ab und schickte sie unter geheim gehaltener Order an das FBI. Auch später verweigerte das FBI jegliche Auskunft über die Gründe oder Untersuchungsergebnisse hinsichtlich der Hände von Paisley. Bei der Obduktion des Körpers fand sich jedenfalls der Einschuss eines Neun-Millimeter-Projektils hinter dem linken Ohr.

Was hatte sich auf der *Brillig* abgespielt? Offiziell stuften die Ermittler den Fall als Selbstmord ein: Paisley sei über Bord gesprungen und habe sich dabei erschossen. Die ersten polizeilichen Aussagen sprachen allerdings eher von einem Mord vom Typus »Hinrichtung«. Das scheint auch deutlich plausibler. John Paisley war Rechtshänder. Daher hätte es schon einer gehörigen und völlig überflüssigen Verrenkung bedurft, sich die Waffe hinters linke Ohr zu halten und abzudrücken. So bringt sich ein Rechtshänder »normalerweise« nicht um – er schießt sich praktikablerweise eben hinters rechte Ohr! Aber selbst wenn Paisley – aus welchen Gründen auch immer – durch diese Verrenkung eine Fremdeinwirkung suggerieren wollte, dann bleibt noch ein anderes Rätsel. Vielleicht erschoss er sich ja an Bord und kippte anschließend über die Reling. Nur wären dann Spuren zu finden gewesen. Doch da gab es nirgends Blutspritzer, keine Gewebereste, keine Patronen. Und auch die Schusswaffe fehlte. Der CIA-Mann muss also über Bord gesprungen sein und sich die Kugel während des Sturzes verpasst haben! Mit dieser Nummer hätte er sogar vor Publikum auftreten können – zumindest einmal. Doch für seinen Auftritt – oder eher Abgang – gab es in Wirklichkeit offenbar keine Zeugen, zumindest, wenn man davon ausgeht, dass er das Kunststück wirklich selbsttätig vollbrachte.

Dann war da noch etwas.

Der Tote trug zwei schwere Tauchergurte. Zusammen wogen sie 17 Kilogramm. Zwar ging damit der Sturz ins Wasser auch nicht schneller vonstatten, aber Paisley hätte wohl noch mehr Schwierigkeiten gehabt, den Schuss während des Sprungs zu koordinieren. Die Selbstmordthese scheint also immer abwegiger.

Und was waren das für geheime Papiere an Bord? Angeblich hatte sich die CIA ohnehin sofort auf dem Schiff eingefunden, um das wohl sehr brisante Material schleunigst zu entfernen. Obwohl der Leichnam noch nicht identifiziert worden war, wusste die CIA offenbar sofort über die Gesamtsituation Bescheid: welches Schiff havariert war, wem es gehörte und vor allem auch, dass Top-Secret-Akten der CIA mit im tödlichen Spiel und in der Kajüte zu finden waren.

Der Erste, der das verlassene Schiff betrat, war ein gewisser Gerald Sword, der auch der CIA umgehend mitteilte, was er dort vorgefunden hatte. Entgegen anderen Behauptungen, die von geheimen Akten zum sowjetischen Nuklearpotenzial und Paisleys Kenntnis eines kommunistischen Maulwurfs sprechen, erwähnte Sword ein CIA-Memo zur Kuba-Krise. Zwar waren das nur vage Informationen, aber die Spur schien insgesamt eher in Richtung Kennedy zu führen. Dafür spricht auch die Aussage des bekannten Ex-CIA-Agenten Victor Marchetti, der später über die geheimen CIA-Mechanismen und die Lügen von CIA und Weißem Haus berichtete. Marchetti erklärte gegenüber dem US-Blatt *Baltimore Sun*, dass John A. Paisley enorm viel über die Ermordung von Präsident Kennedy gewusst habe und während der Anhörungen des Sonderkomitees für Mordanschläge (*House Committee on*

Assassinations) umgebracht wurde, da er nun manche Geheimnisse auszuplaudern beabsichtigte.

Die Chesapeake Bay wurde noch einigen anderen hochrangigen Geheimdienstlern oder Politikern zum Verhängnis, wobei die Todesfälle wie auch die Hintergründe einem Schema zu folgen scheinen. Solche Fälle begegnen uns in dieser Bucht – und sie werden uns auch in diesem Buch ständig begegnen. Es sind mysteriöse Todesfälle, vermeintliche Unfälle und angebliche Selbstmorde mit der speziellen Note, in Wahrheit hinterlistiger, brutaler und oft gründlich geplanter Mord zu sein.

Ein anderes Opfer der Chesapeake-Bucht war der amerikanische Bankier, Publizist und Diplomat Philip Merrill, eigentlich Philip Merrill Levine. Seine steile Karriere begann an der elitären Cornell-Universität. Hier wirkte Merrill bereits als Herausgeber von *The Cornell Daily Sun* und wurde in den auserwählten Zirkel der *Quill & Dagger Society* aufgenommen – eine universitäre Geheimgesellschaft ähnlich dem Bündnis von *Skull & Bones* an der Yale-Universität, die nicht minder ein Olymp des Ostküsten-Establishments ist. Dies sind die Horte einer Machtelite, die ihre eigenen Spielregeln besitzt und die Wege derer ebnet, die sich ihnen anschließen. Von hier geht es meist schnell weiter und hoch hinauf zu angesehen Ämtern in Politik und Wirtschaft – oder mitten hinein in die Geheimdienste.

Links: Tafel über dem Eingang zum Turm der Quill & Dagger Society an der Cornell-Universität. Rechts: das Emblem des Ordens von Skull & Bones, der seit 1832 bestehenden Geheimgesellschaft an der Yale-Universität.

Am 10. Juni 2006 stieß ein Hobbysegler auf die herrenlos dahintreibende *Merrilly*, das Segelschiff von Philip Merrill. Der 72-jährige Zeitungsmogul und Bankier wurde kurz darauf nahe Poplar Island tot im Wasser aufgefunden. An seinen Fußknöcheln war ein kleiner Anker befestigt, eine Verletzung am Kopf erkannten die Ermittler als Schusswunde. Die Geschichte weist also deutliche Parallelen zum Fall Paisley auf. Auch, dass wieder von Selbstmord die Rede war. Seit einer Herzoperation ein Jahr zuvor habe Merrill sich nicht mehr so recht erholt und nicht mehr die Lebensfreude früherer Zeiten gezeigt. Dass eine Kämpfernatur wie Merrill daraufhin sofort die Flinte ins Korn wirft und anschließend die Pump-Gun zückt, um sich damit die Kugel zu geben, wollten allerdings weder Verwandte noch gute Freunde glauben. Chuck Conconi, Herausgeber des Merrill-Magazins *The Washingtonian*, das nun von Tochter Catherine Merrill-Williams weitergeführt wird, arbeitete 15 Jahre mit Philip Merrill zusammen. Auch für ihn scheint ein Selbstmord kaum glaubhaft: »Das ist das Unwahrscheinlichste, was ich mir überhaupt vorstellen kann. Nach allem, was ich feststellen kann, liebte er sein Leben.« Nicht anders sieht es die Familie: »Die Vorstellung ist uns unmöglich, dass unser Vater und Ehemann, den wir kannten und liebten, dieser Tat fähig war. Jeder, der Phil kannte, hegte keinerlei Zweifel daran, dass er das Leben liebte und auch aus vollsten Zügen lebte.«

Letztlich bleibt der Fall Merrill unaufgeklärt, genauso wie der Tod des US-Politikers Richard Conlon, der ebenfalls bei einem Bootsunglück in der Chesapeake Bay ums Leben kam. Nicht zu vergessen natürlich: der schon erwähnte ehemalige CIA-Direktor William Colby, der sein feuchtes Grab ebenfalls während einer nächtlichen Kanufahrt nahe jener Schicksalsbucht fand. Der Fall ist so erstaunlich und facettenreich, dass wir uns bald noch ausführlicher damit befassen werden. Nur aus blankem Zufall stimmen diese schicksalhaften Tode gewiss nicht so verblüffend überein. Meist steckt deutlich mehr dahinter: statt einem Unfall, einem Selbstmord nämlich weitaus häufiger der heimtückische Mord!

Das »Gawrilo-Prinzip«: mörderische Intrigen seit Jahrhunderten

Tatsächlich, bei näherem Hinsehen stellt sich heraus: Es gibt ein echtes *Todessyndrom*, es gibt ganze Todesserien, die nach einem ähnlichen Schema ablaufen, es gibt verblüffende Häufungen von ungewöhnlichen Toden bei Journalisten, Politikern, Geheimdienstlern und anderen Schlüsselpersonen, die aus bestimmten Gründen zur Gefahr für eine mächtige Elite geworden sind – und damit untragbar. Sie mussten allesamt zum Schweigen gebracht werden.

Geheimdienste sind bestens darin geübt, exakte Pläne für den perfekten Mord auszuklügeln und sogar interne Handbücher des unverdächtigen Tötens zu erarbeiten. Hier geht es im Westen wie im Osten gleichermaßen skrupellos zu, denn auf jener hohen Ebene von Politik und Geheimdiensten rechtfertigt sich Mord zur Wahrung weit wesentlicherer Interessen und zur Aufrechterhaltung der nationalen Sicherheit. Und wenn wir uns ein wenig besinnen, dann steht jener spezielle Mord, eben jener unvermeidliche Mord aus höherem Interesse, der sich moralisch durch seinen außergewöhnlichen Nutzen für das Gemeinwohl oder zumindest für das Wohl einer weniger wohlmeinenden als des Öfteren eher sehr wohl gemeinen Elite rechtfertigt, nun, dann steht genau dieser besondere Mord bereits seit Langem auf der Tagesordnung.

Mörderische Attentate haben eine viele Jahrhunderte alte Geschichte, im Grunde sind sie so alt wie die Menschheit. Gemordet wird meist aus »simplen« Gründen, aus Neid, Hass, Geld- und Machthunger, all dies dann natürlich in den verschiedensten Variationen. Seltener sind altruistische Motive. In der Bibel finden sich dramatische Schilderungen listenreicher Attentate. Wie weit die Geschichte von Judith und dem Haupt des Holofernes auf tatsächlichen Begebenheiten beruht, sei dahingestellt, doch meist findet sich bei derlei Überlieferungen ein wahrer Kern. Holofernes, ein General des babylonischen Königs Nebukadnezar II., belagerte die in Judäa gelegene Stadt Betulia, bis sich die durstenden Bewohner fast ergaben. Unter den Umzingelten befindet sich auch die reiche

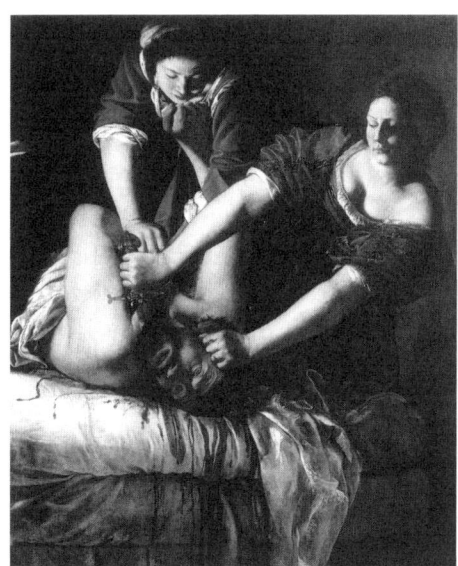

Die Enthauptung des Holofernes in einem Gemälde des Künstlers Artemisia Gentileschi (1593–ca. 1653).

und schöne Witwe Judith, die sich entschließt, Holofernes des Nachts aufzusuchen, ihn in einer vorgetäuschten Liebesnacht betrunken zu machen und zu töten. Der Plan gelingt auch. Sie enthauptet Holofernes und rettet die Stadt. Ähnlich verläuft die Geschichte der Debora im Buch der Richter. Der erste Mörder überhaupt war laut Bibel bekanntlich der Ackerbauer Kain, der seinen Bruder Abel erschlug, weil Gott dessen Opfergaben vorzog.

Und damit hörte das Morden nicht mehr auf.

Die mysteriösen Tempelritter trafen im Orient auf eine wilde Schar, jene mittelalterliche Geheimsekte der *Hashishin*, besser bekannt als *Assassinen* – ein Wort, das wir heute noch im Englischen als *assassination* gleichbedeutend für *Hinrichtung* oder *Attentat* vorfinden. Im Arabischen allerdings wurde der Name der *Assassinen* mit Wächtern gleichgesetzt. Sie sollten den mystischen Berg und das Heilige Land schützen. Der mehr als nur von einem Hauch des Geheimnisvollen umgebene Großmeister dieser skrupellos vorgehenden Wächtergruppe war Hassan-i-Sabbah, der »Alte vom Berge«. Er soll seine mörderischen Mannen mit Rauschgift gefügig gemacht haben – Haschisch, ein Wort, das sich angeblich von den *Assassinen* herleitet.

Der Alte vom Berge schien mit seinen Geheimnissen einem machtvollen Magier gleich, und vielleicht rührt daher auch dessen übliches Bild des bösen Zauberers, der einsam auf einem hohen

Berg lebt, um von dort aus völlig kaltblütig üblen Einfluss auf die Welt zu nehmen.

Die Anschläge und Morde in den verschiedensten alten Dynastien füllen ganze Bände. Dort geht es mit den tödlichen Attentaten kreuz und quer, Brudermord, Vatermord, Kindermord. Gerade im Alten Ägypten kam es durch unklare dynastische Verhältnisse, die aus zahlreichen pharaonischen Nebenfrauen und Heiraten mit Geschwistern oder Halbgeschwistern resultierten, oft zu wahrhaft mörderischen Verschwörungen. Thronanwärter Thutmosis III. half beim Tod seiner berühmten Tante Königin Hatschepsut wohl etwas nach, um selbst endlich das Szepter in die Hand nehmen zu können, nachdem die Königin ihn als Kindpharao ausgenutzt und verdrängt hatte.

Bis heute ist nicht klar, ob ein anderer Kindkönig und gleichzeitig der wohl berühmteste aller Pharaonen überhaupt, Tutanchamun, einem Mordanschlag zum Opfer fiel. Verdächtige und Motive gab es da jedenfalls genug. Und bald übernahmen der Wesir Ay und nach dessen Tod General Haremhab den ägyptischen Thron. Auch in den folgenden Jahrhunderten ging es nicht besser zu. Mord stand auf der Tagesordnung.

Könige und Fürsten kamen oft durch kein anderes Mittel an die Macht als durch Verrat und Mord. Nicht anders bei Alexander dem Großen, der sich ein Weltreich erkämpfte. Allerdings hatte seine Mutter Olympias wirklich alles getan, um ihrem Sohn den Weg zu ebnen. Wer auch immer aus der eigenen Familie ihm die Position hätte streitig machen können, wurde mehr oder minder elegant aus dem Weg geräumt. Alexander selbst starb 32-jährig in der Stadt Babylon. Er hatte ein Bad im Euphrat genommen, worauf er von einem mysteriösen Fieber befallen wurde. Mit Sicherheit war sein Körper bereits von den zahlreichen Kämpfen geschwächt, vielleicht hatten auch die vorausgegangenen Orgien, bei denen Alexander große Mengen an Alkohol genoss, ihr Übriges getan, den mächtigen Feldherrn endgültig in die Knie zu zwingen. Trotzdem glauben einige Historiker, Alexander der Große sei vergiftet worden. Entweder unabsichtlich durch Ärzte, die ihm zur Körperreinigung Weißen Germer verabreichten, eine giftige Mittelmeerpflanze, oder aber in voller Absicht durch einen der zahlreichen Feinde Alexanders. Die Dynastie bestand geradezu aus Mordanschlägen. So wurde auch Alexanders Mutter, die skrupellose Olympias, ihrerseits Opfer eines tödlichen Anschlags. Kassander, der entrechtete Sohn von Alexanders – wiederum ermordetem – Heerführer Perdikkas, kümmerte sich darum, dass die mächtige Frau von ihren Feinden gesteinigt wurde. Vor allem die Witwen und Waisen all jener früheren Opfer der Olympias griffen nur allzu bereitwillig zu den Steinbrocken, um sie nach der selbst so eiskalten Mörderin zu werfen. Nicht gerade besser erging es auch Alexanders Frau Roxane und deren gemeinsamem Sohn Alexander IV. Aigos, die Kassander beide vergiften ließ. Denn immerhin wäre der bei seinem Tod 13-jährige Alexander IV. bald legitimer König geworden – das sichere Ende für Kassanders mittlerweile errungene Machtposition.

Die Jahrhunderte vergingen, doch die Menschen änderten sich nicht. Mord und Totschlag beherrschten und veränderten das Machtgefüge überall auf der Welt, sei es in Frankreich, in England, in Deutschland oder Russland oder sonstwo auf diesem Globus. Bei den geistlichen Herrschern sieht der Blick in die Geschichte nicht besser aus. Zunehmend wollten sie auch die weltliche Macht in ihrer Hand wissen und bekämpften sich dazu auch untereinander bis aufs Blut.

Papst Johannes VIII., jenes Kirchenoberhaupt, das einer schon alten Legende zufolge in Wirklichkeit angeblich eine Frau war, nämlich die berühmte Päpstin Johanna, unterdrückt den weltlichen Patrizieradel Roms nach Kräften. Seine eigenen Verwandten suchen ihn zu vergiften. Doch als diese tödliche »Arznei« nicht schnell genug wirken will, erschlagen sie ihn mit einem Hammer. So geschehen im Jahr des Herrn 882. Vor seinem Leichnam wird der Nachfolger, Marinus, bestimmt, der aus den Reihen der römischen Patrizier stammt. Jetzt darf auch der abgesetzte Papst Formosus aus seiner Verbannung zurückkehren, zusammen mit seinem Zeremonienmeister Gregor, der zum Oberhofmeister des

Marinus ernannt wird. Formosus avanciert nun zum päpstlichen Berater.

Die Harmonie ist allerdings nur von kurzer Dauer. Durch seinen Vorgänger erleidet Gregor bald ein ähnliches Schicksal wie Papst Johannes, er wird erschlagen und anschließend blutend durch den Petersdom gezerrt, während der Mob seine Witwe durch die Stadt peitscht, nachdem man ihr die Kleider vom Leib gerissen hat. Marinus selbst ist nur kurze Zeit Papst, ihm folgt Stephan V. Sein Kontrahent Georg von Aventin ist schnell matt gesetzt: Man nimmt ihn gefangen und sticht ihm die Augen aus. Als Stephan im Jahr 891 stirbt, gelangt der alte Formosus noch einmal kurzzeitig auf den Papstthron. Nach dessen Tod und einem ebenfalls zeitlich knappen Pontifikat von Bonifatius VI. erlangt der abgrundtief verhasste Stephan VI. das höchste Amt der katholischen Kirche. Obwohl er von Formosus einst die Bischofswürde erhalten hat, dies noch in dessen erster Amtszeit, hält er ihn für einen Usurpator, der einen Eid gebrochen habe. Denn Formosus tat vor seiner zweiten Wahl als Papst den Schwur, in seinem Leben nie wieder nach einem geistlichen Amt zu streben. Nun ist Formosus tot – doch dieser Umstand lindert die Rachegelüste Stephans nicht im Mindesten. Im Jahr 897 lässt er daher den bereits stark verfallenen Leichnam des »Usurpators« aus der päpstlichen Gruft holen und in päpstliche Gewänder kleiden, um ihn vor eine Synode zu setzen und über ihn zu richten. Ein wahrlich makabres Szenario!

Natürlich ist das Urteil dieser berühmten »Leichensynode« vorausbestimmt. Dem Toten wird der Schwurfinger abgehackt, die Leiche in den Tiber geworfen. Die Anhänger des Formosus machen sich darauf an die bestimmt nicht angenehme Aufgabe, ihren schon ziemlich zerfledderten Ex-Papst wieder aus dem Wasser zu fischen. Der mittlerweile abgesetzte und in ein Kloster verbannte Stephan wird auf Befehl des neuen Papstes Theodor II. erwürgt. Schließlich verfügt Stephans Nachfolger auch, Formosus wieder in der weitläufigen Gruft des Petersdoms beizusetzen. Dort soll er endgültig seine letzte Ruhestätte finden – *soll*. Doch bekanntlich kann der Friedlichste nicht in Frieden leben, wenn es dem bösen

»Leichensynode« von 897 – Gemälde von Jean-Paul Laurens (1838–1921).

Nachbarn nicht gefällt. Manchmal ergeht es den Toten nicht besser, auch wenn's dann nicht mehr um das Leben geht. Tatsächlich beginnt das ganze Spiel um Formosus wieder, als ein Anhänger von Stephan die Papstkrone aufgesetzt bekommt. Mittlerweile schreibt man das Jahr 904. Von Formosus ist in den seit seinem Tode verstrichenen acht Jahren nicht mehr viel übrig geblieben. Aber immerhin genug, um mit dem Spuk erneut zu beginnen.

Sergius III. lässt den Leichnam wiederum aus der päpstlichen Gruft zerren, ihm den Kopf und die verbliebenen Finger der Schwurhand abschlagen und anschließend beinahe schon »traditionsgemäß« in den Tiber werfen. Und auch diesmal kümmern sich seine treuen Anhänger darum, dass Formosus schließlich wieder in die Krypta des Petersdoms gelangt, wo er dann – nach allem, was bekannt ist – schließlich auch bleibt.

Wir wissen alle, dass sich Meuchelmord als blutroter Faden durch die gesamte Geschichte zieht, eben ohne Rücksicht auf Verluste. Wenn es an den Fürstenhäusern mit einer geschickten Heiratspolitik nicht klappen wollte, mittels derer stets auch neue Bande der Macht geknüpft wurden, dann waren herbere Mittel ebenso recht. Dann eben keine Mitgift, sondern eher mit Gift, wie es bekanntlich vor allem eine Spezialität der Medici war.

In einigen Fällen sind die Motive glasklar, auch die Mörder werden schnell erwischt. In anderen Fällen gestaltet sich die Situation komplexer oder zumindest weniger transparent. Letztlich aber bleiben es auf der Ebene der Mächtigen bis in die Gegenwart hinein vor allem solche Motive, die sich auf die eine oder andere Weise vorrangig um Macht drehen. Dabei schält sich jedoch bei tödlichen Anschlägen auf wichtige Persönlichkeiten noch eine eigene zusätzliche Facette heraus: diejenige des »Vorzeige-Attentäters«. Gerne wird uns ein verwirrter Einzeltäter präsentiert, der seine persönliche Mission zu erfüllen glaubte, der sich durch seine Tat ins grelle Rampenlicht versetzen will, wenn auch nur kurzzeitig und mit sehr fragwürdiger Berühmtheit.

Hintermänner gibt es keine, doch die Tat selbst kann im Extremfall die Welt aus den Angeln reißen. So scheint es zumindest. Diese Einzeltäter werden nach dem Attentat entweder sehr schnell oder aber nie gefasst, häufig treten sie bald selbst unter mehr oder minder mysteriösen Umständen von der Weltbühne ab. So bleiben die Motive im Dunkeln, die Täter werden ewig schweigen. Bezeichnenderweise aber liefern diese Attentate meistens eine willkommene Erklärung für radikale politische Einschnitte, sprich: für gesellschaftlichen Umbruch und Kriegsereignisse. Doch sind es altbekannte Tatsachen, dass jeder Krieg mit einer Lüge beginnt und nichts in der Politik geschieht, ohne zuvor gründlich geplant gewesen zu sein, um dann eben genauso einzutreten wie von subtilen Kräften im Hintergrund beabsichtigt.

Ähnlich verhielt es sich beim Attentat von Sarajevo. Am 28. Juli 1914 begab sich der österreichisch-ungarische Thronfolger Erzherzog Franz-Ferdinand von Habsburg zusammen mit seiner Gemahlin Sophie von Hohenberg nach Sarajewo, um dort militärischen Manövern beizuwohnen. Das Fahrzeug des Thronfolgerpaares befand sich gerade unmittelbar an der Lateinerbrücke, die über den Fluss Miljacka führt, und hielt zufälligerweise direkt vor dem Attentäter an, dem erst 20-jährigen Gawrilo Princip, der somit

Anschlag auf das Thronfolgerpaar in Sarajewo, 28. Juli 1914.

aus nächster Nähe zweimal auf sein Ziel schießen konnte und das kaiserliche Paar tödlich traf.

Bis heute werden diese fatalen Schüsse von Sarajewo immer wieder als Auslöse-Ereignis des Ersten Weltkrieges genannt, Princip blieb weithin als der Attentäter von Sarajewo in Erinnerung, da er die tödlichen Schüsse abgegeben hatte. Doch Einzeltäter war er nicht. Vier weitere Attentäter warteten an jenem Tag auf ihren Einsatz, von denen allerdings nur einer, Nedeljko Čabrinovic, seinen Auftrag ausführte. Noch während sich die Fahrzeugkolonne in Richtung Rathaus bewegte, warf er eine kleine Bombe auf die beiden Thronfolger. Sie prallte aber vom Arm Franz Ferdinands ab, fiel auf das nach hinten geklappte Verdeck des Wagens und detonierte vor dem dritten Fahrzeug. Die Attentäter wurden vom serbischen Geheimbund »Schwarze Hand« unterstützt und vorbereitet. Wer vielleicht außerdem noch hinter dem Anschlag stand, wurde damals höchst kontrovers diskutiert. So zirkulierten auch Gerüchte, ein illegitimer Sohn von Kronprinz Rudolf sei der eigentliche Attentäter oder aber vielleicht auch jemand aus dem Kreise der Freimaurer. Was sich aber ins Gedächtnis der Leute einprägte, das war in jedem Falle der besessene Einzeltäter Princip sowie die felsenfeste Verbindung des Anschlags mit dem Ausbruch des Ersten Weltkriegs. Und genau darauf, auf diese öffentliche Wirkung und auf diese Assoziation, kam es an.

Es gab einen vorzeigbaren Grund für die folgenden und verheerenden Entwicklungen, wobei die damals einsetzende Neuordnung der Welt bereits geplant war. Ob mit oder ohne Anschlag, es wäre zum Krieg gekommen. Die Einführung einer Neuen Weltordnung stand im weiteren historischen Verlauf wiederholt bis heute auf dem Programm – und heimlich agierende Gruppen und Kräfte stellen die Weichen bereits lange im Vorfeld, um ihre großen Ziele auch wirklich zu erreichen. Wir werden diese Tatsache an etlichen Beispielen feststellen, an Beispielen, die durch ihr gesamtes Umfeld oft sogar weitaus deutlicher als der Fall Gawrilo Princip belegen, wie einzelne Morde die gesamte Gesellschaft beeinflussen können, oder aber, wie die wahren Motive und Mörder unerkannt bleiben, während die vorgeschobenen Gründe und die vermeintlichen Tätermarionetten ins allgemeine Bewusstsein dringen und dort auch verbleiben. Es wäre wahrlich naheliegend, in diesem Zusammenhang vom *Gawrilo-Prinzip* zu sprechen.

Princip selbst verschwand natürlich sehr schnell von der Bildfläche, sodass viele Facetten zu seiner Person und seinen angeblichen Motiven völlig im Dunkeln bleiben oder allerhöchstens Gegenstand einer spekulativen Auseinandersetzung sein können. So schreibt auch Dr. Wolff Middendorff in einem »Beitrag zur historischen Kriminologie – Der politische Mord« 1968 im Rahmen der Schriftenreihe des Bundeskriminalamts kurz und bündig: »Über das Leben und die Persönlichkeit des Gavrilo Princip und der anderen Attentäter, insbesondere des Nedeljko Čabrinovic, wissen wir nur sehr wenig.«

Princip lebte nach dem von ihm begangenen Anschlag nur noch vier Jahre. Das Todesurteil wurde über Princip zwar nicht ausgesprochen, da er zum Zeitpunkt der Tat noch nicht volljährig war. Doch verurteilte ihn das Gericht zu 20 Jahren schwerer Kerkerhaft in der *Kleinen Festung* in Theresienstadt. Lesen und Schreiben waren dort untersagt, auch durften die Häftlinge mit niemandem sprechen – sie waren völlig isoliert und vegetierten in kalten, feuchten und dunklen Zellen vor sich hin, teils über Stunden an die Wände gekettet. Princips Gesundheitszustand verschlechterte sich im Laufe von nur wenigen Jahren daher massiv. Er magerte laut Aussagen des Wiener Psychiaters Dr. Pappenheim, der ihn im Jahr 1916 mehrere Male kurz sehen konnte, bis zum Skelett ab und verfiel auch geistig. Kurz vor seinem Tod musste ihm noch die rechte

Hand amputiert werden, Princip starb schließlich an Knochentuberkulose.

Das Schweigen der Mörder zieht sich durch die Geschichte des politischen Mordes, der so zahlreiche Facetten besitzt. Neben Königs- und Präsidentenattentaten sind es Morde an einzelnen Personen, die aus verschiedensten Gründen gefährlich geworden sind. So werden aus lange Zeit geduldeten und von den großen Machtstrukturen weidlich genutzten Diktatoren plötzlich verfolgte Tyrannen, die gegen demokratische Prinzipien verstoßen und ihr Volk unterdrücken, das demzufolge endlich befreit werden muss. Wer zudem als Politiker oder Journalist, als Geheimdienstler oder Jurist, als General oder aber als schlichter ziviler Zeuge wissentlich oder unwissentlich das Falsche tut, indem er der großen, weitgehend aber unter geheimem Siegel betriebenen Politik in die Quere gerät, lebt gefährlich und stirbt meist schnell. Denn diejenigen, die an der Macht sind, werden alles tun, diese Macht zu behalten, und noch mehr tun, um sie auszuweiten.

Bereits zwei Jahre vor dem Attentat von Sarajevo schrieb Dr. Paul Liman in seiner historisch-psychologischen Studie über den politischen Mord: »Man darf den Begriff des Attentats erweitern. Er findet seine Grenze nicht in dem mörderischen Überfall, den der Einzelne gegen den Verhassten ausübt, das Attentat wird auch nicht dort nur vollbracht, wo der Täter mit einer Art von Heroismus sein Leben einsetzt: Es wird im letzten Sinne auch überall dort vollzogen sein, wo sich die Ungesetzlichkeit bewaffnet, um über den Leichnam des Getöteten hinweg die Pforte zu einem neuen gesetzlichen oder gesellschaftlichen Zustand zu eröffnen. In diesem Sinne gefasst, durchschreitet es gleich einem blutigen Gespenst die ganze weite Bahn der Geschichte, gräbt es seine Spuren in den längst verwehten Staub uralter Vergangenheit, wie es heute noch den Arm gegen das Leben der Mächtigen ausstreckt. Und nicht immer tritt es in den Dienst des politischen Hasses oder der Rachsucht, des Fanatismus oder der revolutionären Stimmung, sondern es wird auch zum Werkzeug des Willens zur Macht, es tritt in den Kampf um Zepter und Krone. Der Wille zur Macht, das

Verlangen, über die anderen zu herrschen, sie unter seinen Willen zu beugen, ihnen die Gesetze ihres Lebens zu diktieren, ist so alt wie das Menschengeschlecht ...«

Und 80 Jahre später fragt der Harvard-Geschichtsprofessor Franklin L. Ford: »Warum töten Menschen überhaupt aus politischen Gründen? Die Politik ist so sehr eine Sache des Lebens, der Zusammenarbeit für das Überleben und das Wohlergehen der Menschen, dass es fast paradox erscheint, sie mit dem Tod in Verbindung zu bringen. Was indessen auf den ersten Blick unnatürlich erscheint, ist nicht mehr so leicht von der Hand zu weisen, wenn man die Geschichte der organisierten Gesellschaften betrachtet.« Und im Grunde ist dies nur der Anfang allen Übels. Es ist die glatte Oberfläche eines tiefen, undurchsichtigen Morastes, einer abgründigen Welt enger, aber machtvoller Kreise, die durch ihre enormen finanziellen Mittel und eine weitgehend gelungene Infiltration sämtlicher wesentlicher Organe der Gesellschaft genügend Potenzial besitzen, den nötigen Einfluss zu nehmen, ihre Macht zu sichern und in der Öffentlichkeit weder personell noch durch ihr Handeln direkt in Erscheinung zu treten. Dieser Morast, eng verbunden mit illegalen Machenschaften einer Schattenregierung und ebenso illegalen Aktivitäten der Geheimdienste, ist weitgehend verantwortlich für zahllose ungeklärte Todesfälle, für vermeintliche Selbstmorde und Unfälle, ebenso für Attentate, deren Verursacher zwar gefasst wurden, die aber lediglich als Marionetten zur öffentlichen Beruhigung ins Spiel gebracht wurden. Auch hier ist es ähnlich wie von Ford bereits skizziert: Was zunächst unglaubhaft und nach abstruser Verschwörungstheorie klingt, ergibt bei näherem Hinsehen einen geradezu erschreckenden Sinn. Leider sind seltsamerweise gerade einige sogenannte Verschwörungstheorien die logischsten und schlüssigsten Erklärungen für ansonsten kaum fassbare und durch nichts erklärte Vorgänge. Und in auffallendem Maße bemühen sich die etablierten Organe, jene vermeintlich abwegigen und dummen »Theorien« ad absurdum zu führen, wobei sie sich nicht selten genötigt sehen, schlichtweg die Unwahrheit zu sagen, um investigative Autoren und ihre Arbeit zu diskreditieren.

Wir werden auf den folgenden Seiten noch wiederholt die tödliche Praxis kennenlernen, denen die vermeintliche Verschwörungstheorie folgt. Wir werden sehen, wie subtil und gleichzeitig menschenverachtend Geheimdienste und verborgen agierende Gruppierungen vorgehen, wenn höhere Interessen gefährdet sind oder aber neue Ziele durchgesetzt werden müssen. Hinsichtlich des Attentats fragt Franklin Ford: »Verspricht es, selbst in ganz wenigen Fällen, Ergebnisse, die sonst nur durch Revolution und Krieg erreichbar wären?« Diese Frage erinnert auch an Auslöseereignisse, bei denen wahrhaft der Zweck die Mittel heiligte, an ungeheuerliche Initialzündungen durch echte Verschwörungen höchsten Grades – zu denen wir durchaus auch US-Traumata wie Pearl Harbor oder den 11. September 2001 rechnen dürfen, Ereignisse, die die gesamte Welt angehen und sie bis zum heutigen Tag weiterhin beeinflussen. Beide Katastrophen waren definitiv Großattentate, allerdings mit verborgener Hintergrundkomponente und mit vertauschten Fronten gegenüber der offiziellen Historie. Davon aber will die etablierte Weltpresse in aller Regel nichts wissen. Und wenn sie darauf zu sprechen kommt, so spricht sie unvermittelt von »Verschwörungstheorie«, selbst wenn die Sachlage klar für eine handfeste Verschwörung spricht. Hörige Medien können allerdings nicht anders, sie müssen mit den Wölfen heulen. Demnach werden dann sämtliche Stereotypien abgearbeitet, mit denen der Mainstream überhaupt nur aufwarten kann, um ohne wirklich griffige Argumente doch immerhin den Eindruck zu hinterlassen, wieder einmal den souveränen Part zu spielen und nach aller Möglichkeit eine Aura der Lächerlichkeit um all jene »Verschwörungstheorien« zu schaffen.

Wir sollten aber wohl doch nicht übersehen, dass die Definition des politischen Mordes den politischen Massenmord an sich eben keineswegs ausschließt. Vor allem dann nicht, wenn wirklich bemerkenswert große Ziele bevorstehen, Ziele, wie sie – zumindest den Weltbildern ihrer geistigen Väter zufolge – neue Epochen einzuleiten vermögen. Erinnern wir uns in diesem Kontext nur an das *Project for A New American Century* (PNAC). Dov Zakheim, ehemaliger Präsidentenberater und federführend an diesem Projekt beteiligt, hinter dem eine US-Denkfabrik mit hartem politischen Kurs steht, stellte in einer Veröffentlichung zur *Neubildung der amerikanischen Verteidigung* klar heraus: »Der Prozess der Transformation wird, selbst wenn er revolutionäre Veränderungen mit sich bringt, wahrscheinlich lange andauern, sofern nicht ein katastrophales und beschleunigendes Ereignis stattfindet – ähnlich einem neuen Pearl Harbor.« Veröffentlicht wurde diese Aussage im Jahr 2000! Und – man hätte die Uhr danach stellen können – ein Jahr später kam es tatsächlich zu diesem katastrophalen und beschleunigenden Ereignis ...

Auch George W. Bush sprach sehr schnell von 9/11 als dem »Pearl Harbor des 21. Jahrhunderts«! Wenn wir uns den Ablauf des 11. September genau ansehen sowie das Vorfeld und die nachfolgende Entwicklung betrachten, wird einiges klar. Von Zufall jedenfalls kann keine Rede mehr sein! Der Terror war großteils hausgemacht. Hätten nicht ungefähr zwei Dutzend US-Insider aus den höchsten Reihen alle nötigen Vorbereitungen getroffen, wäre es nie so weit gekommen, und der *World-Trade-Center*-Komplex stünde noch heute. Es wäre im Übrigen naiv, solche exakt geplanten Massenmorde an der eigenen Bevölkerung lediglich deshalb auszuschließen, weil sie nicht nur scheinbar unlogisch, sondern vor allem aufs Teuflischste verwerflich und amoralisch sind.

In den Augen der Macht relativiert sich das Opfer schnell, hier stehen einerseits einige tausend Menschen gegen Millionen, vielleicht Milliarden. Andererseits stehen Millionen und Milliarden »gewöhnliche« Menschen einer winzigen, aber enorm mächtigen Minderheit gegenüber. Sie hält die Ruder dieser Welt in der Hand und entscheidet über das Leben der Massen wie über Massenmord.

Der Zweck heiligt die Mittel, heute wie eh und je. Und so stellt auch Franklin L. Ford fest: »Obwohl ich nicht umhinkann, eine gewisse Enttäuschung darüber zu empfinden, dass ich in dieser Studie über das Attentat nicht häufiger und ausführlicher auf andere Disziplinen eingehen konnte – Recht, Philosophie, Sozialwissenschaften, Literatur, die bildenden und darstellenden Künste – , bin ich zu dem Schluss gelangt, dass die drängendsten Fragen hinsichtlich des politischen Mordes nicht ästhetischer oder ethischer, sondern pragmatischer Natur sind.« Der Autor bezieht sich hier auf Anschläge gegen einzelne Personen und fährt fort: »Damit soll nicht die Bedeutung des Geschmacks und noch weniger der Moral herabgesetzt werden; es bedeutet nur, dass wir in erster Linie die Frage abwägen müssen, ob das Attentat *funktioniert*. Verspricht es, selbst in ganz wenigen Fällen, Ergebnisse, die sonst nur durch Revolution oder Krieg erreichbar wären? … Ist das Attentat, mit anderen Worten, jemals eine zulässige Option, ein Geschäft, das den marktüblichen Preis fordert?« – Wir werden uns aus heutiger Sicht ähnliche Fragen stellen, die durch die geschilderten Fälle gleichsam von selbst beantwortet werden. Und wäre die Erfolgsquote mörderischer Verschwörungen nicht hoch, so würde wahrscheinlich kaum derart zahlreich und skrupellos gemordet.

2.

Politischer Mord

Kettenreaktion: der Kennedy-Komplex, 1944–1999

Es war der 111. Mord, der sich in jenem Jahr in jener Stadt ereignete. Doch war es ein Mord, der in die Geschichte einging – das Trauma, das Jahrhundertattentat: der Mord an Präsident John F. Kennedy. Wir alle kennen die dramatischen letzten Augenblicke im Leben von »JFK«, sie waren so oft zu sehen, man könnte glauben, damals selbst Zeuge der Geschehnisse gewesen zu sein. Vor allem der berühmte Zapruder-Film, Farbaufnahmen des Amateurfilmers Abraham Zapruder, haben damals die sich nähernde Wagenkolonne des Präsidenten in den entscheidenden Momenten eingefangen und zeigen, wie der 35. Präsident der USA von zwei Schüssen niedergestreckt wird. Er stirbt innerhalb einer halben Stunde. Bald schon steht fest, wer der Mörder ist: Lee Harvey Oswald, ein gescheiterter Einzelgänger, dem bereits als Jugendlicher eine gestörte Persönlichkeit attestiert wurde. Nun allerdings mutierte er zum wahnwitzigen Einzeltäter, der sich entschloss, den mächtigsten Mann der Welt umzubringen. Keine Hintermänner, keine Verschwörung, nichts dergleichen. Das war zumindest das Ergebnis der von Kennedys Amtsnachfolger eingesetzten War-

John F. Kennedy (1917–1963).

ren-Kommission. Was dennoch bleibt, sind ungezählte Fragen, Widersprüche und Mysterien rund um den Mord an JFK, die bis heute nicht aufgeklärt werden konnten.

Und nur zwei Tage nach dem hinterhältigen Attentat auf den 46-jährigen Präsidenten wird der vermeintliche Killer selbst Opfer eines Attentats. Trotz umfangreichen Polizeischutzes gelingt es dem Nachtclubbesitzer Jack Ruby, ungehindert an sämtlichen Wachen vorbeizukommen und vor laufenden Kameras aus nächster Nähe auf Oswald zu schießen. Die Kugel geht mitten ins Herz. Oswald bricht röchelnd zusammen, verliert sehr schnell das Bewusstsein und erlangt es nie wieder. So konnte er nicht mehr vor Gericht gestellt, nie umfangreich befragt werden. In den wenigen Stunden, die ihm nach dem Kennedy-Attentat noch zu leben blieben, beteuerte er allerdings immer wieder, nichts mit dem Mord zu tun gehabt zu haben. Konnte man ihm das wirklich glauben? Und konnte man Ruby glauben, wenn er erklärte, er habe Oswald nur deshalb umgebracht, weil er der Präsidentengattin, Jacky Kennedy, ersparen habe wollen, dem Mörder ihres Mannes vor Gericht zu begegnen? Was war denn das wieder für eine fadenscheinige Geschichte? Gab Ruby sich nur deshalb wirklich dem sicheren Todesurteil preis? Er wusste, dass Millionen Menschen seinen Mordanschlag auf Oswald direkt auf den Fernsehschirmen mitverfolgen würden, er konnte sich ebenso sicher sein, dass es für ihn kein Entkommen gab, war er doch bereits zwangsläufig von Sicherheitspersonal und Polizei umstellt. Und so wusste er, dass ihm die Todesstrafe drohte. Trotzdem feuerte er die tödliche Kugel ab.

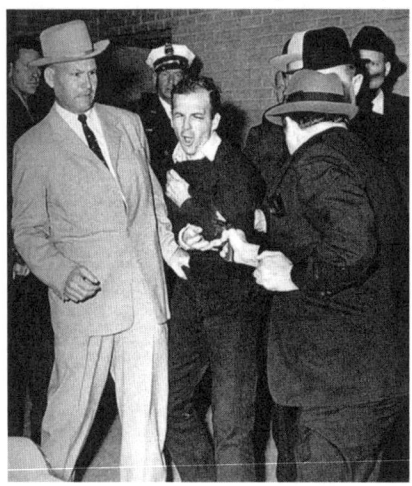

Jack Ruby tötet Lee Harvey Oswald vor aller Öffentlichkeit.

Doch diese Merkwürdigkeiten sind beinahe nichts als kleine Nebenschauplätze auf dem riesigen Feld der Seltsamkeiten und Widersprüche, die den Mord an JFK umgeben. Es sind winzige Facetten und allesamt nicht einmal entscheidend dafür, dass etliche Rechercheure sich sehr bald nicht mehr mit der offiziellen Darstellung der Geschichte abfinden konnten, sondern begannen, eine Verschwörung enorm großen Ausmaßes zu wittern. Dabei beschritten sie die unterschiedlichsten Pfade und folgten Tausenden von Hinweisen, Dokumenten, Querverbindungen und Zeugenaussagen. So erschienen unzählige Bücher mit sich teils widersprechenden Thesen und Theorien. Kein Wunder, dass es den Verteidigern der offiziellen Darstellung damit relativ leicht war, jene Alternativen als mehr oder minder unglaubwürdige, insgesamt eben unzutreffende Szenarien abzutun. Da nützte es auch nichts, darauf hinzuweisen, dass die geradezu ungeheuerliche Zahl an mysteriösen Todesfällen, wie sie sich im Kreise von potenziellen Mitwissern der wahren Hintergründe ereigneten, wohl alles andere als blanker Zufall sein konnte.

In einem Buch wie dem vorliegenden ist es fast unmöglich, über dieses Attentat zu schreiben, so viel wurde hierzu schon gesagt, so viel geschrieben. Allerdings ist es natürlich auch beinahe unmöglich, nicht darüber zu schreiben. Denn wenn es um mysteriöse Todesfälle und ihr meist noch mysteriöseres Gefolge geht, dann darf das Kennedy-Attentat schlichtweg nicht fehlen. Nur werden wir uns eben auf einige wesentliche Aspekte beschränken und viele, wenn auch ebenfalls keineswegs unwichtige Details weglassen müssen – andernfalls wäre für das Thema ein eigenes und nicht gerade dünnes Buch erforderlich. Und so verlangt jener Jahrhundertmord zumindest ein umfangreicheres Kapitel, nicht zuletzt auch, weil er bis heute im Grunde *der* Paradefall des politischen Mordes ist, mit nach wie vor geheimnisvollen Hintergründen und einer erschreckend weitreichenden, vielfachen Vertuschung. Begeben wir uns also für eine Weile zurück ins Jahr 1963 …

Der November neigt sich dem Ende entgegen, als Präsident John F. Kennedy für weitere öffentliche Auftritte in Dallas eintrifft.

Er hat bereits anstrengende Tage hinter sich – in San Antonio musste er neue Forschungsinstitute der US-Luftstreitkräfte einweihen; im Anschluss an ein Diner in Houston ging es weiter nach Fort Worth, um am folgenden Morgen einem Frühstücksbankett in großem Rahmen beizuwohnen und dann, nach der daraufhin anstehenden Fahrt durch Dallas, eine Rede während des geplanten Festessens im Trade Mart zu halten.

Kennedy absolvierte derlei Programme stets ohne Klagen, doch schleppte er einige schmerzhafte Gesundheitsprobleme mit sich herum, und das schon seit vielen Jahren. Seine Wirbelsäule blieb nach einem jugendlichen Baseball-Unfall auf Dauer geschädigt, was Kennedy zwang, ein Stützkorsett zu tragen. Und damit nicht genug. Die Gesundheit des Präsidenten war allgemein stark beeinträchtigt. So schrieb sein bald ebenfalls ermordeter Bruder Robert Kennedy einmal:

»Präsident Kennedy wäre im Mai 1964 siebenundvierzig Jahre alt geworden. Die Hälfte der Zeit, die er auf Erden weilte, war er von starken körperlichen Schmerzen geplagt. Er hatte Scharlach, als er sehr jung war, und ernste Leiden mit seinem Rücken, als er älter wurde. Dazwischen hatte er fast jede andere erdenkliche Krankheit. Als wir zusammen aufwuchsen, pflegten wir darüber zu scherzen, welch großes Risiko eine Mücke auf sich nähme, wenn sie Jack Kennedy stäche – mit nur ein wenig seines Blutes müsste sie sich unfehlbar tödlich vergiften. Er war lange Zeit nach dem Krieg im Marinelazarett zu Chelsea, hatte eine schwierige und schmerzhafte Rückenoperation im Jahre 1955 und bestritt auf Krücken den Wahlkampf im Jahre 1958. Als wir im Jahre 1951 eine Weltreise unternahmen, erkrankte er. Wir wurden ins Lazarett auf Okinawa geflogen, und er bekam dort über 41 °C Fieber. Man glaubte nicht, dass er am Leben bleiben würde.

In all diesen Jahren hörte ich ihn jedoch niemals klagen. Ich hörte ihn nie auch nur andeuten, dass er sich von Gott ungerecht behandelt fühlte. Diejenigen, die ihn gut kannten, sahen, dass er Schmerzen hatte, nur daran, dass sein Gesicht etwas erblasste, dass die Falten um seine Augen sich etwas vertieften und dass seine

Stimme etwas schärfer wurde. Wer ihn nicht so genau kannte, nahm gar nichts davon wahr.«

John F. Kennedy besaß einen eisernen Willen und eine ebensolche Disziplin. Mut und Zivilcourage waren seine Leitlinien. Er wollte nicht nur Wahlversprechen abgeben, sondern sie auch in die Tat umsetzen. Seinen Besuch in Dallas traten er und seine Frau Jacqueline – »Jacky« – mit gemischten Gefühlen an. Auch waren sie von Freunden gewarnt worden, sich darauf einzustellen, nicht besonders warm empfangen zu werden, wenn auch wenige einen ernsten Zwischenfall befürchteten. Zumindest dort nicht wesentlich mehr als andernorts. Und Kennedy selbst war sich ohnehin stets des Risikos bewusst, das ein Staatsoberhaupt ständig mit sich führt.

Jedenfalls war sich das Erste Paar des Landes bewusst, keinem sehr günstigen Klima in Dallas zu begegnen. Die Stadt hatte nicht für Kennedy gestimmt, und die Wahl war insgesamt ohnehin äußerst knapp ausgegangen.

Bei der Ankunft am Flughafen von Dallas gibt es keinen Jubel und keine Begeisterung, da nützt auch der Name jenes Airports nichts: *Love Field*. Gerade einmal der selbst in Texas beheimatete Vizepräsident Lyndon B. Johnson und seine Frau Ladybird ringen sich ein Lächeln ab. Ansonsten dominiert eine eher frostige Atmosphäre. Der Präsident und die First Lady nehmen dies selbstverständlich wahr, lassen sich aber nichts anmerken und steigen in die bereitstehende Limousine. Kennedy hofft, im direkten Kontakt mit den Leuten in Dallas die Stimmung positiv beeinflussen zu können. Er muss schon jetzt dafür sorgen, dass die Demokraten besser abschneiden und somit seine nächste Amtsperiode gesichert ist.

Das Wetter ist prächtig an jenem 22. November 1963, als sich die Wagenkolonne in Bewegung setzt, Richtung Innenstadt. Ohnehin fallen die Winter in jener Region mild aus, Regen und Schnee halten sich in Grenzen, auch wenn es zu heftigen Wintereinbrüchen kommen kann. Das schöne Wetter des 22. November und die positiven Signale, die Kennedy vermitteln wollte, waren beides begünstigende Faktoren für das Attentat, das eine knappe Stunde nach der Landung in Dallas auf ihn verübt werden sollte. Kennedy wollte mit offenem Verdeck fahren, wollte für alle direkt sichtbar sein. Hinzu kam, dass die Präsidentenlimousine, das Lincoln-Sondermodell mit der *Secret-Service*-Bezeichnung SS-100-X, von Anfang an Probleme mit der Klimabelüftung der Fondplätze hatte, wo das Präsidentenpaar standesgemäß Platz nahm. Das modifizierte Fahrzeug war übrigens nicht gepanzert, wog aber dennoch rund vier Tonnen! Bei der Hitze des Tages bot sich förmlich an, das Verdeck des Wagens geöffnet zu halten. Auch auf die Plastikkuppel wollte Kennedy verzichten, denn einmal wäre es unter ihr wiederum viel zu warm geworden, außerdem wollte sich Kennedy der Öffentlichkeit von Dallas ja direkt zeigen. Kugelsicher waren die beiden Aufbauten sowieso nicht, vielleicht aber hätten sie dem Schützen die Zielerfassung doch wesentlich erschwert.

Eskortiert von Motorrädern führt der Lincoln des Präsidenten die Kolonne an. Direkt vor den Kennedys, auf der Mittelbank, sitzen der texanische Gouverneur John B. Connally und seine Frau. Auf dem Beifahrersitz beobachtet der bullige Sicherheitsbeamte Roy H. Kellerman das Geschehen, während sein Kollege William R. Greer die wuchtige Limousine weiter in Richtung Innenstadt zur Dealey Plaza manövriert, gefolgt von einem Fahrzeug mit acht weiteren Sicherheitsleuten. Im dritten Wagen der Kolonne schließlich befinden sich Vize-Präsident Johnson und seine Frau sowie der

JFK mit Jacky in Dallas, kurz vor den Todesschüssen.

texanische Senator Ralph Webster Yarborough. Im Schlepptau hatten diese drei Wagen noch weitere begleitende Sicherheitsfahrzeuge sowie Busse für die Prominenz und die Medien.

Strahlend sitzen die Kennedys im Fond ihrer offenen Limousine, die immerhin 16 Kilometer Strecke vor sich hat und vor allem nahe dem Stadtzentrum in langsamer Fahrt dahinrollt. Trotzdem trägt Kennedy keine kugelsichere Weste. Genützt hätte sie ihm ohnehin nichts. Überhaupt besteht für ihn kaum echter Schutz gegen eine Schussattacke, er nimmt auch keine Rücksicht auf mögliche Gefahren, lässt den Wagen sogar zweimal auf dem Weg anhalten, um Hände zu schütteln: einmal bei einer Kindergruppe, die ihm ein Transparent entgegenstreckt »Bitte halten Sie an und geben uns die Hand, Mr. President« und ein weiteres Mal vor einer Gruppe katholischer Nonnen, mit denen der immerhin erste katholische Präsident der US-Geschichte einige Worte austauscht. Doch insgesamt sind auf den Straßen zunächst nicht sehr viele Menschen versammelt. Dallas hält sich mit der Begeisterung immer noch zurück.

Als sich der Wagentross der Main Street nähert, hellt sich die Stimmung allerdings auf. Hier stehen überall jubelnde Menschen an den Absperrungen – eine begeisterte Menge, die den Präsidenten freudig erwartet, damit hätte kaum mehr jemand gerechnet! Auch Mrs. Connally nicht, die Frau des texanischen Gouverneurs, die direkt vor den Kennedys im Wagen sitzt. Sie dreht sich um und wendet sich dem Präsidenten mit den Worten zu: »Sie können nicht sagen, dass Dallas Sie nicht liebt, Mr. President« – worauf Kennedy mit einem Lächeln erwidert: »Nein, das kann man wirklich nicht sagen.« Es ist einer seiner letzten Sätze.

Der Präsident hat nur noch wenige Minuten zu leben.

Kurz vor 12.30 Uhr hat die Kolonne die Main Street verlassen, biegt in die Elmstreet, um von dort über den nahen Freeway direkt den Trade Mart zu erreichen. Jacky Kennedy freut sich schon auf eine kühle Erfrischung, denn die Mittagshitze macht ihr bereits zu schaffen. Fünf Minuten sind es noch bis zum Trade Mart, und eigentlich wäre der Konvoi laut Protokoll schon am Ort eingetroffen, wäre es nicht zu jenen beiden erwähnten Aufenthalten gekommen.

Um 12.30 Uhr dann gibt es eine laute Detonation – ein Feuerwerkskörper, so glauben selbst einige Sicherheitsleute und reagieren nicht. Im selben Augenblick aber bäumt sich der Präsident auf, fasst sich an den Hals, aus dem Blut strömt. »Mein Gott, ich bin getroffen«, kann er gerade noch mit einem Würgen sagen, bevor sein Kopf nach vorne kippt. Eine Kugel hat seinen Nacken durchstoßen und ist am Hals ausgetreten, direkt auf der Höhe des Krawattenknotens, den sie regelrecht aufgesprengt hat. Auch Connally weiter vorne im Wagen sinkt schwer verletzt in sich zusammen. Ein Geschoss durchbohrt seinen Oberkörper, zertrümmert danach noch sein Handgelenk und dringt in den Oberschenkel ein. »Nein, nein, nein, nein, nein!«, schreit Connally in Panik, »man will uns beide umbringen!«

Die erste Kugel hat den Präsidenten im Nacken getroffen.

Alles scheint zur gleichen Zeit zu geschehen – und später heißt es, beide Männer seien von ein und derselben Kugel getroffen worden, unmittelbar nacheinander. Ein weiteres Geschoss vollendet nur Sekunden später den tödlichen Akt. Diese Kugel reißt Kennedy einen Teil des rechten Schädels weg. Jacqueline Kennedy erlebt

Die zweite Kugel riss ein zwölf Zentimeter großes Loch in die rechte Schädelseite Kennedys. Das Geschoss kam eindeutig von vorne.

den Horror auf Erden. Als sich die Präsidentengattin ihrem Mann zuwendet, sieht sie, wie sich ein zackiges Stück seiner Schädeldecke ablöst. Faustgroße Blutklumpen liegen im Wageninneren, das überall mit Blut und Gehirngewebe besprizt ist. Die Kugel hat ein zwölf Zentimeter großes Loch in Kennedys Schädel gerissen und diesen Gehirnabschnitt völlig zerfetzt. Der schwer verletzte Präsident kippt zur Seite, direkt auf seine Frau, die daraufhin anscheinend panikartig den Wagen zu verlassen sucht, aber von einem aufs Heck aufspringenden Sicherheitsbeamten wieder zurückgedrängt wird.

Als Jacky Kennedy den Lincoln verlassen will, drängt sie ein Sicherheitsmann zurück. William Greer beschleunigt den Wagen und bringt den sterbenden Präsidenten ins Parkland Memorial Hospital.

Roy Kellerman schreit ins Mikro: »Attentat auf Nummer 1! Vollgas!«, woraufhin Fahrer Greer den Wagen beschleunigt und ins *Parkland Memorial Hospital* steuert. Noch lebt der Präsident, aber die Verletzungen lassen keine Hoffnung mehr. Nur noch kurze Zeit können die Ärzte eine sehr schwache und unregelmäßige Atmung feststellen, jedoch keinen Puls mehr. Der Körper versucht noch zu leben, wehrt sich gegen das Unvermeidliche, doch sind es die letzten Regungen eines dem Ende geweihten Organismus. Sekundenbruchteile und einige wenige Gramm Metall haben sein Schicksal besiegelt. Um 13 Uhr stellen die Ärzte den Tod des Präsidenten fest.

Unmittelbar nach dieser traurigen Nachricht verlässt der bisherige Vizepräsident Johnson das Krankenhaus und eilt zur *Air Force One*, der Präsidentenmaschine auf *Love Field*. Hier wird er zum 36. Präsidenten der Vereinigten Staaten vereidigt. Der Leichnam JFKs wird kurz darauf zur Überführung an Bord gebracht.

Jacqueline Kennedy begleitet den Sarg und trifft kurz nach Johnson bei der Maschine ein. Noch Stunden nach dem Attentat

Lyndon B. Johnson wird am Tag des Attentats zum neuen Präsidenten bestimmt. Die Vereidigung findet noch am Flughafen von Dallas in der Air Force One *statt. Neben Johnson die geschockte Jacky Kennedy.*

trägt sie ihr von Blut bespritztes rosa Kostüm, denn die ganze Welt soll das Blut ihres Mannes sehen. Es wäre wohl Zeichen einer kaum mehr nachvollziehbaren mentalen Stärke, ließe sich ihr Handeln nicht dem enormen Schockzustand zuschreiben, in dem sie sich befunden haben muss. Sie erinnerte sich auch überhaupt nicht, hinaus auf den Kofferraum des Wagens gestiegen zu sein. War es wirklich so, wie manchmal gesagt wird, dass die verwirrte Präsidentengattin dort nach einem Gegenstand habe greifen wollen? Einige Autoren meinen, vielleicht nach einem Stück des Gehirns! Bei aller Verwirrung scheint das doch kaum denkbar.

Angeblich sei der tödliche Schuss auf den Präsidenten aus dem sechsten Stock des *Texas School Book Depository* abgefeuert worden, einem Schulbuchlager an der Dealey Plaza. Doch die Farbaufnahmen des Amateurfilmers Abraham Zapruder lassen ganz andere Schlussfolgerungen zu. Zwar werden diese Überlegungen laut offizieller Darstellung immer noch negiert und dementiert, doch Physik bleibt Physik, selbst wenn sie eine schockierende, eine tödliche Wirkung hat. Die physikalischen Gesetze müssten in Dallas schon auf geradezu übernatürliche Weise außer Kraft gesetzt worden sein, wenn der tödliche Schuss zwar aus einem schrägen Winkel von hinten kam, der Kopf des Präsidenten exakt durch diesen Schuss aber eindeutig und sehr heftig nach hinten gerissen wurde. Und damit setzt eine Kette an Ungereimtheiten in der offiziellen Version der Geschehnisse ein.

Diese Geschichte ist heute dennoch nach wie vor die populärste, weithin anerkannte Erklärung. Alternativen werden zumeist unter dem pauschalen Stempel der Verschwörungstheorie allesamt in einen Topf geworfen und kräftig mit beiden Händen umgerührt, damit ihre Glaubwürdigkeit noch mehr leidet. Nicht jedes dieser alternativen Szenarien überzeugt tatsächlich. Der Journalist Bonnar Menniger beispielsweise beschreibt in seinem Buch *Mortal Error – The Shot That Killed JFK* eine Theorie des Ballistikers Howard Donahue, der den Tod des Präsidenten einem fatalen Zufall zuschreibt: Als der erste Schuss fiel, stand *Secret-Service*-Agent George Hickey im nachfolgenden Wagen auf, verlor die Balance und zog dabei versehentlich am Abzug seiner Waffe, aus der sich dann der tödliche Schuss auf Kennedy löste. S. M. »Skinny« Holland war am 22. November 1963 nach Dallas gefahren, um den Präsidenten zu sehen. Er wird auch als Zeuge genannt, der beobachtete, wie Hickey im Wagen aufstand und dabei sein Gleichgewicht verlor. Zwei andere Zeugen, Austin Miller und Royce Skelton, hatten den Eindruck, dass zumindest einer der Schüsse aus der Nähe der Präsidentenlimousine stammte, und Howard Donnahue, der Ballistiker, leitete aus der Bahn der Kugel niemand anderen als Hickey als eindeutige Quelle ab. Der Pulvergeruch, den auch Senator Ralph Yarborough wahrnahm, dürfte ebenfalls dafür sprechen, dass zumindest ein Schuss auf Bodenhöhe abgefeuert worden war. Doch die Zufallstheorie von Menniger und Donnahue scheint trotz einiger guter Argumente und Indizien doch etwas zu weit hergeholt. Die Realität kann zwar fantastischer sein als die fantasievollste Fiktion, doch sind es nicht nur Wahrscheinlichkeiten, die jene alternative These – bei der es sich ja nicht um eine Verschwörungstheorie handelt – kaum sehr glaubhaft erscheinen lassen. Der Zeitpfeil ist klar und der Lauf der Geschichte rückwirkend nicht zu beeinflussen. Doch der Weg einer Kugel, wie er sich aus Schusswunden und Einschusslöchern ergibt, lässt sich gerade in der vorliegenden Situation nicht als »Einbahnstraße« betrachten.

Schon die Geschichte um den ersten Schuss, jene »Wunderkugel«, die sowohl Kennedy als auch Connally getroffen haben soll, ist sehr, sehr seltsam. Klar scheint daran nur, dass diese Kugel einzig von schräg oben hinter der Limousine abgefeuert worden sein musste. Von vorne konnte sie nicht stammen, dagegen sprechen sowohl der Schussverlauf durch den Nacken und Hals des Präsidenten als auch der weitere Weg durch den Körper des Gouverneurs Connally. Die offizielle These besagt, dass der Schuss aus dem Schulbuchdepot kam. Dort, im sechsten Geschoss des Gebäudes, hatte sich der geistesgestörte Täter, Lee Harvey Oswald, mit seinem 6,5-mal-52-Millimeter-Carcano-Gewehr verschanzt und wartete geduldig auf die Wagenkolonne, bis er die tödlichen Schüsse abfeuern konnte. Im entscheidenden Moment schaffte jener Mann, dessen Biografie weithin als die eines ewigen Versagers dargestellt wird, was sonst nicht einmal ein überdurchschnittlich guter Scharfschütze auf Anhieb bewerkstelligt. Oswald traf aus rund 80 Metern. Das Ziel bewegte sich, wenn auch langsam mit zunächst rund 18 Kilometern, dann schließlich neun Kilometern pro Stunde.

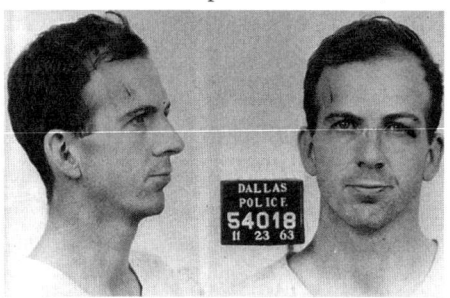

Lee Harvey Oswald – der vermeintliche Mörder nach seiner Verhaftung.

Der Mörder musste allerdings extrem schnell handeln. Zwischen den Schüssen lagen nur 5,6 Sekunden. Da bereits 2,7 Sekunden nötig waren, um die Waffe nachzuladen, blieben Oswald genau

2,9 Sekunden, um erneut auf Kennedy anzulegen und seinen Kopf mit tödlicher Sicherheit zu treffen. Er musste wahrhaft blitzartig agiert haben. Zudem musste er auch noch die Abweichung des Zielfernrohrs geschickt kompensieren, als er Kennedy ins Visier nahm. Das Fadenkreuz wich immerhin um drei Grad nach rechts oben ab!

Mit dem ersten Schuss hatte er Kennedy und Connally angeblich direkt nacheinander getroffen. Fachleute bezweifeln aber stark, dass die Carcano-Flinte über die Entfernung von 80 Metern noch genügend Durchschlagskraft entwickeln würde, um nach dem ersten Körpertreffer auch noch Rücken, Brust, Handgelenk und Oberschenkel einer zweiten Person zu durchbohren. Versuche an Leichen haben seinerzeit bestätigt: Das geht schlichtweg nicht! Von daher muss es sich bei der vermeintlichen Kugel »Nummer eins« wahrhaft um eine »Zauberkugel« gehandelt haben! Der Verlauf des Geschosses ließ sich auch nicht mit den Sitzpositionen und Verletzungen der beiden Männer in Einklang bringen. Außerdem ergab eine Analyse des Zapruder-Films, dass die gefilmten Personen insgesamt auf *drei* Schüsse reagieren! Was uns also offiziell erzählt wird, stimmt wieder einmal in vielen Details überhaupt nicht. Nur bringt uns eine These wie die von Menniger und Donahue ebenfalls nicht weiter. Dass sie nicht stimmen kann, verrät uns die gleiche Beobachtung, die uns auch sagt, dass die landläufige Geschichte von Oswalds Depotschüssen nicht wahr ist.

George Hickey befand sich im Fahrzeug hinter dem Lincoln des Präsidenten. Der tödliche Schuss aber riss den Kopf des Präsidenten genau in diese Richtung, nach hinten. Also: Den Zeitpfeil können wir nicht umkehren, den Richtungspfeil aber, den müssen wir definitiv drehen. Die Kugel kam von vorne! Hickey kann nicht der (Zufalls-)Mörder von JFK gewesen sein! Übrigens verklagte er Menniger im April 1995 für die von ihm aufgestellten Behauptungen. Das Gericht wies die Klage damals ab, da das Buch längst erschienen und die Angelegenheit daher verjährt war.

Der von Menniger erwähnte Zeuge S. M. Holland wusste jedoch noch ein interessantes Detail zu berichten, das der Hickey-

Zufallsmörder-These zu widersprechen scheint und zudem einen Hinweis auf den wahren Ursprung der tödlichen Kugel gibt. Mr. Holland sagte aus, er habe genau zum Zeitpunkt, als dieser dritte Schuss fiel, in Richtung einer kleinen Anhöhe auf der rechten Seite vor der Wagenkolonne eine Pulverwolke gesehen, direkt unter einem Baum. Die verbreitete These vom Einzeltäter Oswald ist zwar bequem, denn so kann man der Öffentlichkeit einen geistesgestörten Killer präsentieren und muss sich nicht mit einer sinistren Verschwörung herumschlagen. Die eigentlichen, zahlreichen und sehr mächtigen Feinde Kennedys bleiben hingegen außen vor. Idealerweise wird der vorgeschobene Mörder nur zwei Tage nach dem Anschlag selbst per tödlicher Kugel aus dem Verkehr gezogen und kann nicht mehr reden. Praktischer geht es doch gar nicht mehr! Trotzdem hat Oswalds Leben einige Spuren hinterlassen, die sich auch nach dem Tod nicht ganz verwischen lassen und einiges über sein personelles Umfeld aussagen.

Wir hören meist nur die Geschichte eines Mannes, der nach einer ziemlich verpfuschten Kindheit bei der Marineinfanterie landete, dort Scharfschütze wurde und immer schon ein Faible für den Kommunismus hegte. Schließlich, nach weiteren Misserfolgen, verlässt Oswald auf eigenen Wunsch den Militärdienst am 11. September 1959 und wandert über Frankreich in die damalige Sowjetunion aus. Am 16. Oktober trifft er in Moskau ein. Allerdings wird er nicht gerade mit offenen Armen empfangen – man möchte fast anmerken: ganz wie Kennedy in Dallas. Oswalds Antrag auf Einbürgerung wird abgelehnt, er erhält eine Aufenthaltsgenehmigung und darf in einer Radiofabrik in Minsk als Hilfsarbeiter anfangen. Oswald zeigt sich enttäuscht über

Lee Harvey Oswald – der vermeintliche Mörder bei der Marineinfanterie.

die Regierung, fiebert aber weiter für die Sache. Er begeistert sich immer noch für den Marxismus, während sich sein Hass auf Amerika aus nicht deutlich nachvollziehbaren Gründen weiter verstärkt. Doch schon im Februar 1961 begibt sich Oswald zur amerikanischen Botschaft in Moskau: Er will wieder zurück in die USA! Es ist nicht ganz abwegig, dass einige Kreise diesen eigentümlichen Menschen schon länger genau beobachtet haben oder sogar in Verbindung zu ihm standen. Lee H. Oswald jedenfalls verlässt Russland bald nach seiner Heirat mit Marina Nikolajewna Prusakowa.

Der Mann, der ständig versagte und über den seine junge Frau wiederholt klagte, er sei nicht in der Lage, genügend Geld zum Lebensunterhalt zu verdienen, organisierte offenbar sowohl seine Emigration in die UdSSR ebenso reibungslos wie seine erneute Umsiedlung in die Vereinigten Staaten. Die Frage, wie er das schaffte, wird selten gestellt.

Der Mann, der überhaupt kein Geld hatte, konnte plötzlich den 1500 Dollar teuren Umzug bestreiten. Über das Rote Kreuz erhielt er zudem drei Jahre lang 700 Rubel, was weit über seinen bescheidenen Verhältnissen als Hilfsarbeiter lag und eher der Direktoren-Besoldung gleichkam. Wer diesen Geldsegen veranlasst hatte, das blieb stets im Dunkeln – bis heute. Und irgendein ebenfalls recht dunkler Mechanismus trieb den USA-Hass des Lee Harvey Oswald weiter an.

Über ein Informationsblatt der Kommunistischen Arbeiterpartei scheint Oswald dann auf den anti-kommunistischen General Edwin A. Walker aufmerksam geworden zu sein. Er sei Anführer einer faschistischen Organisation, sodass die Kennedy-Regierung gut daran täte, etwas gegen den General zu unternehmen, so hieß es in jenem Blatt. Walker wurde auch beschuldigt, rechtsorientierte Literatur der ultra-konservativen John-Birch-Gesellschaft (*John Birch Society*, JBS) zu verteilen. Nach allem, was bekannt ist, wollte Oswald nun aktiv werden und handeln. Für den 10. April 1963 plante er einen Anschlag auf den General. Zuvor hatte er bereits dessen Privathaus ausgekundschaftet und wollte auch genau hier zuschlagen. Ein gezielter Schuss durchs Fenster sollte Walker töten. Als Oswald die Waffe anlegte, saß der General an einem Tisch im Esszimmer seines Hauses. Der Schütze hatte sein Opfer nun direkt im Visier und feuerte aus 30 Metern Entfernung, um anschließend unerkannt zu entkommen. Walker aber war nicht getroffen, der Schuss prallte an einem Fensterbalken ab – nur einige Holzsplitter verletzten den General.

Der Versager hatte wieder einmal versagt! Bei einem Schuss aus 30 Metern Distanz! Wenige Monate später hatte er wohl entweder mehr Übung oder mehr »Glück« und traf. Allerdings nicht Walker, sondern Kennedy.

Was die John-Birch-Gesellschaft angeht, so ist vielleicht doch erwähnenswert, dass sie nur einen Tag vor der Ermordung des Präsidenten in ganz Texas Hetzplakate gegen Kennedy verbreiten ließ, die die Überschrift »Gesucht wegen Verrats« trugen und wie typische Fahndungsplakate zur Identifikation von Schwerstverbrechern aufgemacht waren.

Die Ironie des Schicksals scheint hier einige konträre Persönlichkeiten auf ungewöhnlichen Pfaden in eine bizarre Konstellation geführt zu haben. General Walker war ein Mann der *John Birch Society*. Kennedy wusste von dessen faschistischen Tendenzen und ließ ihn daher seines Kommandopostens in Augsburg entheben. Walker lebte in Dallas, Kennedy kam nach Dallas, und hier finden wir plötzlich auch den Mann, der nur wenige Monate zuvor einen, wenn auch misslungenen, Anschlag auf den General verübt hatte: Lee Harvey Oswald. Nun legt er das Gewehr auf Kennedy an. Alles nur Zufall? Oder das Resultat eines perfiden Plans? Nicht beweisbar, aber plausibel wäre, dass irgendjemand, eine der *John Birch Society* zumindest nahestehende Person, den Anschlag auf Walker rächen und Oswald dafür büßen lassen wollte. Im Mindesten konnte es jener Gesellschaft nur recht sein, wenn Oswald nun als Mörder des Präsidenten in die Todeszelle wanderte. Lediglich in einem Punkt schien die Gesinnung der JBS und die von Oswald übereinzustimmen: Kennedy muss sterben!

Dass Oswald in jedem Falle aber nicht aus völlig eigenem

Antrieb handelte und alles andere als ein Einzeltäter war, belegt nicht zuletzt sein früher Tod durch die Hand eines Mannes, der alles aufs Spiel setzte, sogar sein eigenes Leben, und der einschlägige Kontakte in die Unterwelt besaß. Zudem wurde bekannt, dass Oswald selbst für das FBI tätig war und dort ebenfalls als Kontaktmann in die Unterwelt fungierte. Immerhin erklärte Allan Sweatt, seinerzeit leitender Ermittler der Kriminalpolizei in Dallas, der »Informant« sei für seine Tätigkeit mit monatlich 200 Dollar entlohnt worden. Hier beginnen sich bereits Strukturen und Verbindungen aufzutun, die das Bild des Einzeltäters in stetig zunehmende Distanz rücken.

Immer noch bleibt die Frage nach dem tödlichen Schuss. Wirklich nichts spricht dafür, dass er aus der Richtung des Schulbuchlagers kam, in dem Oswald lauerte. Manche behaupten, Kennedy sei direkt aus dem eigenen Wagen heraus erschossen worden. In der Schocksituation und der extremen Aufregung, die unmittelbar nach dem ersten Schuss folgte, habe sich der Fahrer, William R. Greer, kurz umgedreht und eine Waffe auf den Präsidenten abgefeuert: aus nächster Nähe und bei langsamer Fahrt. Nach dem tödlichen Schuss habe er das Fahrzeug dann beschleunigt. Eine ungeheuerliche und unglaublich scheinende Behauptung! Das Risiko, trotz des herrschenden Chaos von Zeugen gesehen oder auch fotografiert und gefilmt zu werden, wäre für Greer enorm hoch gewesen. Sämtliche Augen waren auf die Limousine Kennedys gerichtet. Natürlich galten die Blicke vor allem dem schwer verwundeten Präsidenten, während wohl niemand auf andere Dinge achtete, nicht einmal auf das allernächste Umfeld.

Möglicherweise hätte Greer als potenzieller Mörder tatsächlich eine Chance gehabt, seine Tat unbeobachtet auszuführen. Der Zapruder-Film zeigt in den entscheidenden Augenblicken, wie sich William Greer Sekundenbruchteile vor dem tödlichen Treffer wirklich nach hinten umdreht – und offenbar richtet er einen hell glänzenden, länglichen Gegenstand auf den Präsidenten. Die Mordwaffe? Auch diese Behauptung wurde aufgestellt – selbst ein leitender CIA-Mann erklärte dem Verfasser vor einigen Jahren, Greer sei der Mörder von JFK. Insgesamt erscheint der Gedanke, Kennedy sei direkt vom Fahrer erschossen worden, in seiner diabolischen Kühnheit von makabrem Reiz. Bei näherer Betrachtung aber dürfte sich diese Möglichkeit in Wohlgefallen auflösen. Und dass Geheimdienste auch ein gediegenes Interesse daran besitzen, gezielte Desinformation zu verbreiten, dürfte jedermann einleuchten. Verfolgt man die Filmsequenzen vergrößert und in Zeitlupe, so wird aus der vermeintlichen Waffe jedenfalls ein Lichtreflex auf dem glatt frisierten Haupthaar von Roy Kellerman, dem Beifahrer. Der streifend einfallende Sonnenstrahl hinterlässt darauf eben jenen hellen, länglichen Schimmer.

Auch bei digitaler Aufarbeitung des Zapruder-Materials bleibt die Qualität unterhalb der nötigen Schärfe, wie sie für die letzte Sicherheit erforderlich wäre; doch während sich Greer dem Präsidenten zuwendet, scheint er die linke Hand am Lenkrad zu halten, die rechte am Schaltknauf. Wer es nun auf die Spitze treiben möchte, könnte die Vermutung äußern, dann sei eben der Schalthebel des Fahrzeugs zuvor manipuliert worden. Und dies gewiss nicht von einem simplen »Einzeltäter«, der als perfekter Sündenbock ins tödliche Spiel gebracht wurde, sondern von weit machtvolleren Kräften mit entsprechenden Möglichkeiten. Ein Druck auf den Schaltknauf, und eine geeignet positionierte, gut getarnte Waffe löst den finalen Schuss aus!

Nach dem Attentat wurde die Limousine bald zurück zu der für die Spezialumbauten zuständigen Firma *Hess & Eisenhardt* in Cinncinnati, Ohio, gebracht, um dort weiter modifiziert und vor allem mit zusätzlichen Sicherheitsmerkmalen ausgestattet zu werden. So hätte man die Schussanlage in einer geheimen Operation wieder entfernen können. Doch einmal logisch nachgedacht: Das Entdeckungsrisiko solch einer Aktion nach James-Bond-Manier wäre außergewöhnlich hoch, während ihre Effektivität mit ebenso großer Unsicherheit behaftet gewesen wäre. Hier gab es sicherere Wege. Und alles deutet letztlich darauf hin, dass die Kugeln von außerhalb des Wagens kamen. Dass die erste Kugel nicht gleichzeitig Kennedy und Connally getroffen haben kann, dürfte mittlerweile allerdings feststehen. Durchschlagskraft und Bahn jener Kugel hätten den Gesetzen der Physik widersprechen müssen, um dies zu bewirken – nicht umsonst spricht man gerne von der »Zauberkugel«. Tatsächlich hätte das Geschoss beim Austritt aus Kennedys Hals seine Richtung deutlich ändern müssen, um Connally entsprechend zu treffen, ganz abgesehen von der nicht mehr ausreichenden Schusskraft. Nellie Connally, die Frau des Gouverneurs, war ebenfalls überzeugt, dass ihr Mann von einer zweiten Kugel getroffen wurde. Aus welcher Richtung aber stammten die Kugeln tatsächlich?

56 Augenzeugen sagten aus, die Schüsse seien vom Lagerhaus oder zumindest aus dessen Nähe abgefeuert worden. Dies ist die Mehrzahl der Zeugen. Natürlich hätte man auch Agenten als Zeugen aussagen lassen können. CIA-Agenten, Leute vom *Secret Service* und FBI. Nur: Wäre es dann nicht ein Staatsstreich, wenn Mitarbeiter der US-Regierung einen Anschlag auf den amtierenden Präsidenten ausüben?

Ganz gewiss! Aber vergessen sollten wir dabei nicht, dass die Existenz einer geheimen, sehr mächtigen, übergeordneten Instanz, einer Schattenregierung, die die eigentliche Macht und Staatsgewalt in ihrer Hand hält, die üblichen Regeln und Gesetze auf allerhöchster Ebene außer Kraft setzt. Vor dieser »Regierung hinter der Regierung« haben schon zahlreiche US-amerikanische Staatsmänner gewarnt.

Auch John F. Kennedy war sich ihrer Existenz bewusst und hat unter anderem in einer Rede vom 27. April 1961 vor ihr gewarnt, ebenso wie vor der Macht der Geheimgesellschaften. Die hier wirkenden Kräfte beeinflussen das eigentliche politische Gefüge der USA und damit auch der gesamten Welt. Die Steuerorgane finden sich in den Reihen der finanzkräftigsten US-Gesellschaften und der mit ihnen seit Langem verbundenen Familien. Von hier aus werden Wahlen beeinflusst, von hier aus wird bestimmt, wer Präsident wird und wer es auch bleiben darf. Wir sollten nie vergessen, dass Gesetze gewiss nicht für die Mächtigsten dieser Welt gemacht werden!

Die Geschichte der CIA zeigt, wie der 1947 gegründete Geheimdienst als ausführendes Organ einer Schattenregierung weltweit agiert, verdeckte Operationen durchführt und oftmals Anschläge verübt. Nicht anders im eigenen Land. Der Feind sitzt immer wieder eben auch in den eigenen Reihen. Hinsichtlich des Kennedy-Attentats und angesichts dieser Hintergründe erhält auch eine weitere ungewöhnliche Beobachtung eine ganz besondere Bedeutung.

Der langsam fahrende Lincoln des Präsidenten wird von *Secret-Service*-Leuten begleitet. Sie laufen neben dem offenen Wagen mit, um dem Präsidenten eine, wenn auch geringe Deckung zu geben. Kurz vor dem Anschlag aber steht Henry Roberts, ihr Chef, im nachfolgenden, ebenfalls offenen Fahrzeug auf und gibt Order abzurücken. Dieser Befehl wird mit einigen Gesten der Verwirrung beantwortet, sowohl im Wagen als auch vor allem vom Sicherheitsmann rechts der Präsidentenlimousine. Er hebt fragend die Arme hoch und zuckt verwundert mit den Achseln, folgt aber der Anweisung. In den nächsten Augenblicken fallen die Schüsse.

Ein Sicherheitsmann versteht die Welt nicht mehr – die Secret-Service-Leute werden von der Präsidentenlimousine abgezogen und müssen somit JFK weitgehend schutzlos zurücklassen. Kurz darauf geschieht das Attentat. Perfektes Timing! (Bildausschnitt aus dem Zapruder-Film)

Nun, Zeugen also hören sie vor allem aus dem Schulbuchlager. Es könnten präparierte Zeugen sein. Besser aber, auch im Rahmen mörderischer Verschwörungen, sind authentische Berichte von ahnungslosen Personen, die wahrheitsgetreu erzählen, was sie glauben erlebt zu haben. Und schließlich ist da auch Lee Harvey Oswald, der ohne Schalldämpfer gut vernehmlich aus dem Carcano-Gewehr losfeuert. Fünf Zeugen glauben hingegen, Schüsse aus unterschiedlichen Richtungen wahrgenommen zu haben. Und immerhin 35 Zeugen erklären, die Kugeln kamen eindeutig von vorne; diese Personen hörten das Feuer aus Richtung eines kleinen Hügels, dem »Grassy Knoll«. Dies bestätigte auch James W. »Ike« Altgens, Fotograf der *Associated Press*. Er nahm eines der ersten Bilder vom Attentat auf und dokumentierte damit Kennedys Reaktion auf den ersten Schuss. Altgens erwartete die Wagenkolonne an einem Punkt direkt gegenüber von Grassy Knoll, auf der Südseite der Elm Street. Als sich das Fahrzeug zwischen ihm und dem Hügel befand, fiel der tödliche Schuss. Der Fotograf sah, wie Körpergewebe Kennedys direkt in seine Richtung spritzte. Der Schuss musste vom Hügel ausgegangen sein.

Wer befand sich dort?

Die von Kennedys Amtsnachfolger unmittelbar ins Leben gerufene Warren-Kommission, die im Laufe des folgenden Jahres einen 888-seitigen Untersuchungsbericht zur Ermordung des Präsidenten ausarbeitete, analysierte ein unscharfes Foto, das vier Gestalten am Grassy Knoll zeigt, und statuierte, diese Personen als Sicherheitsleute identifiziert zu haben. Rein äußerlich sahen sie allerdings eher wie Landstreicher aus. Viel mehr war nicht zu erfahren; das Material hierzu wurde schnellstens weggeschlossen. Umgekehrt verhielt es sich mit drei Personen, die in einem Güterwaggon nahe dem Grassy Knoll aufgegriffen wurden. Unmittelbar nach dem Attentat kam es bekanntlich zu einigen Festnahmen nahe der Dealey Plaza, um Verdächtige zu überprüfen. Die drei aufgegriffenen »Tramps«, wie sie bald nur noch genannt wurden, sind jedoch von einigen Rätseln umgeben. Fotos zeigen diese vermeintlichen Landstreicher überraschend gut gekleidet und auch körperlich offenbar durchaus gepflegt. Seltsamerweise wurden diese drei Männer nur sehr kurz von der Polizei festgehalten. Noch seltsamer aber scheint der Umstand, dass die Behörden später erklärten, die betreffenden Haftprotokolle sowie Fotos und Fingerabdrücke schlichtweg »verloren« zu haben. Schon eigenartig, was so alles verloren gehen kann! Jeder streunende Hund scheint mehr Aufmerksamkeit zu erhalten, vor allem, wenn noch eine kleine Steuer dabei herausspringt! Aber im Kontext mit der Ermordung eines US-Präsidenten geht relevantes Material offenbar sehr schnell und einfach perdu!

Erst rund 26 Jahre später präsentierte die Polizei von Dallas stolz eine umfangreiche Sammlung mit den Akten jener drei mysteriösen Personen. Zeit genug, um wirklich authentisches, wirklich relevantes Material geradewegs in die Vergessenheit zu schicken. Die drei Personen wurden nunmehr als Harold Doyle, John F. Gedney und Gus W. Abrams identifiziert, arbeitslose Hobos, die sich kurz vor der Festnahme in einem Obdachlosenheim waschen und rasieren konnten, was angeblich ihr relativ gepflegtes Aussehen erkläre. Zwei von ihnen ähneln allerdings interessanterweise altgedienten Geheimdienstlern, den CIA-Agenten und Watergate-Verschwörern E. Howard Hunt und Frank Sturgis – bis heute konnte nicht mit Sicherheit geklärt werden, wo sich diese beiden »Schlapphüte« an jenem 22. November 1963 aufhielten. Auf die bemerkenswerte Ähnlichkeit machte 1975 erstmals der amerikanische Aktivist Dick Gregory aufmerksam. Später beauftragte

E. Howard Hunt – zwei Porträts flankieren das Bild eines der »Tramps« (Mitte). Handelte es sich um dieselbe Person?

Frank Sturgis und in der Mitte ein ihm ähnlicher Obdachloser, der sich in unmittelbarer Nähe des Attentats befand.

US-Präsident Gerald Ford ein eigenes Komitee zur Untersuchung der CIA-Inlandsaktivitäten, wobei es auch um die Kennedy-Verschwörung ging. Doch wer saß dem Komitee vor? Niemand anderes als ein Repräsentant jener superreichen Familie, die bereits seit Jahrzehnten federführend Einfluss auf die Politik des Landes nahm: Nelson Rockefeller, seinerzeit Vize-Präsident.

Die »Rockefeller-Kommission« stellte im Endergebnis fest, dass keinerlei glaubhafte Beweise für eine CIA-Beteiligung an der Ermordung Kennedys gefunden werden konnten. Auch habe es außer Lee Harvey Oswald keinen weiteren Täter gegeben. Demnach sprach also wiederum alles für den Einzeltäter, ein bis heute großteils aufrechterhaltener Mythos. Doch wie wir gleich noch sehen werden, hatte nicht zuletzt die CIA genügend Grund, Kennedy »handlungsunfähig« zu machen.

Die Behörden und Geheimdienste haben letztlich stets leichtes Spiel, sich sogar nach den erschütterndsten und folgenschwersten Attentaten reinzuwaschen. Doch wie in anderen Fällen auch, wäre der Mord an JFK schlichtweg nicht möglich gewesen ohne eine perfekte Vorbereitung und Koordination offizieller Organe. Bei näherem Hinsehen erweist er sich genau als das gewünschte Resultat eines gut abgestimmten, mörderischen Zusammenspiels. Man handelte »in concert«. Hier wurde nichts dem Zufall überlassen.

Wir haben schon mehrfach von William R. Greer gesprochen, dem Fahrer der Präsidentenlimousine. Einige Autoren sehen in ihm den Todesschützen. Wahrscheinlich trifft das nicht zu. Aber ist er deshalb unschuldig oder unbeteiligt? Hat dieser speziell ausgebildete *Secret-Service*-Mann, einer der engsten Bewacher des US-Präsidenten und sogar einer seiner persönlichen Freunde, tatsächlich korrekt gehandelt? Oder aber war sein Verhalten nicht eher völlig paradox?

Unmittelbar nach den ersten Schüssen wendet er sich dem Präsidenten zu, er geht sogar vom Gas. Wertvolle Sekunden verstreichen, Kennedy wird ein besseres Ziel denn je zuvor. Erst nach dem finalen Schuss beschleunigt Greer merklich. Stand er unter Schock und musste die Schrecksekunde überwinden? Bei allem, was recht ist, aber dann war er der falsche Mann für die ihm gestellte Aufgabe. *Secret-Service*-Leute sind keine simplen Rauswerfer-Typen. Sie absolvieren eine weit gefächerte Ausbildung, haben meist ein Hochschulstudium hinter sich und müssen sich als ausgezeichnete Kriminalisten beweisen. Sie werden zahlreichen Reaktionstests unterzogen, bei denen sie enorm schnell und flexibel handeln müssen. Die berühmte Schrecksekunde soll bei ihnen im Idealfall zum Fremdwort werden. Und selbst extreme Stressbedingungen dürfen sich nicht auf ihre Urteils- und Handlungsfähigkeit auswirken. Würde sich ein US-Präsident denn auch von Waschlappen und Blindnieten beschützen lassen?

Nicht viel anders aber verhielt sich so manch gestandener *Secret-Service*-Agent am 22. November 1963. Noch unverständlicher beinahe, was am Vorabend geschah. Da ist plötzlich ein volles Dutzend jener Super-Schützer in Fort Worth anzutreffen, im dortigen Nachtlokal *The Cellar* – ein volles Dutzend, ganz im Wortsinne! Die Truppe kippte sich nach stolzer Aussage von Clubeigner Pat Kirkwood komplett mit Alkohol zu. Am nächsten Tag erschienen die Agenten entsprechend verkatert zum Einsatz. Wie konnte es zu einem derartigen Fehlverhalten kommen? Eines der vielen Rätsel im Fall JFK, doch gleichfalls einer der vielen Faktoren jener konzertierten Aktion, die das Attentat ermöglichten. Oder alles doch nur wieder Zufall! Ebenso wie die seltsame Tatsache, dass Jack Ruby, der Mörder Oswalds, ebenfalls genau jenes Lokal frequentierte, obwohl er selbst einen Nachtclub besaß, somit also bei der Konkurrenz einkehrte. Warum nur?

Zufall vielleicht auch, dass Oswald, dem seinerseits FBI- und auch CIA-Kontakte nachgewiesen wurden, direkt nach dem Attentat ausgerechnet ins *Texas Theatre* flüchtete, wo er schließlich auch verhaftet wurde. Dieses Kino gehörte dem berühmten Howard Hughes und war eine geheime Anlaufstelle der CIA!

Dann waren da noch die widersprüchlichen medizinischen Aussagen hinsichtlich der Verletzungen von John F. Kennedy. Wie auch im Zapruder-Film zu erkennen, erlitt der Präsident eine erhebliche Schädel- und Gehirnverletzung, was vielfach von Zeugen bestätigt wurde. Einer von ihnen war Clint Hill, jener *Secret-Service*-Agent, der dem Präsidenten auf der Fahrt zum Krankenhaus als lebender Schutzschild diente – jetzt, wo es ohnehin sichtlich zu spät war. Hill blickte auf den sterbenden Kennedy hinab und sah, dass der hintere rechte Teil seines Schädels fehlte. »Er lag auf dem Rücksitz des Wagens«, so erinnerte sich Hill. Die Kugel hatte oberhalb des rechten Ohrs ein handtellergroßes Loch gerissen und einen erheblichen Anteil Hirnsubstanz zerfetzt. Genau die gleiche Beobachtung machte auch Robert McClelland in der Notaufnahme des *Parkland Memorial Hospital* in Dallas. Der Mediziner bestätigte die enorme Zerstörung des entsprechenden Schädelareals. Größe und Form dieser weit klaffenden Wunde interpretierte er als Folge des *Austritts* einer Kugel. Auch demzufolge muss der Schuss definitiv von vorne gekommen sein.

Rund 18 Jahre später trat der NASA-Ingenieur David Lifton an die Öffentlichkeit. Er hatte sämtliche verfügbaren medizinischen Unterlagen sowie Zeugenaussagen von damals anwesendem Krankenhauspersonal gesammelt, um letztlich zu einem erschreckenden Schluss zu gelangen: Genau in der Zeitspanne zwischen dem Abtransport des toten Präsidenten aus dem *Memorial Hospital* und seiner anschließenden Obduktion im Marinekrankenhaus von Bethesda muss ein medizinisches Sonderkommando einen geheimen Auftrag ausgeführt haben: Innerhalb von etwa 30 Minuten musste der Leichnam Kennedys manipuliert werden, um zu verschleiern, dass der Schuss von vorne kam! Eine scheinbar ungeheuerliche Behauptung! Die Verschwörer dachten wirklich an alles. Sie wussten, dass die tödlichen Schüsse Kennedy von vorne treffen würden, konnten daher lange im Voraus auch eine Gruppe von medizinisch ausgebildeten Geheimdienstlern zusammenstellen, die den Toten zum echten »Oswald-Opfer« umformen würden! Ein wahrhaft makabres Spiel!

Alles zu weit hergeholt? Gewiss nicht, und dafür gibt es gute Belege. Genau 35 Jahre nach der Ermordung des Präsidenten, im November 1998, gelangten neue, mehr als erstaunliche Informationen an die Öffentlichkeit. Nicht durch investigative Journalisten oder private Rechercheure, nicht durch einzelne Zeugen oder sogenannte Verschwörungsautoren, nein, diesmal durch die offiziellen Stellen selbst. Denn der US-Kongress war zu der Überzeugung gelangt, die Gerüchte um den Kennedy-Mord nur dann aus der Welt räumen zu können, wenn eben möglichst viele Fakten auf den Tisch gelegt würden. Nur dann wäre all jenen, die jahrzehntelang von Vertuschung sprachen, der Wind aus den Segeln genommen.

Dass dieser Wind allerdings durch die vom Kongress eingesetzten fünf Experten erst so richtig lostoben und die Segel blähen würde, ahnte niemand. Vielleicht hätte man die umfassende Publikation sonst nie initiiert. Um eine neuerliche Analyse sollte es ohnehin nicht gehen, lediglich um die Sichtung und Veröffentlichung des kompletten verfügbaren Materials. So nennt sich die zuständige Gruppe auch *Assassinations Records Review Board* – in etwa: Gremium zur Sichtung der Attentatsdokumente. Der Knalleffekt des Ganzen bestand jedenfalls in einer bizarren Erkenntnis: Von Kennedy waren zwei Gehirne im Umlauf!

Da von JFK allerdings weithin bekannt war, dass er dummerweise nur ein Gehirn besaß, was immerhin doch mehr zu sein schien als bei einem gewissen späteren US-Präsidenten, durfte mit relativ hoher Gewissheit der Schluss gezogen werden: Eines der beiden zirkulierenden Exemplare stammte eben nicht von ihm. Und genau von diesem überschüssigen Gehirn unbekannter Herkunft finden sich Fotografien in Washingtons Nationalarchiv – wo es klipp und klar als Kennedys Gehirn tituliert wird.

Auch daraus folgt also eine eindeutige Manipulation, genau nach der Art, wie sie von David Lifton bereits viele Jahre früher nachgezeichnet wurde. Während Kennedys Gehirn definitiv großvolumige Zerstörungen erlitt und von vorne getroffen wurde, zeigt sich jenes »Ersatzgehirn« weitaus intakter und muss von hinten angeschossen worden sein! Irgendwer hatte jenes anonyme Organ »passend« gemacht, damit die von der Warren-Kommission gepflegte Oswald-These nicht in Schwierigkeiten gerät. Das Originalgehirn hätte Oswald sofort weitgehend entlastet.

Immer wieder sind es allerdings die unabhängigen, sich gegenseitig bestätigenden Zeugenaussagen, die dann schließlich Licht ins Dunkel bringen können. Hier nicht anders. Sämtliche Aussagen führen zu der Schlussfolgerung, dass Kennedys Leichnam in zwei »Arbeitsschritten« an die offizielle Verschwörungstheorie angepasst wurde – an das Warren-Szenario also. Denn bei der ersten Autopsie im Bethesda-Marine-Hospital beugten sich die Ärzte laut Lifton zwar bereits über den äußerlich am Schädel wesentlich manipulierten Leichnam Kennedys, aber noch über dessen eigenes, weitgehend zerstörtes Gehirn. Mit anwesend war auch FBI-Agent Frank X. O'Neill, Jr. Er erklärte später gegenüber dem *Review Board*, vom Gehirn sei nicht viel übrig geblieben. Er sah, wie die Ärzte das zerfetzte Organ aus dem geöffneten Schädel holten und in ein weißes Glas legten. Bald darauf machte der Marine-Fotograf John T. Stringer etliche Aufnahmen der Überreste. Das *Review Board* erwähnt auch seine Aussagen, die sich mit denen von O'Neill genau decken. Der FBI-Mann betrachtete auch die Fotografien des vermeintlichen Kennedy-Gehirns ziemlich skeptisch, jene Bilder, wie sie im Nationalarchiv aufbewahrt werden. Er musste wirklich kein zweites Mal hinsehen, um den Unterschied zu bemerken: »Das hier schaut fast wie ein vollständiges Gehirn aus«, stellte er sofort fest. Doch eine komplette Vertuschung der Fakten ließ sich offenbar nicht realisieren, eine sofortige *umfangreiche* und zudem *glaubhafte* Manipulation am Leichnam war nicht möglich, denn die Zeit reichte hierzu nicht aus. Natürlich wäre den Pathologen sofort aufgefallen, wenn jemand versucht hätte, den Toten mit dem falschen Gehirn auszustatten. Eine »Schadensbegrenzung« war aber immerhin möglich. Zunächst eine durchdachte Manipulation der Schusswunde, später weitere Manipulationen.

Noch einige Tage nach dem Attentat sahen sich die beiden Mediziner J. Thornton Boswell und James Humes dem echten Gehirn Kennedys gegenüber. Doch die Archivbilder beweisen die zusätzliche Manipulation der Fakten. Interessant: Die Fotos, die Stringer von Querschnitten des Hirngewebes gemacht hatte, waren auf Nimmerwiedersehen verschwunden. So etwas passiert eben ab und an schon. Stringer hatte seine Aufnahmen direkt in die Hände von James Humes gegeben, der das Material an Admiral George Burkley weiterleitete, Kennedys Leibarzt. Was dann geschah, weiß niemand. 1998, als das *Assassinations Records Review Board* seine Materialsichtung im Auftrag des Kongresses durchführte, war Burkley bereits sieben Jahre tot. Die beiden Marine-Ärzte Humes und Boswell hüllten sich ohnehin bereits längere Zeit in Schweigen. Humes starb nur wenige Monate nach der Kongress-Aktion an Lungenkrebs. Ein anderer Zeuge aber kann die Theorie von NASA-Ingenieur Lifton stützen – Labortechniker Paul Kelly O'Connor. Ihm zufolge war Kennedys Körper beim Verlassen des *Parkland Hospital* in ein Tuch gehüllt worden, das völlig anders aussah als der Leichensack, in dem er bei der Ankunft in Bethesda lag. Und noch eine Merkwürdigkeit: Beim Eintreffen der *Air Force One*, die den toten Präsidenten zur *Andrews Air Force Base* bei Washington flog, nahm Lieutenant Richard A. Lipsey den Sarg in Empfang und ließ ihn in einen Leichenwagen legen. Am 18. Januar 1978 gab Lipsey vor Mitarbeitern des *House Select Committee on Assassinations* zu Protokoll, daraufhin zusammen mit seinem Vorgesetzten General Wehle im Hubschrauber zum Bethesda-Marine-Hospital geflogen zu sein. Sie brachten den ermordeten Präsidenten dort über einen rückseitigen Eingang ins Gebäude, während ein zweiter Leichenwagen zur Ablenkung am Haupteingang vorfuhr. Dieses Fahrzeug führte einen leeren Sarg mit.

Eine der erstaunlichsten Facetten jener Stunden aber betrifft eine Gruppe mysteriöser Männer, die der Autopsie im Bethesda-Hospital beigewohnt hätten. Darüber berichtete im Jahr 1988 der britische Fernsehjournalist Nigel Turner. Die Personen trugen Zivil und waren mit Rechten ausgestattet, die ihnen die vollständige Kontrolle über die Abläufe erlaubten. Sie verfolgten die Arbeit der Ärzte genauestens, berieten sich kurzzeitig in einer Ecke des Raumes und befahlen den Pathologen daraufhin, die Autopsie zu unterbrechen.

Was auch immer von diesen ungewöhnlichen Geschehnissen zu halten ist, im Endergebnis wurde jedenfalls klar, dass die vermeintlichen Verschwörungs-*Theorien* um den Kennedy-Mord weitaus mehr eine eiskalte *Praxis* bloßlegten: Wer – und sei es der US-Präsident selbst – gegen den Strom schwimmt, wer sich unbeliebt bei den Mächtigsten macht, wer versucht, Ideale umzusetzen, und wer Informationen preisgibt, die nicht für die Welt bestimmt sind, wird umgebracht. So einfach ist das. Man gönnt der Öffentlichkeit einen schlichten Einzeltäter, der ins bewährte Konzept des unberechenbaren Sonderlings passt, und was sonst vielleicht noch nicht ganz passt, das wird genauso schnell passend gemacht.

Nach Abschluss der Dokumentensichtung von 1998 musste Douglas Horne, Leiter der Kommission, schließlich eingestehen: »Ich bin mir zu 90 bis 95 Prozent sicher, dass die Fotografien im Archiv nicht Kennedys Gehirn zeigen. Wenn sie das nicht sind, kann das nur eine Bedeutung haben – dass es ein Cover-up der medizinischen Beweise gab.« So stieß das *Review Board* auf eine Vertuschung, obwohl die Experten mit ihrer Arbeit genau das Gegenteil belegen wollten. Immerhin zeugt die Aussage Hornes für eine unabhängige und ehrliche Untersuchung der Angelegenheit in einer Weise, wie sie nur selten vorkommt. Damit bestätigte sich auch eine bereits 1979 geäußerte Vermutung des *House Select Committee on Assassinations*, dass eine Verschwörung durchaus wahrscheinlich sei. Dieses Ergebnis widersprach den Ergebnissen der von US-Präsident Johnson einberufenen Warren-Kommission, die allerdings versäumt hatte, einige wesentliche Fragen zu stellen, und auch darauf verzichtet hatte, wichtige Zeugen zu hören.

Welchen tödlichen Fehler aber beging John F. Kennedy? Oder waren es gleich mehrere? Tatsächlich gab es etliche Kreise, für die der junge US-Präsident zunehmend gefährlich wurde. Und somit gab es auch eine größere Zahl an Motiven. Es sind sogar so viele, dass sie ganze Bände füllen. Eine Bibliothek mit den »gesammelten Feinden«? Der Gedanke weckt wahrhaft keine angenehmen Gefühle!

In seiner Rede vom April 1961 warnte Kennedy unter anderem auch vor Geheimgesellschaften. Er wusste, dass diese verborgenen Zirkel durchaus ernst zu nehmen sind und eine effektive Macht darstellen, deren Wirken sogar die Weltpolitik merklich beeinflusst, wenn auch den meisten Menschen der Ursprung dieser Auswirkungen nicht bekannt ist oder wird. Dies liegt nun eben in der Natur der US-Geheimgesellschaften, deren Mitglieder oft den einflussreichsten Familien der Ostküste entstammen.

An der elitären *Yale*-Universität in New Haven, Connecticut, existiert seit bald schon 200 Jahren ein geheimes Bündnis, in das einige wenige Studenten der Abschlussjahrgänge aufgenommen werden. Niemand kann eine Mitgliedschaft beantragen, die Wahl erfolgt durch ältere Angehörige des Bundes und wird nur sehr selten abgelehnt, denn dessen Mythos ist seit Langem ungebrochen, das Ansehen der Mitglieder an der Universität allgemein hoch. Und wer in den Orden von *Skull & Bones* gewählt wird, der hat gute Aussichten auf eine erfolgreiche Karriere. Präsidentenberater gehören nicht selten *Skull & Bones* und anderen Geheimgesellschaften an oder stammen zumindest aus deren engerem Umfeld. Der *Council on Foreign Relations* (CFR) gilt als ein weiteres machtvolles Instrument, mit dessen Hilfe die Schattenregierung ihre Philosophie umsetzt. Kein politischer US-Karrierist, dem das gewaltige Potenzial des CFR fremd wäre! Der CFR ist kein Geheimbund, doch auf eine konforme Strategie ausgerichtet, sprich: Die Ziele sind die gleichen, hier vor allem das Streben einer kleinen, mächtigen und »elitären« Gruppe nach der Weltmacht – euphemistisch als »Globalisierung« umschrieben. Die Gleichschaltung beginnt früh, und angesichts des CFR wird klar, dass Parteien keine Rolle spielen. Ob ein republikanischer oder demokratischer Präsident im *Oval Office* sitzt, spielt normalerweise eine weitgehend unbedeutende Rolle. Am aktuelleren Beispiel Barack Obama erkennen wir dies erneut an den Worten und an den Taten.

Viele sehen noch heute im Bund von *Skull & Bones*, jener »Knochenleute«, die sich in einem eigenen, gruftartigen Gebäude auf dem Campus der *Yale*-Universität treffen und dort mit makabren Gegenständen und Bräuchen umgeben, nichts weiter als eine skurrile studentische Gruppierung. Doch basiert sie auf einer menschenverachtenden Philosophie und liefert eine hervorragende gemeinsame Basis für politische und wirtschaftliche Karrieren mit einer entsprechenden Infiltration von Machtpositionen. Bonesmen finden sich in großer Zahl auch im US-Auslandsgeheimdienst, der CIA. Gerade hier hatte sich JFK wahrhaft nicht gerade Freunde gemacht. Ganz allgemein und im Gegensatz zu anderen Präsidenten versuchte Kennedy seine Versprechen zu halten und auf Worte auch entsprechende Taten folgen zu lassen. Aber genau dies wussten auch seine Feinde, und genau dies wurde ihm zum Verhängnis.

Als die geheime CIA-Aktion *Operation Zapata*, die Kuba-Invasion in der Schweinebucht (*Bahia de Cochinos – Bay of the Pigs*) auf Grundlage des Top-Secret-Papiers JMARC, im Jahr 1961 in einem völligen Desaster endete, war Kennedy außer sich. Er enthob drei hochrangige CIA-Leute ihrer Posten. Der legendäre CIA-Chef Allan W. Dulles musste seinen Hut nehmen, ebenso die hochrangigen Agenten Richard Bissell und Charles P. Cabell. Dessen Bruder Earle Cabell war zur Zeit der Ermordung Kennedys übrigens Bürgermeister von Dallas!

Allan Dulles verfolgte bei der *Operation Zapata* eine ganz eigene Strategie und ging bereits von Anfang an davon aus, dass die geheime Invasion misslingen würde. Er rechnete damit, dass Kennedy alle Hebel in Bewegung setzen würde, sobald das Unternehmen in Gefahr geriete. Auch Bissell war in diesen Plan eingeweiht. Dass die CIA hier ihr völlig eigenes Süppchen kochte, davon wusste Kennedy allerdings nichts. Als es dann so weit war und die »inoffiziellen« US-Invasionstruppen von Castros Verbänden umzingelt waren, erstattete Bissell dem Präsidenten Bericht. Am Morgen des 18. April 1961 hoffte er, dessen Zustimmung zu erhalten, nunmehr offiziell Streitkräfte entsenden zu dürfen, um die Eingeschlossenen zu retten. Es wäre zur offenen Auseinandersetzung gekommen. Doch Kennedy verlangte weiterhin »minimale Sichtbarkeit«. Innerhalb von drei Tagen waren die Invasionstruppen vollständig aufgerieben. Die gesamte Aktion endete in einer einzigen Katastrophe, die aus Kennedys Sicht wohl nur deshalb eintreten musste, weil auf diese Weise eine noch größere verhindert wurde.

Kennedy nahm die Schuld an diesem Debakel in einem weiteren Gespräch mit Bissell zwar zunächst auf sich, doch dürfte sich diese Haltung spätestens dann geändert haben, als ihm die wahren Hintergründe und Absichten der CIA klar wurden. Jedenfalls stand es nicht zum Besten mit dem Verhältnis zwischen Kennedy und der Agency. So wählte der Präsident auch klare Worte über seine künftigen Absichten. Er wolle »die CIA in tausend Stücke zerschmettern und in alle Windesrichtungen zerstreuen«. Angeblich sei diese feindliche Stimmung nur von kurzer Dauer gewesen – doch das war auch die verbleibende Lebenszeit Kennedys!

Viele sehen in jener harschen Äußerung des US-Präsidenten ein selbst formuliertes Todesurteil. Wie gesagt, die lange hinter den Kulissen agierenden Kräfte waren sich bewusst, dass Kennedy durchaus ein Mann war, der zu seinen Versprechen stand. Bezeichnenderweise bemühte sich Allan Dulles später sehr darum, in der von Lyndon B. Johnson ausgesuchten Expertengruppe zur Untersuchung des Kennedy-Mordes mitzuwirken. Und E. Howard Hunt, jener CIA-Agent, der möglicherweise als einer der mysteriösen »Tramps« am 22. November 1963 beim Attentat zugegen war, verfasste kurz vor seinem Tod im Januar 2007 eine Autobiografie, in der er Lyndon B. Johnson sehr deutlich mit dem tödlichen Anschlag in Verbindung bringt. Niemand anderer als er selbst habe die Aktion in die Wege geleitet und zusammen mit erbosten CIA-Agenten koordiniert, mit Geheimdienstlern, die sich gegen Kennedy verschworen hatten. Auf dem Sterbebett enthüllte er seinem Sohn Hintergründe und Namen: Cord Meyer, Bill Harvey und David Sánchez Morales. Diese CIA-Leute hätten Johnson unterstützt, während »französische Schützen« die tödlichen Schüsse vom Grassy Knoll aus abgaben.

John F. Kennedy und Lyndon B. Johnson, sein unmittelbarer Amtsnachfolger.

War das nun die wahre Geschichte? Oder blieb Hunt auch im Sterben seinem Leben treu? Hielt er sich immer noch an sein »Schweigegelübde« und verbreitete sogar noch in den letzten Stunden seines irdischen Daseins, und während er seinem Sohn zum letzten Mal in die Augen blickte, nichts als Lügenmärchen, um glaubwürdige Desinformation im Dienste der Agency zu verbreiten? Kaum anzunehmen, außer: Selbst er wusste nicht, wer wirklich hinter dem Mord steckte, und gab seine ureigenste Überzeugung preis. Selbst dann wäre jedoch sein »Abschlussbericht« hoch interessant, denn dass E. Howard Hunt ein echter »Insider« war, wird kaum jemand in Frage stellen. Ebenso wenig, dass Lyndon B. Johnson vom Tod Kennedys in jedem Fall enorm profitierte. Immerhin stieg er nun zum vermeintlich mächtigsten Mann der USA auf!

Es gab allerdings genügend weitere Gründe, den vorherigen, vermeintlich mächtigsten Mann der Vereinigten Staaten zu beseitigen. Manche dieser Gründe sind durchaus eng miteinander verwoben, ebenso wie die Akteure.

1997 trat eine gewisse Madeleine Duncan Brown an die Öffentlichkeit und erklärte, jahrelang die Geliebte Johnsons gewesen zu sein. Während eines Abendessens, das am Abend vor dem Attentat im Haus des Öl-Magnaten Clint Murchison stattgefunden habe, hätten sich schließlich einige ungewöhnliche Gespräche zwischen den einflussreichen Anwesenden ergeben. Madeleine Brown erklärt, dort unter anderen Richard Nixon, John J. McCloy und den berüchtigten FBI-Chef J. Edgar Hoover gesehen zu haben. Sie selbst sei als Begleitung Johnsons mitgekommen, der nach einer Unterredung angeblich mit hochrotem Kopf aus einem Zimmer der Villa trat und ihr zornig erklärte: »Wenn der morgige Tag vorüber ist, werden mich diese gottverdammten Kennedys nie wieder blamieren – das ist keine Drohung, das ist ein Versprechen!«

Allerdings stellte sich heraus, dass das Treffen zumindest in dieser Form offenbar nicht stattgefunden haben kann, da Clint Murchison zu jener Zeit bereits schwer krank war, sich auf seiner texanischen *Glad Oaks Ranch* aufhielt, einem von insgesamt sieben

Anwesen, und eine derartige Party daher niemals hätte ausrichten können. Genauso gibt es bereits chronologische Unstimmigkeiten an der Geschichte, wie Mrs. Brown ihrem einflussreichen Liebhaber erstmals begegnete. Unklar bleibt, warum sie Johnson mit ihren Schilderungen überhaupt so stark belastete. Sie selbst kann keinen Aufschluss mehr darüber geben, sie starb Mitte 2002. Madeleine Brown behauptete, dass die Verschwörung gegen Kennedy letztlich einige Dutzend Personen umfasste, darunter auch die FBI-Führung, sprich: J. Edgar Hoover, dem nun wirklich alles zuzutrauen war, sowie die Mafia und einige bekannte Politiker wie auch Journalisten. Und jetzt wird es wirklich unübersichtlich – doch gerade hier mochte Mrs. Brown letztlich recht behalten, ob bewusst oder unbewusst.

Zwischen der CIA und der Mafia gab es genügend Affiliationen und geheime Abmachungen. Wie sich herausstellte, zogen etliche Mafia-Leute sehr eng mit der CIA an einem Strang – wenn auch nicht immer erfolgreich. So schlugen bekanntlich auch sämtliche Attentatsversuche gegen Fidel Castro fehl, obwohl auch hier Mafia und CIA gemeinsame Sache machten.

Nun bestand auch eine schicksalhafte Mehrfachverbindung zwischen den Kennedys und der Mafia. Wie bei vielen Präsidentschaftswahlen, so finden sich auch bei JFK 1960 etliche Unregelmäßigkeiten, die das Ergebnis positiv für Kennedy beeinflussten. Joseph Kennedy, der reiche Vater des ermordeten Präsidenten, war bereits sei Langem gut mit dem obersten Boss der Chicagoer Unterwelt befreundet: Sam Giancana. Hier liefen dunkle gemeinsame Geschäfte, und der alte Kennedy nutzte sowohl seine erheblichen finanziellen Mittel als auch seine besonderen Kontakte, um den Söhnen einen hervorragenden Start in die Politik zu verschaffen. Das war vor allem sein eigener ehrgeiziger Wunsch. Nachdem dies aber tatsächlich gelungen war, erklärte der neue Präsident seinen Kampf gegen das organisierte Verbrechen, und vor allem JFKs jüngerer Bruder Robert F. Kennedy sorgte für einen drastischen Anstieg der Strafverfolgungen. Nun also fielen die Kennedys ausgerechnet jenen Familien, die sie sogar bis hinein ins Präsidentenamt gehievt hatten, mit aller Gewalt in den Rücken! In der Unterwelt muss damals ein Höllenfeuer gelodert haben, ebenso wie in der CIA.

Bill Bonanno, Sohn eines New Yorker Mafia-Bosses, erklärte später, er habe bei der Ermordung Oswalds durch Jack Ruby deutlich den Grad der Mafia-Beteiligung an der gesamten Verschwörung erkannt, denn Ruby habe in enger Verbindung zu Sam Giancana gestanden. Auch von anderer Seite gab es so manche ernst zu nehmende Bestätigung.

Carlos, »The Little Man« Marcello, kam als Einjähriger 1911 mit seiner sizilianischen Familie nach New Orleans. Dort führte er bereits als Teenager eine Bande an und organisierte im *French Quarter* und in den Vorstädten immer wieder Raubzüge. Marcello wurde festgenommen, kam wieder frei, machte weiter, kam wieder ins Gefängnis, wurde langsam erwachsen. Und auch seine Taten wurden immer erwachsener, wobei er immer tiefer in die Welt des organisierten Verbrechens hineinglitt. Er handelte mit Rauschgift und hatte seine Finger im illegalen Glücksspiel, wobei er mit Mafia-Größen wie Frank Costello und Meyer Lansky kooperierte. Marcello äußerte laut Undercover-Informanten wiederholt Drohungen gegen JFK und machte klare Andeutungen und zynische Bemerkungen. Einmal soll er mit eindeutigem Bezug auf Kennedy gesagt haben: »Nimm den Stein aus meinem Schuh«, ganz im Sinne eines sizilianischen Todesfluchs. Ein andermal erklärte er mit Blick auf Robert und John F. Kennedy: »Ein Hund wird dich weiter beißen, wenn du ihm den Schwanz abschneidest«, sprich: Robert beseitigst. »Aber wenn du ihm den Kopf abschneidest, wird er aufhören, Ärger zu machen« – sprich: den Präsidenten tötest.

Kurz vor der Ermordung Kennedys kontaktierte interessanterweise ausgerechnet Jack Ruby den erfolgreichen und immer geschäftigen Marcello. Denn er war es, der Ruby überhaupt in das Bar-Gewerbe gebracht und dort etabliert hatte. Und nach dem Mord untersuchte das FBI wiederum den Hintergrund des »Kleinen Mannes«. Mit erstaunlichem Ergebnis. Demnach nämlich glaube man nicht, Marcello sei eine bedeutsame Person des organisier-

Carlos Marcello – Tomatenhändler oder mafiöser Auftraggeber des Kennedy-Attentats?

ten Verbrechens. Nun, vielleicht waren die Ansprüche des FBI hier ja besonders hoch. Doch drückte man sich diesbezüglich durchaus deutlicher aus und sagte freiweg, für wen man Marcello nach eingehender Überprüfung denn nun wirklich hielt. Er sei ein Immobilienhändler und – Tomatenverkäufer!

Für wessen Augen mochten Marcellos Tomaten wohl allesamt bestimmt gewesen sein? Das FBI jedenfalls gelangte zu der Schlussfolgerung, dass der kleine Marcello auch nicht das Geringste mit der Ermordung des großen Kennedy zu tun gehabt haben könne. Wie sollte ein Tomatenverkäufer auch dafür sorgen können, dass ein Präsident die Radieschen von unten betrachtet?

Doch Marcello selbst war es schließlich, der sehr detailreich bestätigte, die Ermordung Kennedys initiiert zu haben. Entsprechende FBI-Dokumente tauchten 2006 in den *National Archives* in Washington auf. Sie waren nicht zensiert. Bis dahin kannte man bereits einige Seiten dieses Materials, doch viel ließ sich damit nicht anfangen, denn 90 Prozent des Textes blieben buchstäblich im Dunkeln – sie waren geschwärzt worden.

Jetzt aber wurde klar, dass jener kleine Tomatenhändler, den andere allerdings als den »Unterwelt-Gottvater« von Louisiana, Texas, Mississippi und noch anderen US-Bundesstaaten bezeichneten, 1985 einem Mann seines Vertrauens gegenüber zugab, das Attentat veranlasst zu haben. Jener Mann, dem Marcello vertraute, war allerdings im Rahmen einer verdeckten Ermittlung (Codename: CAMTEX) als FBI-Informant eingeschleust worden.

Gottvater saß mittlerweile seit zwei Jahren im *Federal Correctional Institute* in Texarkana, Texas, einem Staatsgefängnis mit niedriger Sicherheitsstufe. Hier nahmen die Beamten auch Hunderte von geheimen Bandaufzeichnungen in der Zelle von Marcello auf, in denen er über seine diversen Verbrechen sprach. Nichts davon, kein Einziges dieser Bänder, sah je das Licht der Öffentlichkeit. Was 2006 allerdings nach außen drang, war das inoffizielle Geständnis Marcellos, das tödliche JFK-Attentat in die Wege geleitet zu haben. Er gab dies gegenüber dem geheimen Informanten und einem anderen, ihm vertrauten Inhaftierten zu, während sie sich auf dem Gefängnishof aufhielten. Diesen beiden Männern gegenüber erklärte er auch, sowohl Jack Ruby als auch Lee Harvey Oswald vor dem Attentat getroffen zu haben. Die beiden privaten Rechercheure Lamar Waldron und Thom Hartmann stießen in über 20-jährigen Nachforschungen auf das tatsächliche Ausmaß der Vertuschung um das JFK-Attentat, zu dem vor allem FBI und CIA nach wie vor Millionen von Seiten geheim halten. Warum wohl?

Die Autoren zeichnen in ihrem umfangreichen Werk *Legacy of Secrecy* (zu Deutsch: *Vermächtnis der Geheimhaltung*) auch ein völlig konträres, aber schlüssiges Bild von Oswald. Sein Lebensweg, seine mehr als bizarre »Karriere«, ergibt nur dann einen Sinn, wenn einem klar wird, dass er mit der geheimdienstlichen Welt verbunden war. Auch sein älterer Bruder Robert arbeitete für den Militärgeheimdienst. Wie er bestätigt, war Lee bereits als kleiner Junge von der Fernsehserie *I Led 3 Lives* (*Ich lebte drei Leben*) begeistert. »Er war wirklich ganz besonders von dieser einen Serie besessen, und er sah sie immer noch, als ich 1952 zum Marinecorps ging«, so erinnert sich Robert Oswald.

Das Besondere daran war, dass sich alles um einen Mann drehte, der vorgab, Kommunist zu sein, aber in Wirklichkeit für das FBI arbeitete! Bemerkenswert – und seltsam zugleich. Soll Oswald im realen Leben diese Rolle zwar verinnerlicht, aber um 180 Grad verkehrt haben, oder hatte er sich so sehr mit dem Protagonisten identifiziert, dass er die fiktive Handlung als persönliche Leitlinie übernahm und in seiner Fantasie zur eigenen, authentischen Verkörperung seines Jugendidols wurde? Dann aber gestaltete sich die Sachlage um Lee Harvey Oswald und seinen vermeintlich unauslöschlichen Hang zum Kommunismus gänzlich anders. Und genau davon gehen auch Waldron und Hartmann aus. Noch etwas ist bemerkenswert: Robert Oswald ist davon überzeugt, dass die Warren-Kommission den Fall wahrheitsgemäß aufgeklärt habe. Er glaubt an deren »Beweise«, wenn er auch eingesteht, lieber etwas anderes glauben zu wollen. Doch so oft er alles auch vor seinem inneren Auge ablaufen ließ, für ihn ist heute alles klar – sein Bruder war der Mörder von Kennedy und handelte ohne Komplizen. So sagt er zumindest. Angesichts der zahlreichen Informationen, wie sie nunmehr vorliegen, erscheint das völlig unverständlich, fast irrational. Doch Robert Oswald bleibt bei seiner Meinung. Über das Warum lässt sich nur spekulieren. Vielleicht aber wurde ihm doch sehr bald bewusst, wie mächtig jene Kräfte sind, die wirklich für Kennedys Tod verantwortlich waren und die sehr schnell auch den Tod des eigenen Bruders verschuldeten. Konnten sie nicht auch ihm selbst gefährlich werden? Zumindest dann, wenn er versuchte, die Wahrheit herauszufinden, und über Jahre und Jahrzehnte behaupten würde, sein Bruder sei genau das gewesen, was dieser ja auch selbst in der kurzen Zeit bis zu seiner Ermordung durch Ruby immer wieder erklärt hatte: »I am a patsy!« – ein Sündenbock! Und als solchen ließen ihn die eigentlichen Täter über die Klinge springen.

Seit den ersten Minuten wird im Fall JFK vernebelt, vertuscht und verfälscht. Der *Secret Service* vernichtet Unterlagen, FBI und CIA mauern, was das Zeug hält, halten Dokumente zurück und belügen über die Jahre hinweg verschiedene Untersuchungskommissionen. Es existiert da ohnehin ein nicht unbedeutender Zusammenhang: Je größer das Ausmaß einer Verschwörung und der mit ihr verbundenen Geheimhaltung, desto geringer wird die Bereitschaft der relevanten Behörden, miteinander zu kooperieren! Mit der Verabschiedung des »JFK Records Act« von 1992 ordnete der US-Kongress an, dass sämtliche Behörden die ihnen vorliegenden Dokumente zur Ermordung von Präsident Kennedy als Abschriften an das Washingtoner Nationalarchiv zu übermitteln hätten. Das Material müsse in vollem Umfang öffentlich gemacht werden und spätestens bis zum Jahr 2017 in der Sammlung verfügbar sein, also maximal 25 Jahre nach Inkrafttreten des Gesetzes.

Infolge des »JFK Act« wurde auch der schon erwähnte *JFK Assassinations Record Review Board* ins Leben gerufen, der von 1994 bis 1998 aktiv war und auch auf das Paradoxon von Kennedys Gehirn stieß. Weiterhin unter Verschluss dürften dem Gesetz von 1992 zufolge nur einige wenige Unterlagen bleiben, deren Veröffentlichung die Identität von Informanten preisgeben oder aber die nationale Sicherheit gefährden würde. Doch die CIA gab sich damit nicht zufrieden. 2008 tat sie gerichtlich kund, sich das Recht vorzubehalten, ihre bisher noch nicht deklassifizierten JFK-Akten auch über das Jahr 2017 hinaus noch in ihren Geheimarchiven belassen zu können. Natürlich wirkt sich dieser Entschluss gleichfalls auf die Freigabe von Geheimpapieren anderer Behörden aus. Wenn beispielsweise FBI-Unterlagen ähnliche Informationen enthalten wie die CIA-Papiere, dann werden sie ebenfalls geheim bleiben. Tatsache ist, dass die Geheimdienste beinahe stets in der Lage sind, das wirklich beweiskräftige Material vor einer Veröffentlichung zu »retten«. Genau jenes Material, das als letzter Puzzlestein plötzlich Licht in alles bringen und die endgültige Klarheit über die wahren Geschehnisse schaffen könnte. Nur seltene Zufälle können hier weiterhelfen – übersehene Dokumente in freien Archiven, Fehler von Zensoren, sogar Widersprüche in mehreren Akten, die neue Wege weisen. Meist aber schließen sich die dicken Panzertüren vor den turmhohen Stapeln geheimer Akten, die entlang schier endloser Korridore aufgereiht sind und sicherer verwahrt werden als radioaktiver Müll. Und genauso ticken diese Zeitbomben des Informationszeitalters, das nicht selten eher zum »Desinformationszeitalter« gerät. Wenn dann aber die bedrohliche Strahlung zu intensiv wird und mancher sich die vermeintlich gar so ehrliche Haut verbrennen könnte, bleibt oft nicht mehr als die radikale Vernichtung. Auch im Fall Kennedy sind zahlreiche Akten komplett zerstört worden. So stellte die Review-Kommission von 1994 fest, dass der *Secret Service* verschiedene Dokumente »unschädlich« gemacht hatte, darunter auch solche Unterlagen, die gewisse Bedrohungen von Präsident Kennedy in der Region von Dallas betrafen.

Im Falle von John F. Kennedy waren sich jedenfalls alle einig, wirklich alle – die Mafia, die CIA, das FBI, der *Secret Service* und nicht zuletzt die wirklich herrschenden Kräfte der Bankenwelt: JFK muss sterben!

Nachdem der skrupellose Großfinanzier J. P. Morgan 1907 eine Bankenpanik heraufbeschworen hatte, um eine ganz eigene Reform des Bankenwesens einzuleiten und die Schaffung einer Zentralbank voranzutreiben, fand Ende 1910 ein streng geheimes Treffen einiger der mächtigsten Wirtschaftsbosse der Vereinigten Staaten statt. Die heimliche Zusammenkunft auf Jekyll Island, einer kleinen Insel vor der Küste Georgias, brachte ein neues Geschöpf der Finanzelite hervor: die *Federal Reserve* als zentralisiertes Bankensystem, das den Eindruck einer staatlichen Instanz erwecken sollte, in Wirklichkeit aber unter der privaten Kontrolle der Großbankiers stand.

Der skrupellose Geschäftsmann J. P. Morgan, hier gerade ziemlich ungehalten über einen Fotografen.

Im Dezember 1913 war der Plan umgesetzt, über den der Kongressabgeordnete Louis McFadden später schrieb: »Als der ›Federal Reserve Act‹ ratifiziert wurde, nahmen die Bürger dieser Vereinigten Staaten nicht wahr, dass hier ein Weltbanksystem zu entstehen im Begriff war. Ein Super-Staat, kontrolliert von internationalen Bankern und internationalen Industriellen, die miteinander agierten, um die Welt zu ihrem persönlichen Vergnügen zu versklaven. Die *Fed* unternahm jede Anstrengung, ihre Macht zu verbergen, doch die Wahrheit ist – sie usurpierte die Regierung.«

John F. Kennedy beabsichtigte, diesem System den Garaus zu machen. Zumindest schuf er über die Ausnahmebestimmung EO 11,110 die Möglichkeit zur Ausgabe von Silberzertifikaten ohne Mitwirkung des *Federal-Reserve*-Systems. Offiziell wird bestritten, dass diese besondere Order die *Fed* in irgendeiner Form gefährdete. Mit ihr habe sich lediglich der Versuch verbunden, die Silberreserven anzuzapfen. Andere, wie auch der amerikanische Marine-Scharfschütze und Autor Craig Roberts, glauben vielmehr, dies sei nur der Anfang gewesen und Kennedy habe die *Federal Reserve* tatsächlich abschaffen wollen, um das Geldsystem aus privater wieder in staatliche Hand überführen zu können. Deshalb sei er umgebracht worden, im Zuge einer Verschwörung der internationalen Banker.

Klar ist: Kennedy hatte mehr als genug Feinde, allesamt mit den unterschiedlichsten Motiven. Er erwies sich auch als das größte Hindernis eines ausgedehnten Krieges in Südostasien. Doch die alten, beharrlichen Kräfte übten ihren Druck aus. Der *Council on Foreign Relations* zeigte weiterhin seine Macht und seinen Einfluss auf die US-Außenpolitik. Genau wie heute, so saßen auch damals in der Regierung zahlreiche CFR-Leute, so viele, dass Kennedy einmal darauf mit den Worten anspielte: »Ich würde hier ganz gerne ein paar neue Gesichter sehen, aber alles, was ich bekomme, sind die gleichen alten Gesichter.« Diese traditionellen und harten Kräfte versuchten Kennedy unter Druck zu setzen und drangen zunächst auf eine Entsendung von Truppen nach Laos, doch der neue Präsident beugte sich diesem Wunsch nicht. Der CFR war vor allem um die Entwicklung in Vietnam besorgt und gründete 1951 zusammen mit seinem europäischen Ableger, dem *Royal Institute for International Affairs* (RIIA), eine von der Rockefeller-Stiftung finanzierte Studiengruppe, um das Südostasien-Problem zu analysieren. Das »Forschungsergebnis« war in seinem Grundcharakter abzusehen. Die CFR-RIIA-Gruppe empfahl eine britisch-amerikanische Dominanz jener Region. Die Umsetzung dieser Politik überwachten vor allem zwei Männer. Der eine zählte zu den Gründern des CFR und war John Foster Dulles, seinerzeit US-Außenminister und auch Urgestein der CIA. Genau wie sein Bruder, niemand anderer als Allen Dulles, erster Chef der CIA und später vom tolldreisten Präsidenten Kennedy gefeuert!

Damit schließt sich der Kreis. Denn im Grunde ist hier alles miteinander verwoben. Wohl nicht umsonst erklärte die Witwe Lee

Harvey Oswalds gegenüber dem Autor A. J. Weberman: »Die Antwort des Kennedy-Attentats liegt bei der *Federal Reserve Bank*. Unterschätzen Sie das nicht. Es ist falsch, Angleton und die CIA nur für sich dafür verantwortlich zu machen. Dies ist nur ein Finger derselben Hand. Die Leute, die das Geld liefern, stehen über der CIA.« Der hier angesprochene James Jesus Angleton war 25 Jahre lang Chef der CIA-Gegenspionage und legte ein Geheimdossier zu Lee Harvey Oswald an, bereits lange vor dem Attentat. Dies beweist, dass die CIA längst von Oswald wusste und ihn auch unter Beobachtung hatte, um dabei wohl mehr oder minder den idealen Sündenbock in ihm zu erkennen. Offiziell gab die CIA nie zu, vor dem Attentat von Oswald gewusst zu haben.

Und auch die *Federal Reserve* war nur ein Teilaspekt, denn der Mord am Präsidenten erfüllte viele Funktionen. Ein kleines Stückchen Blei räumte schlagartig einen Haufen Probleme aus dem Weg!

Heute ist klar, dass Lee Harvey Oswald kein Einzeltäter war. Von ihm führen Verbindungen unter anderem hinein ins FBI, in die CIA und in die Mafia, mit der auch Jack Ruby und nicht zuletzt die Kennedys in schicksalhafter Wechselwirkung standen. »Gottvater« Carlos Marcello hatte den Auftrag zur Ermordung des Präsidenten gegeben, doch war dies ohne die Unterstützung der Dienste nicht möglich. Nur, dass sie sich selbst nicht die Hände schmutzig machen wollten. Die CIA wirkte organisatorisch mit und hatte Oswald bereits lange im Visier, der *Secret Service* wurde auf Befehl und zur völligen Verblüffung der nicht eingeweihten Mitarbeiter kurz vor den tödlichen Schüssen abgezogen, und die Behörden, darunter vorrangig das FBI, halfen tatkräftig mit, den Fall zu vertuschen. Am Ende blieb jener eine Sündenbock übrig und wurde kurzerhand auch erschossen. Jetzt war einfach alles perfekt einfach – und damit einfach perfekt!

Und auch Lyndon B. Johnson konnte zufrieden sein. Die von ihm eingesetzte Warren-Kommission präsentierte ein immerhin einigermaßen stimmig wirkendes Gesamtergebnis, maßgeschneidert und nach Vorgabe. Denn alles andere durfte die Öffentlichkeit nie erfahren. John Jay McCloy, der zahlreiche hohe Ämter bekleidete und auch Mitglied der Kommission war, erklärte hierzu einmal sehr deutlich: »Es war von allergrößter Wichtigkeit, der Welt zu beweisen, dass Amerika keine Bananenrepublik ist, deren Regierung durch eine Verschwörung gestürzt werden kann.«

Um diesen Beweis wirklich »störungsfrei« führen zu können, waren allerdings noch einige Zusatzmorde erforderlich. Alles fing mit der Ermordung Oswalds durch Jack Ruby an. Die beiden kannten sich, waren »befreundet«. So gab es für Oswald auch keinen Grund, zu erschrecken oder gar in Deckung zu gehen, als ihm Ruby plötzlich entgegentrat, der dann allerdings sofort zu schießen begann.

Was folgte, war eine Reihe durchaus ungewöhnlicher Todesfälle unter Personen, die brisante Informationen preisgeben hätten können. Eher abgeklärte Zeitgenossen, die nicht an Verschwörungen glauben wollen, halten derartige Mordserien für allzu aufwendig. Sie unterschätzen wahrscheinlich das Netzwerk, das genau solche Vorgänge ermöglicht. Die Ermordung eines US-Präsidenten aber besitzt ihre eigene Dimension. Und wenn es möglich ist, einen Mord dieser Kategorie zu verüben, dürfte die Beseitigung ungeschützter und unbekannter Zeugen das geringere Problem sein. Die gesamte Geschichte belegt darüber hinaus die enorme Zahl an politisch motivierten Morden, hinter denen in den allerwenigsten Fällen Einzeltäter standen. Selbst auf einzelne Gruppierungen lassen sich die großen Attentate selten reduzieren. Und wie das exponierte Beispiel JFK gut demonstriert, arbeiteten hier die vermeintlich unterschiedlichsten Kräfte reibungslos Hand in Hand, um das gemeinsam gesteckte Ziel zu erreichen.

Das hier verborgene Potenzial ist wahrhaft enorm und lässt wohl deutlich mehr zu, als so manche Schulweisheit auszumalen imstande ist. Nicht in jedem Einzelfall werden die Hintergründe klar, nicht immer lässt sich ein vermuteter Kontext belegen und ein unnatürlicher Tod nachweisen. Auch zählten jene, die John F. Kennedy bald in den Tod folgen sollten, durchaus ebenfalls zu Kreisen, in denen ein jähes, ein gewaltsames Ableben überdurchschnittlich häufig vorkommt. Dennoch sind einige dieser Tode so ungewöhnlich, dass allein schon diese Tatsache stutzig macht. Oftmals spielten die Opfer eine besondere Rolle im düsteren Umfeld der wirklich für das Attentat verantwortlichen Personen und besaßen ein gefährliches Wissen.

Nancy Jane Mooney war Stripperin. Doch nicht irgendeine. Sie arbeitete früher für Jack Ruby in dessen *Carousel Club*. Die Warren-Kommission bestritt dies allerdings. Nachforschungen hätten keine Beweise dafür erbracht. Mitarbeiter des Clubs könnten sich nicht an ihren Namen erinnern. Nur ist das bestimmt kein definitiver Gegenbeweis. Mooney blieb jedenfalls bei ihrer Aussage. Sie erklärte, unter anderem Namen von Männern nennen zu können, die nach Kennedys Tod regelrecht triumphierten. Wusste die Dame noch mehr? Zeit, darüber zu sprechen, blieb ihr jedenfalls keine mehr. Nach einem Gerangel mit ihrer Zimmergenossin Patsy Swope Moore wurde sie am 30. Januar 1964 wegen Ruhestörung verhaftet, um zwei Stunden später tot aufgefunden zu werden. Sie hing in einer Schlinge am Gitter ihrer Zelle. Natürlich Selbstmord!

Thomas Henry »Hank« Killam, Ehemann einer Kollegin von Mooney, wurde sechs Wochen später mit durchschnittener Kehle auf offener Straße gefunden. Killam war Fassadenmaler und führte ein unauffälliges Leben. Bis zu dem Tag, an dem Kennedy ermordet wurde. Nach dem Attentat wurde er ständig von FBI-Agenten aufgesucht und befragt. Er zog nunmehr von Stadt zu Stadt und musste ständig neue Jobs annehmen. Kurz vor seinem Tod sagte er zu seinem Bruder Earl: »Ich bin ein toter Mann, aber ich muss laufen, solange ich laufen kann!« Am Morgen des 17. März 1964 schlief er im Haus seine Mutter, als ihn ein Telefonanruf weckte. Nach dem Gespräch zog er sich an und verließ das Anwesen. Seine Mutter erinnerte sich, gehört zu haben, wie draußen eine Wagentür zuschlug. Doch Killam selbst besaß kein Auto. Wenige Stunden später fand man ihn in Pensacola, Florida, tot auf. Neben ihm auf dem Pflaster lagen Glassplitter. Offenbar war er in eine Scheibe hineingefallen und hatte sich dabei die Kehle aufgeschnitten. Zumindest war diese Erklärung damals aus den Medienberichten zu erfahren.

Die Polizei sprach von Selbstmord, der örtliche Pathologe von einem Unfall. Earl Killam allerdings sah den Fall anders und verlangte 1967 eine Autopsie seines Bruders. Von dieser Äußerung war auch noch kurz in einem Bericht des *Pensacola Journal* zu lesen, doch dann verläuft sich die Geschichte im Dunkel, wie viele andere auch. Und immer wieder waren es sehr, sehr merkwürdige Zufälle – oder eher Unfälle, die sich gehäuft ereigneten. Einige Personen, die auf irgendeine Weise mit Lee Harvey Oswald oder Ruby in den letzten Stunden oder Tagen ihres irdischen Daseins zusammengekommen waren, kamen selbst auf unnatürliche Weise ums Leben. Ohne nun die Todesliste umfangreich ausbreiten zu wollen, sei exemplarisch noch an den Fall der *Time*-Journalistin Dorothy Kilgallen erinnert, die Jack Ruby zuletzt interviewt hatte. Sie hatte eine Abschrift des Geständnisses Rubys gegenüber der Warren-Kommission erhalten, enthüllte aber ihre Quelle nicht – sie hielt sich ohnehin strikt daran, ihre Quellen nicht darzulegen.

Am 8. November 1965 fand sie ihr Friseur tot in der Wohnung auf, sie lag vergiftet auf ihrem Sofa, eine lethale Mixtur aus Alkohol und dem Barbiturat Seconal im Blut. Selbstmord? Kilgallen hatte oft Kritik an der Arbeit der Warren-Kommission geübt sowie an verschiedenen Regierungsbehörden. Sie selbst hatte auch erklärt, unter Beobachtung zu stehen. Und tatsächlich hatte der langjährige FBI-Chef J. Edgar Hoover eine spezielle Geheimakte über sie angelegt. Die Autopsie ergab angeblich keine Hinweise auf Mord, im Totenschein hieß es dann: »Todesursache ungeklärt«.

Stellwerksmeister Lee Bowers war möglicherweise einer der Menschen, die direkt gesehen hatten, wer Kennedy erschoss. Er beobachtete damals zwei Männer, von denen zum fraglichen Zeitpunkt ein Aufblitzen ausging, ganz genau wie Mündungsfeuer. Bowers blieb drei Jahre lang bei seiner Aussage, dann kam er bei einem Verkehrsunfall ums Leben. Vielleicht bestand zwischen ihm und der Beobachtung keinerlei Zusammenhang, vielleicht verbinden sich mit sämtlichen jener ungewöhnlichen Geschichten ja lediglich schicksalhafte Zufälle. Doch wäre das schon mehr als nur erstaunlich. Zudem verband all jene Personen noch ein ungewöhnliches Element. Denn sie alle waren vom FBI verhört worden und erklärten gegenüber Freunden und Bekannten, man habe dort versucht, ihre Berichte zu entstellen. Ja, einige sagten, man wolle sie zum Schweigen bringen, was dann ja meist auch glückte. Ebenso wurden auch allzu gesprächige Mafiosi zum Schweigen gebracht.

Mafia-Boss John Roselli wusste offenbar wirklich zu viel über den Mord an JFK.

Als John Roselli vor dem US-Senatsausschuss damit prahlte, über den Kennedy-Mord mehr zu wissen, als ihm eigentlich lieb sei, dauerte es nicht lange, bis ihn die Vergangenheit einholte und mit tödlicher Sicherheit erwischte: Am 9. August 1978 machten ein paar ahnungslose Fischer einen grausigen Fang in der Dumfounding Bay vor der sonnigen Küste Miamis. An jenem schönen Sommertag holten sie ein schmutziges, mit Ketten beschwertes Benzinfass an Bord. Als sie diese Konservendose der ganz besonderen Art öffneten, verschlug es ihnen Sprache und Atem gleichermaßen: In dem verbeulten Gebinde lag ein verwesender Leichnam, dessen Beine abgesägt worden waren. Wollten die Killer damit kundtun, dass es kein Entrinnen vor ihnen gab? Vielleicht. Aber *mit* Beinen hätte die Leiche eben nicht ins Fass gepasst ...

Die spätere Untersuchung ergab, dass der Mann stranguliert und erschossen worden war. Da wollte also jemand wirklich auf Nummer sicher gehen. Was noch von den Fingerkuppen übrig geblieben war, genügte den Ermittlern zu einer ebenfalls sicheren Identifizierung – das Opfer war jener Mafiaboss John Roselli. Von seinem Beinamen »Der Schöne« war allerdings schon länger nicht mehr viel übrig geblieben.

Da lag er nun im Fass. Aus einem ausgemachten Ganoven war ein eingemachter Kadaver geworden. Immerhin konnten die Fischer jetzt ernsthaft behaupten, ihnen sei ein echter Mafioso ins Netz gegangen!

Bizarre Todesfälle im schier endlosen Gefolge des Kennedy-Attentats gab es jedenfalls genug. Nicht zu vergessen natürlich der Anschlag auf Robert Francis Kennedy, den jüngeren Bruder des US-Präsidenten. Ohne nun diesen Fall zu vertiefen, der ein weiteres tödliches Kapitel öffnen würde, soll lediglich daran erinnert sein, dass »Bobby« Kennedy dem organisierten Verbrechen sogar als das Hauptziel gegolten haben soll. Denn der US-Oberstaatsanwalt und Senator hatte sich regelrecht dem Kampf gegen die Unterwelt verschrieben. In seiner Amtszeit stieg die Zahl der diesbezüglichen Verfahren um immerhin 800 Prozent an! Und das, wo doch ausgerechnet einige Mafia-Größen den reichen Vater Joseph Kennedy dabei unterstützt hatten, die beiden Söhne in Amt und Würden zu hieven!

Robert F. Kennedy (1925–1968).

Die tödlichen Schüsse auf JFK fielen tagsüber in Dallas, die tödlichen Schüsse auf RFK des Nachts in Los Angeles. Es war kurz nach Mitternacht, und Bobby Kennedy feierte seinen Erfolg bei den Vorwahlen zur Nominierung des demokratischen Präsidentschaftskandidaten. Er hielt eine Ansprache im Ballsaal des *Ambassador Hotel* in Mid-Wilshire, wollte dann mitten durch die im Saal versammelte Menge gehen und weitere

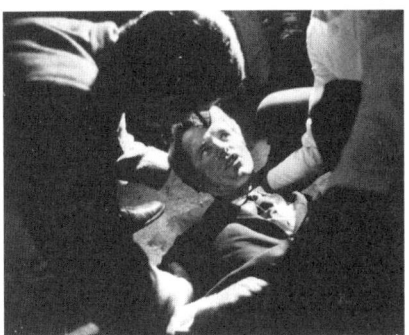

Auch Robert F. Kennedy wurde durch einen Kopfschuss getötet.

seiner Anhänger in einem anderen Teil des Hotels aufsuchen. Zu dieser späten Stunde drangen die Journalisten, die ihre Berichte für den folgenden Tag fertigstellen mussten, allerdings noch auf eine Pressekonferenz. Deshalb entschied der für die Organisation zuständige Fred Dutton, auf die zweite Versammlung zu verzichten und sofort in den Presseraum zu gehen. Also änderte sich auch die Route durchs Hotel. Durch Schwingtüren ging es nun zum Küchenkorridor. Kennedy kam als Präsidentschaftskandidat damals noch nicht der Schutz durch den *Secret Service* zu. Doch der Tod seines Bruders demonstrierte ohnehin, wie es lief, wenn mächtige Kräfte im Hintergrund den Tod eines Präsidenten wirklich wünschen.

Als sich die Gruppe einem Engpass auf dem Hotelflur näherte, geschah es: In dem Augenblick, in dem RFK einem Hilfskellner gerade die Hand schüttelte, trat ein junger Mann hinter einem Tablettregal hervor und feuerte mehrmals aus einem .22-Kaliber-Revolver auf Kennedy, der sofort zu Boden stürzte. Er hatte sich in Begleitung zweier persönlicher Leibwächter und eines ehemaligen FBI-Agenten befunden, der dem Attentäter sofort zweimal ins Gesicht schlug. Nach einem kurzen Handgemenge konnte der Killer überwältigt und entwaffnet werden. Robert Kennedy, der genau wie sein Bruder auch einen Kopfschuss erlitten hatte, war noch bei Bewusstsein und erkundigte sich, ob alle in Sicherheit seien. Kurz darauf verlor er die Wahrnehmung und fiel in eine Dunkelheit, aus der er nicht mehr erwachen sollte. 26 Stunden nach dem Anschlag starb er an seinen Verletzungen.

Woher aber konnte Sirhan B. Sirhan, der Attentäter, überhaupt wissen, dass der Tross mit Robert F. Kennedy spontan dazu übergehen würde, den Weg durch das Hotel zu ändern? Diese Frage ist bis heute nicht hinreichend beantwortet. Sirhan, der noch immer im Hochsicherheitstrakt des kalifornischen Corcoran-Gefängnisses einsitzt und auf eine Begnadigung wartet, ist Sohn palästinensischer Eltern und galt als Anti-Zionist, der RFK wegen seiner Unterstützung Israels hasste. Er habe ihn noch vor einem bedeutsamen Jahrestag umbringen wollen. Am 5. Juni 1967 war der Sechs-Tage-Krieg zwischen Israel und seinen arabischen Nachbarländern

Ägypten, Jordanien und Syrien ausgebrochen. Genau ein Jahr darauf sollte der jüngere Bruder des Präsidenten sterben – so lautete auch eine später gefundene Tagebuchnotiz Sirhans: »RFK muss sterben, RFK muss ermordet werden.« Doch hinsichtlich seiner Religionszugehörigkeit und seiner politischen Überzeugungen war Sirhan mehrfach einigem Wandel unterworfen, so schien es. Nach seiner Verurteilung erklärte er ähnlich Oswald, ein Sündenbock zu sein – er könne sich nicht an seine Tat erinnern, wisse nichts davon, Robert Kennedy ermordet zu haben. Er beharrt darauf, unter Hypnose gestanden zu haben, wobei seine Hemmschwelle zu töten künstlich stark herabgesetzt worden sei.

Ende 2006 stellte die BBC einige neue Ergebnisse zum Fall RFK vor. Diesen zufolge waren in der Nacht des Attentats mehrere CIA-Leute anwesend, von denen man offiziell zuvor überhaupt nichts gewusst hatte. Auch dieses Attentat also stand in einem engen Zusammenhang mit dem mächtigen US-Auslandsgeheimdienst, der sich vielleicht die eigenen Hände zwar nicht schmutzig machte, dafür aber andere umso schmutziger werden ließ. Jedenfalls legte CIA-Mann David Morales in einem aufgezeichneten Gespräch mit seinem ehemaligen Anwalt Robert Walton eine deutliche Rhetorik an den Tag, als er erklärte: »Ich war in Dallas, als wir den Hurensohn kriegten, und ich war in Los Angeles, als wir den kleinen Bastard kriegten.« Morales gehörte wohl zu jenen, die im Misslingen der Kuba-Invasion einen unverzeihlichen Verrat durch den damaligen Präsidenten sahen, und hasste seitdem die Kennedys abgrundtief, vor allem die beiden Brüder John und Robert.

Dass auch bei der Ermordung RFKs die Wahrheit nicht mit der offiziellen Geschichte übereinstimmt, ist hinreichend klar. Dafür spricht auch die Untersuchung der Kugeln, die laut Expertengutachten aus zwei verschiedenen Waffen abgefeuert worden waren. Demnach stammte der tödliche Schuss nicht von Sirhan Sirhan, und die Geschichte wiederholte sich. Die eigentlichen Killer blieben unerkannt im Dunkel und wurden nie zur Rechenschaft gezogen, denn man konnte ja wieder ein Bauernopfer, einen Sündenbock präsentieren.

Der gesamte Kennedy-Komplex scheint über diese beiden Attentate hinaus ohnehin geradezu unerschöpflich. Welche Rolle spielte Marilyn Monroe? Was wussten andere Zeugen? Und warum mussten weitere Kennedys sterben? Gibt es noch mehr Geheimnisse um diese Familie, oder geht es den operierenden Kräften darum, den gesamten Clan mehr oder minder vollständig auszulöschen?

Die so reiche wie erfolgreiche Familie wurde über Jahrzehnte hinweg von Schicksalsschlägen heimgesucht wie kaum eine andere. Einige tragische Entwicklungen standen sicherlich in keinerlei Zusammenhang mit politischen Hintergrundkräften, dem organisierten Verbrechen und Mord, sondern waren schlichtweg das fatale Resultat eines selbstsüchtigen, exzentrischen und auch verantwortungslosen Handelns. So offenbarte sich der Charakter von Joseph Kennedy nicht nur in seiner auf die Söhne bezogenen, grenzenlosen Projektion ehrgeiziger Wünsche, die ihn mit führenden Strukuren der Unterwelt kooperieren ließen, sondern auch in seinem ungezügelten Kontrollwunsch gegenüber seiner Tochter Rosemary Kennedy.

Die lebenslustige junge Frau galt als eigensinnig und aufsässig. Die katholische Familie wiederum, vor allem natürlich ihr herrisches Oberhaupt, befürchtete, möglicherweise von ihr kompromittiert zu werden. Als Rosemary 23 Jahre alt war, entschloss sich ihr Vater, sie einer Lobotomie unterziehen zu lassen. Die enorm riskante Hirnoperation sollte sie kontrollierbarer werden lassen! Damals befand sich die Neurochirurgie allerdings weitgehend in einem frühen Experimentierstadium. Und somit war ein fürchterliches Ergebnis geradezu programmiert. Seit dem Eingriff war Rosemary Kennedy schwerstgeschädigt, stammelte infantil vor sich hin und verfiel in einem Heim für geistig Behinderte. Aber immerhin, während sie die Kontrolle über ihren Körper nunmehr großteils eingebüßt hatte, so war sie für ihren Vater auf diesem Wege nun doch kontrollierbar geworden. Allerdings befürchtete der Patriarch immer noch einen Schaden für die Familie und schämte sich offenbar mehr der Behinderungen seiner Tochter als der Tatsache, der Verursacher dieser Defekte zu sein. So besuchte er Rosemary auch nie.

Andere Schicksalsschläge der Familie resultierten aus äußeren Umständen und Ereignissen. Am 12. August 1944 explodiert ein Flugzeug mit Joseph P. Kennedy an Bord, dem ältesten Sohn Josephs. Nur knapp einen Monat später wird der Mann von Kathleen Kennedy aus dem Hinterhalt erschossen. Sie selbst kommt vier Jahre später bei einem Flugzeugabsturz ums Leben. Nachdem Anfang August 1963 John F. Kennedys jüngster Sohn kurz nach der Geburt stirbt, folgt sein Vater ihm nach dem Attentat von Dallas in den Tod. 1964 ereignet sich schon wieder ein Flugzeugunglück, bei dem diesmal Edward »Ted« Kennedy nur knapp mit dem Leben davonkommt. 1968 wird dann Robert Kennedy mitten im Wahlkampf erschossen.

Ein Jahr später erfolgt der Schlag wieder »von innen«: Am 19. Juli 1969 verursacht Ted Kennedy einen Autounfall, bei dem sich sein Wagen überschlägt und in einen Flutkanal stürzt. Die 29-jährige Beifahrerin, Mary Jo Kopechne, eine Lehrerin und Wahlhelferin, kommt dabei ums Leben. Kennedy selbst rettet sich aus dem Fahrzeug, meldet den tödlichen Unfall aber erst am nächsten Tag. Mary Kopechne hätte wohl gerettet werden können. Sie muss nach Einschätzung des Bergungstauchers John Farrar noch etwa zwei Stunden in dem Wrack überlebt und dabei ihren Kopf in eine Luftblase gehalten haben, die im Wagen verblieben war.

Das Autowrack, aus dem sich Edward Kennedy nach einem von ihm verursachten Unfall gerade noch rettete. Seine Wahlhelferin Mary Jo Kopechne ließ er zurück. Sie konnte nur noch tot geborgen werden.

Kennedy kommt mit einer Bewährungsstrafe davon, doch seine Karriere erleidet damals einen deutlichen Knick. So kann er auch

Edward Kennedy überlebte seine beiden Brüder um Jahrzehnte, er starb im August 2009 an Krebs.

keine erfolgreiche Kampagne als US-Präsidentschaftskandidat mehr landen.

Wiederum vier Jahre später – 1973 – verursacht auch Joe Kennedy, der Sohn von Robert Kennedy, einen Autounfall. Seine damalige Freundin Pam Kelly ist seitdem querschnittsgelähmt. Der jüngere Bruder David Anthony, der 1965 die Ermordung seines Vaters live im Fernsehen sah und lange unter Schock stand, sitzt nun, drei Jahre später, bei diesem Autounfall mit im Wagen, bricht sich einen Wirbel und erhält von da an starke Schmerzmittel. Sie machen ihn süchtig, er beginnt Drogen zu nehmen. 1984 stirbt er an einer Überdosis. Ebenfalls 1973 wird bei dem zwölfjährigen Edward M. Kennedy, Jr. ein bösartiger Knochentumor im rechten Bein diagnostiziert, das daraufhin amputiert wird. 1996 kommt eine Affäre zwischen Michael LeMoyne Kennedy und einer minderjährigen Babysitterin ans Licht, die ihm beruflich wie auch privat einigen Schaden zufügt, obwohl das Opfer keine Anklage erhebt und Michael Kennedy schließlich freigesprochen wird. Er hat allerdings nur noch ein Jahr zu leben. Ende 1997 hält er sich mit anderen Familienmitgliedern zu einem Skiurlaub in Aspen, Colorado, auf. Am späteren Nachmittag des 31. Dezember 1997 spielt die familiäre Gruppe »Ski-Football« – Michael Kennedy rast ungeschützt den Abhang hinab und prallt mit dem Kopf voran ungebremst an einen Baum. Während der Notbehandlung am Unfallort knien die Familienangehörigen betend neben dem Schwerverletzten. Eine Stunde später stirbt Kennedy im Krankenhaus. 1999 schließlich kommen JFKs jüngster Sohn, John F. Kennedy, Jr., und seine Frau Carolyn Bessette-Kennedy mit deren Schwester Lauren bei einem Flugzeugabsturz ums Leben. Sie sind auf dem Weg zur Hochzeit von Kennedys Cousine Rory. Die Hintergründe des Absturzes wurden nie wirklich geklärt, auch wenn es den Anschein hat, dass John F. Kennedy, Jr., der die Privatmaschine steuerte, von der Flugsituation überfordert war und den Unfall selbst verursachte.

Am 25. August 2009 schließlich stirbt Joseph Kennedys jüngster Sohn Edward »Ted« Kennedy an einem Gehirntumor. Viele sagen, mit ihm ging der Letzte der großen Kennedys. Anders als seine Brüder erreichte er ein – zumindest für Angehörige dieser Familie – relativ hohes Alter.

Der Tod war der ständige Begleiter jener einflussreichen und superreichen Clans – und so manche Zeitgenossen sprachen vom »Fluch der Kennedys«. Wie sich zeigt, bestand dieser Fluch aus mehreren Teilen. Zunächst massive Selbstüberschätzung, dann schlichtweg nicht minder ausgeprägtes Pech und nicht zuletzt schließlich die offensichtliche Begabung, sich eine große Zahl mächtiger Feinde zu schaffen. Dieser letzte Aspekt führt uns zu dem, was tatsächlich und ohne Zweifel als wahre und weitreichende Verschwörung gelten darf. Hier, im Falle des ermordeten US-Präsidenten John F. Kennedy und seines jüngeren Bruders Robert, zeigt sich ganz besonders deutlich, welche Ausmaße solcherlei Verschwörungen annehmen können und mit welch teuflischer Strategie sie umgesetzt werden. Einige der Todesfälle, die noch in diesem Buch behandelt werden, führen ihrerseits zu Wurzeln zurück, die ihren Ursprung wiederum im Kennedy-Komplex haben. Auch deshalb war es besonders wichtig, vor allem dem Kennedy-Attentat ausreichend Raum zu widmen. Zudem belegt es besonders klar, dass im Grunde alles möglich ist und auch die am besten geschützten Personen dieser Welt vor verschwörerischem Mord nicht sicher sind. Ob hochrangige Politiker, CIA-Chefs oder mächtige Bankiers, sie alle werden zur Zielscheibe, sobald sie sich gegen die Macht hinter der Macht stellen und zum Sand im Getriebe der Welt werden.

»Die USA haben es nicht getan«: Salvador Allende, 1973

Die Ermordung John F. Kennedys leitete eine ganze Serie von weiteren Anschlägen ein. Dies nicht nur unter jenen, die gefährliche Informationen besaßen und daher aus dem Weg geräumt werden mussten. Tatsächlich setzte mit Beginn der 1960er-Jahre eine Reihe von politischen Morden ein, deren bewegender Motor verborgen operierende Kräfte in den USA waren. Wie sich oftmals herausstellte, standen wohlbekannte Personen als Auftraggeber hinter solchen Verschwörungen. Als ausführende Gewalt wirkte nach altem Brauch die CIA in Kooperation mit geeigneten Partnern. Und wie im Falle der beiden Kennedy-Brüder lieferten die eigentlich Verantwortlichen der Öffentlichkeit stets einen ins übliche Schema passenden Einzeltäter. Diese Vertuschungsmethode wurde häufig gewählt, weil sie erfolgreich war. Und sie war erfolgreich, weil die jeweilige Geschichte für jedermann leicht nachvollziehbar war. Gerade weil ja die Täter oft als verrückte, abseits stehende und weltfremde Individuen verkauft wurden, bedurfte es keinerlei Rationalität mehr, ihr Handeln nachzuvollziehen – »Der Typ war eben verrückt, deshalb hat er das getan«. Und damit hat sich's auch, weitere Erklärungen: überflüssig!

So wird auch das Unbegreifliche plötzlich begreiflich. Dieses bewährte Muster setzt sich bis in die jüngste Geschichte fort, denn die Verschwörung funktioniert nicht nur perfekt, weil kaum jemand nachdenklich wird und entsprechend nachzuhaken beginnt, sondern auch, weil die großen und angeblich kritischen Medien allzu gerne ins Horn der großen Politik blasen, selbst wenn uns zumeist der gegenteilige Eindruck vermittelt wird. Etablierte Medien konnten sich etablieren, weil sie in Abhängigkeit geraten sind. Abgesehen davon, dass sie sich ohnehin oft politisch eindeutig zuordnen lassen, handelt es sich bei vielen Zeitschriften- und Zeitungsverlagen um Bestandteile riesiger Unternehmen, die als Wirtschaftsmacht über politischer Macht stehen und sie mitbestimmen und mitfinanzieren. Die berühmte Rockefeller-Familie hatte natürlich schon früh erkannt, wie wichtig es ist, wirklich alle gesellschaftlichen Bereiche zu kontrollieren. Und so investierten die Rockefellers in zahlreiche politische Organisationen, die sie oftmals selbst gründeten; sie infiltrierten das Gesundheitswesen, das Bildungssystem oder eben auch die Medien. Immer wieder ist zu bemerken, wie es sehr gleichförmig im Blätterwald rauscht und die verschiedensten Schreckgespenster nicht nur urplötzlich erscheinen, sondern ebenso schnell wieder in der Mottenkiste verschwinden, um allerorten gleichzeitig nach Art einer magischen Fernwirkung sofort durch andere ersetzt zu werden.

Was zunächst selbstverständlich erscheint, gleicht einem wahren Phänomen, ähnlich der unbegreiflich scheinenden Koordination eines Vogelschwarms, in dem zahllose Tiere gleichzeitige Kurswechsel vollziehen und wie ein gigantisches Individuum agieren. Und wie verhält es sich mit der weitgehend uniformen Medienberichterstattung? Auch dieses seltsame Orchester scheint einem unsichtbaren Dirigenten zu folgen. So auch, als die monatelange Jagd auf Osama bin Laden zur Jahresmitte 2002 abrupt endete und sich alles schlagartig auf Saddam Hussein fokussierte. Kurz vor diesem Kurswechsel, zwischen dem 30. Mai und dem 2. Juni 2002, fand in Chantilly bei Washington ein streng geheimes Treffen der mächtigsten Personen dieser Erde statt – das 50. Treffen der Bilderberger-Gruppe. Ein angeblich informeller und entsprechend harmloser Kaffeeplausch der Machtelite, der in aller Regel jährlich einmal in einem Nobelhotel abgehalten wird und seinen leicht drolligen Namen vom *Hotel de Bilderberg* in den Niederlanden ableitet. Dort nämlich fand im Jahr 1954 die erste jener Zusammenkünfte statt. Und schon damals betrieb man unbeobachtet von der Weltöffentlichkeit intensiv Geheimpolitik. »Man«, darunter müssen wir uns bis heute bedeutende amtierende wie auch Ex-Staatschefs vorstellen, Wirtschaftsbosse und die obersten Repräsentanten noch herrschender aristokratischer Dynastien sowie nicht zuletzt durchaus auch Medienzaren, die allerdings seit Jahrzehnten striktes Stillschweigen über die im Kreis der »Bilderberger« diskutierten Themen geloben.

Das Hotel de Bilderberg in den Niederlanden. Hier fand 1954 das erste geheime Treffen jener gleichnamigen Machtgruppe statt, die seitdem wesentlichen Einfluss auf die Geschicke der Welt nimmt.

Über die Jahre hinweg sind dennoch Informationen nach außen gedrungen. Zu deren Quellen zählen sogar einige wenige Konferenzteilnehmer, deren Ethik sich nicht mit der Moralvorstellung der Geheimgruppe deckt. Vor allem das personell kaum variable und 1959 ins Leben gerufene Steuerkomitee dieses Zirkels verfolgt eine klare machtpolitische Linie. Sie besteht – wie selbst David Rockefeller als Mitglied der zentralen Gruppe einmal einräumte – in einer aggressiven Globalisierung mit dem Ziel der angeblich nur in Verschwörungstheorien herumgeisternden »Eine-Welt-Regierung«.

Wie sich herausstellte, wählte man auf der Zusammenkunft im Jahr 2002 in Chantilly als Kernthema der Konferenz die Frage, wie man den zögerlichen Westen davon überzeugen könne, den Irak erneut anzugreifen. Und kurz darauf war überall wieder das Konterfei von Saddam Hussein als US-Staatsfeind Nummer eins zu sehen. Jetzt stand er unter Verdacht, mit den Attentätern des 11. September 2001 kollaboriert zu haben und außerdem geheime

Chemiewaffenfabriken zu betreiben. Damals ging übrigens das Todessyndrom unter den Biochemikern und Waffeninspektoren um, deren Erkenntnisse sich nicht mit den Wünschen der Obrigkeit deckten. Und bin Laden fiel erst mal unter den Tisch. Bis heute aber gilt er als der Mega-Terrorist, als der Kopf hinter 9/11, den fatalen Anschlägen auf *World Trade Center* und Pentagon. So wurde auch er, trotz des Kometenschweifs an Helfern in seinem Gefolge, letztlich zum wahnwitzigen Einzeltäter stilisiert, der nunmehr auf der Ebene des Massenmords genau das bewirkte, was seinerzeit auch der Einzeltäter Lee Harvey Oswald mit dem Attentat in Dallas bewirkte – eine Traumatisierung der Vereinigten Staaten von Amerika. Und beide, Oswald wie Osama, erfüllten den gleichen Zweck, sie waren – wenn auch keineswegs unbeteiligt an den Katastrophen – letztlich doch nichts als »patsies«, Sündenböcke, die man der Öffentlichkeit an der Leine vorführen konnte. Nur, wie sagt man so treffend: Die kleinen Diebe hängt man, die großen lässt man laufen. Hier nicht anders. Die Terroristenverstecke in den afghanischen Höhlen von Tora-Bora waren seinerzeit von der CIA mit angelegt worden, doch bin Laden ist buchstäblich nicht zu fassen. Weil man ihn zumindest bis jetzt gar nicht fassen wollte.

Der Mohr hat seine Schuldigkeit getan. Ihre Schuldigkeit hatten auch die politisch relevanten Opfer getan, meist schon, bevor sie ihre Ziele überhaupt umsetzen konnten. Genau diese Vorab-Exekution war ohnehin sehr oft eigentlicher Sinn der Sache.

Die zumeist von langer Hand vorbereiteten Attentate, wie sie sich seit Beginn der 1960er-Jahre zu häufen begannen, folgten wie schon erwähnt einem bewährten Schema, das vor allem die CIA anwandte. Werfen wir einen kurzen Blick auf die exponiertesten Fälle:

Am 17. Januar 1961 wurde der erste und einzige demokratisch gewählte Ministerpräsident des Kongo, Patrice Lumumba, auf bestialische Weise umgebracht. Nicht lange vor seinem Tod hatte er in einer feurigen, aber kaum diplomatisch zu nennenden Rede die Gräueltaten verurteilt, wie sie unter der belgischen Kolonialherrschaft begangen worden waren. Manche sehen in dieser Ansprache ein mögliches Motiv für die unbekannten Täter. Die belgische Regierung selbst musste in einem tausendseitigen Bericht einen »nicht zurückweisbaren Anteil an Verantwortung für die Ereignisse, die zum Tod von Lumumba führten« eingestehen. Weitgehend geheime US-Dokumente dürften allerdings eine eigene Geschichte erzählen. Dies geht aus anderen Geheimakten hervor, die zwischenzeitlich ans Licht gelangten. Aus dem Blickwinkel der USA schien Lumumba möglicherweise zu einer Art afrikanischem Fidel Castro zu avancieren. Zwar war dies eine Fehlinterpretation, aber Prävention ging vor – die Taktik ist uns auch aus manch anderem Kontext mittlerweile bekannt.

Im Rahmen einer verdeckten CIA-Operation namens *Project Wizard* wurden mehrere kongolesische Führungskräfte mit umfangreichen Mitteln unterstützt. Allesamt wirkten diese Personen am Niedergang Lumumbas mit. Belgien und die CIA arbeiteten zusammen einen perfiden Plan aus, der mit einem künstlichen Misstrauensvotum für Lumumba begann und mit dessen Tod enden sollte. Hier sickerten Gelder in die verschiedensten Kanäle, wurden Waffen, Munition und Sabotagematerial zur Verfügung gestellt, um letztlich dem gegnerischen Armeechef Mobutu ins Amt zu verhelfen.

Nach der Absetzung Lumumbas und der Machtübernahme Mobutus übernahmen UN-Truppen den »Schutz« des Ex-Präsidenten, um ihn kurz darauf in seinem Anwesen einzusperren. Der US-Auslandsgeheimdienst war auch nicht untätig. Larry Devlin, CIA-Stationschef in der kongolesischen Hauptstadt Léopoldville, dem heutigen Kinshasa, erhielt klare Befehle aus »Wahnsinngton«: Ihm wurde mitge-

Der CIA-Mann Dr. Sidney Gottlieb – trotz seines Namens kein Unschuldsengel. Mit ihm nahm die Droge LSD ihren Einzug in den US-Auslandsgeheimdienst. Gottlieb war an zahlreichen düsteren Experimenten und Verschwörungen beteiligt.

teilt, er solle die Ankunft von »Joe aus Paris« abwarten. Also wartete er. »Joe aus Paris«, das war Dr. Sidney Gottlieb, Cheftechniker der CIA. Gottlieb gilt als LSD-Papst der CIA. Mit im Reisegepäck führte er diesmal allerdings eine Tube vergifteter Zahnpasta. Und Devlin sollte diese Tube in Lumumbas Badezimmer platzieren. Wie er aber erklärt, entsetzte ihn dieser Plan – offenbar einer der seltenen Fälle, bei denen ein CIA-Mann Skrupel zeigte. Er behielt die Tube bei sich und entsorgte sie in den Kongo, nachdem das Gift seine tödliche Wirksamkeit eingebüßt hatte.

Einige Wochen nach seiner Inhaftierung entkam Lumumba, wurde aber von Mobutus Truppen gefasst und gefoltert. Die UN weigerte sich aufgrund direkter Befehle aus der New Yorker Zentrale, einzugreifen und Lumumba zu schützen. Der Ex-Präsident wurde in Léopoldsville sogar noch einmal öffentlich »vorgeführt«, in einem verheerenden körperlichen Zustand. Anschließend wurde er in seiner Villa von Soldaten vor laufenden Kameras genüsslich verprügelt. Die Belgier verlangten eine Übergabe Lumumbas an seinen ärgsten Feind, Präsident Tschombe von der kongolesischen Provinz Katanga. So wurde Lumumba wieder verschleppt und nach weiteren brutalen Misshandlungen mitten im Busch zusammen mit zwei seiner Anhänger hingerichtet.

Auf Befehl von oben mussten sämtliche Beweise gründlich beseitigt werden. Von den Leichen durfte nichts übrig bleiben. Die Prozedur dauerte zwei Tage. Zuständig war der katangesische Polizei-Bevollmächtigte Gerard Soete. Mit einem Helfer zerstückelte er die Toten und löste die Teile in Säure auf. Als die Säure ausging, verbrannten sie die letzten Überreste ihrer Opfer. Später erinnerte sich Soete: »Wir haben Dinge getan, die ein Tier nicht tun würde. Deshalb waren wir betrunken, wir waren sturzbetrunken.«

Drei Wochen vor der Ermordung John F. Kennedys ereignete sich in Südvietnam ein Militärputsch, bei dem der Staatspräsident Ngo Dinh Diem sowie sein Bruder ums Leben kamen. Ende 2003 tauchte ein Tonband aus dem Weißen Haus auf, das am 29. Oktober 1963 während eines internen Treffens des Präsidenten mit etlichen hochrangigen US-Regierungsleuten aufgezeichnet worden war. Kennedy zeigte sich hinsichtlich Ngo Dinh sehr skeptisch, da dieser Mann dem Charakter eines nepotistischen Selbstherrschers entsprach, für den Macht an erster Stelle stand. Der Kampf gegen den in Nordkorea blühenden Kommunismus schien für ihn längst nicht von gleicher Bedeutung. Auch die Bevölkerung verlor ihr Vertrauen in ihr Staatsoberhaupt, wobei auch dessen radikale Aktionen gegen die Buddhisten die Kluft spürbar verstärkten. Wie aus den US-Bandaufzeichnungen und etlichen, ursprünglich als »Top Secret« eingestuften Dokumenten hervorgeht, lag ein Coup gegen Ngo Dinh völlig im Interesse der USA. In diesem Falle schienen sie jedoch nicht zu planen, ihn zu töten. Der unterstützte Staatsstreich gelang am 1. November 1963, doch hatte die US-Gruppe die beteiligten südvietnamesischen Generäle unterstützt, was letztlich auch den Tod der Brüder Dinh zur Folge hatte.

Am 4. April 1968 stand der amerikanische Pastor und Bürgerrechtler Martin Luther King, Jr. auf dem Balkon des *Lorraine Motel* in Memphis, Tennessee, und wurde direkt vor der versammelten Menge erschossen. Zwei Monate später wurde am Londoner *Heathrow Airport* ein Mann namens Ramon Georges Sneyd gefasst, der in Wirklichkeit James Earl Ray hieß und bald als Mörder von King identifiziert wurde. Nur war er es wirklich? Auch in diesem Fall kam die tödliche Kugel offenbar aus einer anderen Richtung, und Ray schien sein Geständnis unter starkem Druck abgegeben zu haben. 1999 gelangte eine unabhängige Jury zu dem Ergebnis, die Ermordung Martin Luther Kings sei das Ergebnis einer Verschwörung, an der Regierungsbehörden beteiligt gewesen seien. Zwei Monate nach dem Attentat auf King fielen die tödlichen Schüsse auf Robert F. Kennedy. Und wieder wurde ein verrückter Einzeltäter vorgeführt, während die eigentlichen Verursacher verborgen und geschützt im Hintergrund blieben.

So zeigt sich mit wahrhaft tödlicher Sicherheit eine permanente Beteiligung des mächtigen US-Regierungsapparats an beinahe allen mörderischen Verschwörungen. Selbstverständlich nicht nur im eigenen Lande, sondern weltweit. Wenn auch nicht immer eine unmittelbare Beteiligung hervorgeht, da die einflussreichsten, vermeintlich untadeligen Repräsentanten der größten Demokratie unseres Planeten sich meist nicht selbst die Hände schmutzig machen wollen, so schält sich aus den verwickelten Vertuschungskonstrukten letztlich doch eine häufig umso schmutzigere und umfassendere Verschwörung heraus. – Als Auslandsgeheimdienst operiert die CIA definitionsgemäß global.

Seit dem Jahr 1963 führte sie auch Geheimaktionen in Chile durch, um die Karriere des sozialistischen Politikers Salvador Allende einzubremsen und vor allem seine Wahl zum chilenischen Staatspräsidenten zu verhindern. Trotz etlicher Niederlagen wurde er dann am 4. November 1970 Präsident und blieb es bis zu seinem Tod knapp drei Jahre später. Und so, wie der brutal ermordete Patrice Lumumba der erste und einzige demokratisch gewählte Staatschef des Kongo war, so war Salvador Allende der erste demokratisch gewählte Marxist, der Präsident eines amerikanischen Staates wurde.

Salvador Isabelino Allende Gossens, ein Onkel der bekannten Schriftstellerin Isabel Allende, kam im Jahr 1908 als Sohn des wohlhabenden Salvador Allende Castro und Laura Gossens Uribe in Valparaiso zur Welt. Wie sein Großvater, so studierte auch Salvador Allende, Jr. zunächst Medizin. Doch die Familie war schon immer politisch aktiv und verfocht meist radikale Ansichten. Auch wandte man sich gerne geheimeren Zirkeln zu. Der Großvater, Ramón Allende Padín, war Großmeister der Freimaurer, der Vater – Hafennotar von Valparaiso – setzte dessen politische Linie fort und gehörte ebenfalls den Freimaurern an. Salvador Allende selbst wurde am 16. November

Der chilenische Staatspräsident Salvador Allende wurde Opfer einer weitreichenden Verschwörung.

1935 in die Loge *Progress No. 4* aufgenommen und aktiver Freimaurer, der sowohl inländische als auch ausländische Logen bis in die Zeit seiner Präsidentschaft hinein besuchte. Erste Kontakte sollen bereits 1929 erfolgt sein, was angesichts der väterlichen und großväterlichen Tradition denkbar wäre. Diese Verbindungen erwiesen sich natürlich vor allem für seine spätere politische Laufbahn als wichtig. So finden wir Allende bald auch als Sekretär der Sozialistischen Partei Valparaiso. 1938 wurde er Gesundheitsminister, 1945 Senator. Als Präsidentschaftskandidat hatte er allerdings zunächst nur wenig Glück. 1952, 1958 und 1964 trat er zu den Wahlen an, doch ohne jeden Erfolg. Allende begann, sich über diese Misserfolge selbst lustig zu machen, was sicherlich auch die beste Taktik war. So scherzte er einmal: »Meine Grabinschrift wird lauten: Hier liegt der nächste Präsident von Chile«. Ganz so weit sollte es dann doch nicht kommen, nur schlimmer.

Beim vierten Anlauf, 1970, funktionierte es, und Allende gewann die Wahlen. Doch schon der Beginn der Präsidentschaft war von sehr finsteren Vorzeichen begleitet. Ohnehin verlief die Wahl mit haarscharfem Ergebnis, und wegen des nur geringen Vorsprungs Allendes lag die endgültige Entscheidung beim chilenischen Parlament. Allerdings stand dieser Beschluss rein traditionsgemäß bereits fest: Wer die relative Wahlmehrheit für sich verbuchen kann, wird auch Präsident.

DDR-Briefmarke mit dem Porträt Allendes.

Zu Beginn des Vorjahrs war Richard Nixon offiziell als 37. Präsident der USA vereidigt worden. Seit Beginn seiner Amtszeit wurden die geheimdienstlichen Aktivitäten in Chile merklich ausgeweitet. Und schon zuvor war diesbezüglich bereits einiges los. Im April 1962 entschieden sich die *5412 Panel Special Group* und ihr Nachfolger, das *303 Committee*, für eine verdeckte finanzielle Unterstützung zur Wahl des christdemokratischen Präsidentschaftskandidaten Eduardo Frei Montalva. In den folgenden beiden Jahren führte diese Gruppe weitere Aktionen durch, um Allende aus dem Rennen von 1964 zu halten. Auch danach ging es in dieser Richtung munter weiter, und im Vorfeld der Wahlen von 1970 unterstützte das *40 Committee* als nun gegründeter Nachfolger des *303 Committee* seinerseits tatkräftig die CIA, um mithilfe verdeckter Operationen einen Wahlsieg Allendes zu vereiteln. Ein demokratisch gewählter Präsident war zu gefährlich.

In dieser Zeit wurde in der CIA-Zentrale Langley/Virgina eine eigene geheime Arbeitsgruppe eingerichtet, die für Chile einen zweispurigen Plan ausarbeiten sollte. Die erste Spur (*Track I*) setzte auf eine vermeintlich diplomatische Linie, während *Track II* – auch als *Operation FUBELT* bekannt – insgeheim einem weniger freundlichen Kurs den Vorzug geben durfte. Angeblich ohne jegliche Mitwisserschaft von US-Botschaften und US-Außenministerium wählte die CIA hier völlig illegale Mittel, die möglichst eine Destabilisierung der Allende-Regierung zur Folge haben sollten. Geheimdienstlich geplante Entführungen und gegebenenfalls auch mörderische Anschläge standen mit auf dem Programm, denn sie waren in den Augen der »Masterminds« so lange vertretbar, wie sie ihren Zweck erfüllten, der immerhin entscheidend für das Gemeinwohl aus der Perspektive der wirklich Mächtigen war.

Schon die alten Jesuiten folgten der Regel: »Der Zweck heiligt die Mittel«, derer sich auch Adam Weishaupt, der Gründer des allerdings bald wieder gescheiterten deutschen Geheimbundes der Illuminaten befleißigte. Und bald 20 Jahre vor den umwälzenden Ereignissen in Chile hatte die CIA bereits eine Art internes und streng geheimes »Handbuch der Attentate« erarbeitet – *A Study of Assassination*. In diesem Text, der einer »Bedienungsanleitung für den perfekten Mord« gleichkommt, findet sich auch ein Kapitel mit der Überschrift »Rechtfertigung«, wobei der anonyme Autor paradoxerweise unumwunden feststellt, dass Mord moralisch eben nicht vertretbar sei.

Und was macht man da nun?

Keine Frage, man weist auf Ausnahmen hin, die jene schöne Regel bestätigen. Immerhin gibt es die Todesstrafe für besonders schwerwiegende Verbrechen. Und wer über ein allzu gefährliches Wissen verfügt, muss nach der Logik eines jeden ehrbaren Geheimdienstes selbstverständlich ebenfalls das Zeitliche segnen. Denn Reden ist bekanntlich Silber, Schweigen Gold. Mord kann auch sehr nötig werden, wenn die Karriere eines politischen Führers zur Gefahr für die freiheitlichen Ideale wird.

Für einzelne, leicht störende Personen wurde ein ungebremster Sturz aus großer Höhe als sinnvollste Tötungsmethode auserkoren. Sie schien sich immer wieder perfekt einsetzen zu lassen, so auch beim vermeintlichen Selbstmord des einstigen US-amerikanischen Außenministers James V. Forrestal, der im Jahr 1949 angeblich mit psychischen Problemen ins unheimliche Marinekrankenhaus von Bethesda bei Washington eingeliefert worden war und sich aus dem 16. Stock gestürzt haben soll. Doch vieles an diesem angeblichen Selbstmord bleibt unerklärlich. Wenn Forrestal suizidgefährdet war und zudem unter Höhenangst litt – worüber das ärztliche Personal Bescheid wusste –, warum brachte man ihn dann ungesichert im 16. Stockwerk unter? Außerdem befand sich der Außenminister bereits auf dem Wege der Besserung. Sollte er sich gerade dann umbringen?

Ein Einzelner, der angeblich ebenfalls durch eigenen Antrieb aus dem Fenster sprang, war der US-Biochemiker Dr. Frank Olson, und zwar im Jahr 1953, kurz bevor die CIA ihre ganz besondere Hinrichtungsstudie verfasste. Der Tod von Dr. Olson lieferte die exakte Vorlage für diese Tötungsart. Wie unzählige Facetten belegen, war es tatsächlich Mord. Dr. Frank Olson, selbst ein Mitarbeiter der CIA, wusste zu viel über die düstersten Machenschaften der Agency. So wusste er auch Bescheid über verschiedene Attentate und versuchte Anschläge der CIA, kannte die Hintergründe, wie sie einige Jahre später dann auch zur Ermordung von Patrice Lumumba führen sollten, kannte Einzelheiten zu den wiederholten Mordanschlägen auf Fidel Castro und hatte auch mörderische CIA-Verhörmethoden kennengelernt. Nicht zuletzt waren ihm andere finstere Geheimnisse bekannt, so auch die CIA-Kooperation mit ehemaligen NS-Forschern und der US-Einsatz von Biowaffen im Korea-Krieg. Und dann gab es noch die LSD-Gedankenkontroll-Experimente, ebenfalls Werk der CIA, die ihm selbst zum Verhängnis wurden. Bei einem geheimen Treffen in der *Deep Creek Lodge* in einer abgelegenen Region Marylands traf Dr. Olson mit einigen CIA-Leuten zusammen.

Mit anwesend war auch »Joe aus Paris« – Sidney Gottlieb, jener Mann, der später eine vergiftete Zahnpasta für Präsident Lumumba im Reisegepäck hatte. Auch für Dr. Olson hatte er ein nettes Präsent mitgebracht. Nur zeigte er es ihm nicht so offen, hätte das ja doch die ganze schöne Überraschung verdorben. Gottlieb kippte heimlich LSD ins *Cointreau*-Glas Olsons, denn mit der Droge wollte er den Wissenschaftler zum Reden bringen und endlich herausbekommen, was er wusste und wie es um ihn stand. Olson war ohnehin unzuverlässig geworden und trotz seiner hohen Qualitäten absolut entbehrlich, denn ersetzbar sind letztlich alle – bekanntlich auch Präsidenten. Letztere sogar noch eher als manch anderer, der verdeckt im Hintergrund operiert und über Jahrzehnte hinweg loyal für die Schattenregierung wirkt. Später schleppten zwei CIA-Leute ihren mittlerweile mit LSD, Nembutal und Bourbon vollgepumpten Kollegen Dr. Olson nach New York, wo er seine letzten Tage und Nächte verbrachte, bis man ihm dabei half, sich aus dem zehnten Stock eines Hotels in den ungewollten Selbstmord zu stürzen.

Mord in allen Varianten ist wahrlich keine Ausnahme bei der Agency, und Pläne zur Entmachtung und auch Ermordung von missliebigen Regierungschefs und ihrer Anhänger stehen schon lange auf der CIA-Tagesordnung. So auch im Falle des Allende-treuen Generals René Schneider Cherau. Er stand allen Bemühungen gegen einen Wahlerfolg Salvador Allendes gleichsam als »Fels in der Brandung« im Wege, daher musste er »weg«. Schneider stellte sich auch strikt gegen den Gedanken, die Amtseinführung Allendes mit einem Staatsstreich zu vereiteln. Damit hatte er gewissermaßen sein Todesurteil unterschrieben. Vor allem ein Mann betrieb die Aktion gegen General Schneider mit allem Nachdruck: Heinz Alfred Löb – weit besser bekannt unter dem angenommenen Namen Henry A. Kissinger. Er saß auch dem *303 Committee* und dem *40 Committee* vor und liebte trotz seiner großen Medieninszenierungen die Geheimniskrämerei über alles. So ist er nicht zuletzt auch seit Jahrzehnten in der elitären und hochgeheim agierenden Kerngruppe der Bilderberger vertreten. Und was Menschenleben betraf, so war Kissinger in seiner »Opferbereitschaft« bekanntlich immer sehr großzügig.

Wie immer wieder betont wird, ging es damals allerdings lediglich um eine Entführung von General Schneider, nicht darum, ihn zu töten. Wäre alles andere aber nicht zu unsicher gewesen? Die CIA jedenfalls unterstützte mehrere oppositionelle Gruppen finanziell und mit etlichen Waffen. Am 15. Oktober 1970 erfuhr Kissinger dann von dem extrem rechtsgerichteten General Roberto Viaux, der sich bereit erklärte, den CIA-Auftrag zu übernehmen – sprich: Schneider aus dem Verkehr zu ziehen. Man musste sich also selbst wieder einmal nicht die Hände schmutzig machen. Was auch immer geschah, die Hintermänner waren fein raus und konnten jetzt eigentlich nur auf das Schlimmste hoffen.

Der erste Entführungsversuch startete am Abend des 19. Oktober 1970. Einige Verschwörer um General Viaux, die von der CIA unter anderem mit Tränengas, Schusswaffen und natürlich ausreichend Munition ausgestattet worden waren, versuchten Schneider nach einem offiziellen Abendessen in ihre Gewalt zu bringen. Der General aber hatte Glück – oder war einer Vorahnung gefolgt, als er nämlich in seinem Privatwagen wegfuhr, anstatt das erwartete Dienstfahrzeug zu nutzen.

Die CIA kochte geradezu wie Old Faithful und machte die Sache überaus dringend, denn auch sie stand unter buchstäblich *mächtigem* Druck: »Die Zentrale muss auf Anfragen höherer Ebenen bis zum 20. Oktober antworten«, so hieß es. Immerhin, keine Geringeren als Richard Nixon und Henry Kissinger warteten auf eine Erfolgsmeldung aus Chile. So sollten sie zumindest vertröstet

Henry Kissinger und Richard Nixon.

werden, dass es unverzüglich einen weiteren Versuch geben würde.

Also erhielten Viaux und sein Stellvertreter als kleinen Ansporn zusätzliche 100 000 Dollar – und los ging's aufs Neue. Doch erst bei einem dritten Versuch am 22. Oktober klappte es dann auch wirklich. Die Verschwörer lauerten nunmehr an einer Straßenkreuzung in Santiago de Chile auf den Dienstwagen Schneiders, der auch tatsächlich bald anrollte. Der General war bewaffnet und versuchte sich zu verteidigen, doch wurde er von mehreren Schüssen schwer verwundet. Die Attentäter entkamen, und obwohl Schneider sofort in ein Krankenhaus gefahren und behandelt wurde, starb er drei Tage später an seinen Verletzungen. Viaux und der Anführer der Parallelgruppe, General Camilo Valenzuela, wurden später von Militärgerichten wegen verschwörerischer Aktivitäten verurteilt, wobei eine CIA-Beteiligung nicht mit absoluter Sicherheit nachgewiesen werden konnte. Das war fein. Vielleicht wollte man diese Mittäterschaft auch gar nicht belegen, denn immerhin hatte der mächtige US-Geheimdienst noch einige weitere Unterstützung in Aussicht gestellt, sowohl in barer Münze als auch in Form von sehr brauchbaren Waffen. Da ist man nicht unhöflich.

Einen Tag nach dem Tod Schneiders wurde der weitaus gefügigere General Carlos Prats als Amtsnachfolger inauguriert. Zur selben Zeit meldete sich noch einmal die CIA bei den Kidnappern. Die erhielten nun 35 000 Dollar aus – so hieß es damals – »humanitären Gründen«.

Am 10. September 2001 strengte die Familie Schneiders eine

Klage gegen Henry Kissinger an, wegen Kollaboration zum Mord. Auch wenn offiziell natürlich in üblicher Manier versucht wurde, eine umfassende Vertuschungskampagne zu fahren und damit die maßgeblichen Kräfte, vor allem die CIA und Henry Kissinger, rein zu waschen, sodass auch die Angehörigen des Generals kaum Erfolgschancen hatten, bleibt im Grunde völlig klar: Kissinger spielte eine zentrale Rolle bei den Geschehnissen um Schneider und ganz allgemein auch bei der gesamten politischen Entwicklung in Chile, die in einen Putsch gegen Allende und dessen Tod münden sollte.

Einen Tag nach der Anklage stand die Welt kopf, als drei Flugzeuge in die Machtzentren der Vereinigten Staaten flogen. Später sollte ausgerechnet Kissinger die offizielle Kommission zur Untersuchung des gewaltigen Terroranschlags leiten. Er lehnte nur deshalb ab, weil er andernfalls die mächtigen arabischen Klienten seiner Beratungsfirma *Kissinger Associates* beim Namen hätte nennen müssen. Und das wäre weder ihnen noch dem Mann der tausend Geheimnisse recht gewesen.

Das von Kissinger mitgetragene *Project FUBELT* (*Track II*) zielte eindeutig auf einen militärischen Umsturz und die Absetzung Allendes ab. Der Grundstein wurde 1970 mit der Ermordung von General Schneider gelegt. In der Folgezeit ging es um eine fortschreitende Destabilisierung Chiles. Auch wenn Nixon und Kissinger erklärten, ihren ursprünglichen Plan für einen Staatsstreich fallen gelassen zu haben, belegen die mittlerweile verfügbaren Dokumente das genaue Gegenteil. Die beiden mächtigen Herren sagten wieder einmal nicht die Wahrheit. Aus handschriftlichen Aufzeichnungen des damaligen CIA-Chefs Richard Helms ging eindeutig hervor, dass Nixon befohlen hatte, einen Putsch in Chile anzufachen. Vor allem Kissinger übte deutlichen Druck auf die CIA aus, die innerhalb von 48 Stunden einen Aktionsplan für ihn entwerfen musste. Kissinger gab der CIA die unmissverständliche Order: »Üben Sie fortgesetzt Druck auf jeden in Sicht befindlichen schwachen Punkt Allendes aus.« In der CIA-Station Santiago traf demnach auch keine anders lautende Botschaft ein. Also arbeitete man nun an einer ständigen Unterwanderung, unterstützte oppositionelle und radikale Gruppen gegen Allende, finanzierte Protestaktionen und Sabotage. Die Innenpolitik des Sozialisten Allende bereitete allerdings teils auch einen fruchtbaren Nährboden für derlei Aktivitäten. Anfangs sah alles noch recht gut aus. Die Wirtschaft florierte, Löhne stiegen, und Preise für Grundnahrungsmittel und Mieten wurden auf einem konstanten Niveau gehalten. Durch entsprechende Versorgungsleistungen konnte Allende die Kindersterblichkeit im Land um immerhin 20 Prozent herabsetzen. Allendes sozialistischer Kurs zeitigte aber auch nachteilige Folgen. Nicht alle Konsumgüter waren gleichermaßen verfügbar, und dort, wo die Versorgung knapp war, blühte der Schwarzhandel. Der neue Staatschef trieb auch eine Enteignung von ausländischen Großunternehmen und Banken voran und sorgte zudem für eine Verstaatlichung der Bodenschätze, ohne dass eine Kompensation erfolgte.

Das Land rutschte also zunehmend in eine Krise, die Politik geriet außer Kontrolle – Lebensmittel wurden rationiert, eine handfeste Inflation griff um sich, und überall kam es zu Aufruhr und Protesten, die allerdings oftmals aus dem Hintergrund geschürt wurden. Was folgte, waren Hunderte von Anschlägen auf öffentliche Einrichtungen. Im Sommer 1973 kochte die Situation nach einer zwischenzeitlichen Beruhigung der Lage noch einmal so richtig hoch. Schneiders Nachfolger, General Carlos Prats, hatte bis dahin noch einige sehr kritische Entwicklungen dämpfen können. Nun trat er desillusioniert und kraftlos geworden von seinem Amt zurück, während sein von der CIA gedeckter Stellvertreter General Augusto Pinochet den Posten übernahm. Das war der Anfang vom Ende, das nunmehr schnell nahte.

Für Henry A. Kissinger war 1973 in vielfacher Hinsicht ein bedeutsames und erfolgreiches Jahr. Auf einer Bilderberger-Konferenz im schwedischen Saltsjöbaden hatte er damals einen teuflischen Plan zur Schaffung einer künstlichen Ölkrise und damit verbundenen Aufwertung des Dollars vorgelegt. Das Konzept wurde, wie wir alle wissen, auch konsequent umgesetzt. Im gleichen Jahr handelte er einen Friedensvertrag zur Beendigung des

Vietnam-Kriegs aus und erhielt dafür den Friedensnobelpreis, obwohl er in Wirklichkeit den Krieg aus wahltaktischen Gründen noch hinausgezögert hatte, was ungezählten Menschen den Tod brachte. 1973 wurde Kissinger zudem Außenminister der Vereinigten Staaten. Kurzum, 1973 war vielleicht sogar das erfolgreichste Jahr des skrupellosen Taktikers. Und dies auch mit Blick auf Chile. Denn hier ging die Strategie jenes destruktiven Genies ebenfalls perfekt auf.

Es war der 11. September 1973, als sich die Ereignisse in Santiago überschlugen. Am frühen Morgen, kurz nach halb sieben Uhr, klingelte das Telefon in der *Moneda*, dem chilenischen Präsidentenpalast. Salvador Allende musste als erste Botschaft jenes Tages erfahren, dass seine im großen Hafen von Valparaiso liegende Flotte nunmehr keine Befehle mehr von ihm entgegennehmen würde. Die Kommandanten hatten sich gegen den Präsidenten gewandt und forderten seinen sofortigen Rücktritt. Ein wahrhaft böses Erwachen! Jetzt musste alles schnell gehen, wenn überhaupt noch etwas zu retten wäre. Allende bemühte sich zunächst, seinen General Augusto Pinochet zu erreichen, doch ohne Erfolg. Er meldete sich auch nicht zurück. War er bereits von Aufständischen unschädlich gemacht worden? Immerhin stellte sich bald heraus, dass sie auch Orlando Letelier, den Verteidigungsminister, in Gewahrsam genommen hatten. Der wurde übrigens ziemlich genau drei Jahre später zusammen mit der jungen Aktivistin Ronni Karpen Moffitt von einer Autobombe zerfetzt.

Allende verschanzte sich mit einigen loyalen Kabinettsmitgliedern, Freunden und Familienangehörigen im Palast und harrte der kaum erfreulichen Dinge, die nun wohl folgen würden. Aus dem Radio erfuhr er, dass mittlerweile eine »Militärregierung« gebildet worden war. Über das Radio erfuhr er auch, warum er Pinochet nicht erreichen konnte: Der General enttarnte sich jetzt als Putschist.

Schach! Die Revolutionäre meldeten sich bald telefonisch und boten dem in die Enge getriebenen und entmachteten Staatspräsidenten an, ihn und seine Familie außer Landes zu fliegen, was

Allende jedoch sofort ablehnte. Er muss wohl eine Finte vermutet und somit befürchtet haben, der Flug würde für seine ganze Familie tödlich enden. Als die Aufständischen daraufhin mit der Bombardierung des Palastes drohten, ließ er ihn räumen und hoffte, seine Familie könne noch in Sicherheit gebracht werden. Er selbst blieb weiterhin mit einigen Anhängern in der *Moneda* und wusste, dass es für ihn keine Zukunft mehr geben würde. Kurz vor zwölf Uhr mittags näherten sich zwei Maschinen vom Typ *Hawker Harrier* dem Palast, kreisten über dem weitläufigen Gebäude und begannen mit dem Luftangriff.

Plötzlich fielen Schüsse. Sie kamen aus dem Inneren des Palastes, allerdings nicht aus dem Raum, in dem sich Allende befand, sondern aus einem Badezimmer im Parterre. Hier hatte sich einer der engsten Freunde des Ex-Präsidenten eingeschlossen, der Journalist Augusto Olivares. Er blieb Allende bis in die letzten Stunden hinein treu, obwohl er das Gebäude noch hätte verlassen können. Die Ausweglosigkeit war ihm absolut bewusst, und in jenen Momenten muss ihm zunehmend klarer geworden sein, nur noch durch eigene Hand einem qualvollen Tod entgehen zu können, denn niemand, der jetzt noch in der *Moneda* geblieben war und somit dem alten Präsidenten eindeutig seine uneingeschränkte Loyalität bekundete, durfte mit der Gnade der Putschisten rechnen.

Olivares hatte sich mit einem Maschinengewehr erschossen. Sein Freund, der abgesetzte Präsident, äußerte kurz darauf einen letzten Wunsch. Während draußen die Flugzeuge kreisten und alles in hellem Aufruhr war, verlangte Allende, man solle eine Schweigeminute für Olivares einlegen. Doch die Geduld der Aufständischen war hingegen bald am Ende. Am frühen Nachmittag begann der Sturm auf die *Moneda*. Armeesoldaten bahnten sich gewaltsam ihren Weg durch die Flure und Hallen, um den gestürzten Präsidenten, der nunmehr die Kapitulation angeordnet hatte, aus seinem letzten Refugium zu zerren. Als sie sich schließlich Zugang zum Saal der Unabhängigkeit verschafft hatten, fanden sie dort Salvador Allende allerdings bereits tot vor.

Schachmatt! Kurz vor seiner Festnahme hatte sich der ins Aus manövrierte Staatschef ganz offenbar selbst das Leben genommen. Auch heute noch wird ein mörderisches Attentat auf Allende weitgehend ausgeschlossen. Und eine Verzweiflungstat in jener ausweglosen Situation wäre wahrlich kaum ein größeres Wunder. Schließlich hatte sich nach allem, was bekannt ist, auch sein enger Freund Augusto Olivares kurz zuvor umgebracht und ihm damit geradezu den einzigen Ausweg aufgezeigt. Dennoch bleiben so einige Zweifel an der Selbstmordtheorie, die niemals wirklich belegt wurde.

Zunächst ist ohnehin klar, dass der gesamte Putsch in dieser Form ausschließlich mit der Rückendeckung der US-Regierung und durch direkten Einfluss der CIA gelingen konnte, wobei eine tatkräftige finanzielle Unterstützung nicht ausblieb. Allende war vor allem ein Opfer dieser Kräfte. Zudem bleiben auch die Todesumstände bis heute mysteriös, sogar in Anbetracht der an sich klar erscheinenden Situation. Die Schilderung der letzten Momente im Leben von Allende stammt von den Putschisten selbst – unabhängige Informationen sind kaum verfügbar. Zeugenaussagen haben sich als widersprüchlich erwiesen. Starb er nun im Saal oder, wie andere behaupten, auf den Treppen des Palastes? Oder traf die Schilderung Fidel Castros zu, der erklärte, Allende habe sich in eine chilenische Flagge gehüllt, um mit einem ganz besonderen Gewehr auf die Armee zu feuern? Nämlich mit jenem Gewehr, das er, Castro selbst, ihm einst geschenkt hatte. Nicht einmal die verwendete Waffe ist jedoch klar identifiziert.

Auch über die Autopsie ist nicht viel bekannt. Zwar führten die Umstürzler direkt nach dem Putsch immerhin eine Obduktion durch, doch sind die Ergebnisse nie vollständig an die Öffentlichkeit gelangt. Wurde Allende doch erst von den eindringenden Soldaten der neuen Militärregierung ermordet? Eine weitere Obduktion des Leichnams fand dann im Jahr 1990 statt. Demnach deckten sich alle Befunde mit den früheren Erklärungen, Allende sei »durch eigene Hand« zu Tode gekommen, indem er sich mit einem Maschinengewehr in den Kopf schoss.

Der Putschist General Pinochet hatte in der Nacht des 11. September 1973 angeordnet, Allendes Leichnam heimlich zu begraben. Erst 1990, nach Ende der Militärdiktatur, wurde er dann aus einem unbezeichneten Grab im chilenischen Viña del Mar exhumiert und unter größten Feierlichkeiten in Santiago wieder bestattet. Immerhin schien nun endlich Klarheit zu herrschen.

2002 sprach selbst Fidel Castro von einem Suizid Allendes. Die Familie des gestürzten Präsidenten schloss sich dieser Ansicht ebenfalls an. 2008 aber veröffentlichte der chilenische Arzt Luis Ravanal einen Beitrag, in dem er deutlich feststellt, dass die vorgefundenen Verletzungen Allendes nicht mit einem Selbstmord in Einklang zu bringen seien. Und schließlich bleibt die große Frage: *Ist der Tote wirklich Salvador Allende?*

Die einzige Möglichkeit, dies herauszufinden, wäre eine genetische Analyse. Bisher aber hat sie nicht stattgefunden. Politische Anschläge und Attentate gab es jedenfalls genug, und Pinochet hätte gewiss nicht davor zurückgeschreckt, den verhassten Allende aus der Welt schaffen zu lassen. So besitzt die CIA auch einen Geheimdienstbericht über General Arellano Stark, die rechte Hand Pinochets. Das Papier vom 25. Oktober 1973 belegt, dass Stark die Ermordung von insgesamt 21 politischen Gefangenen angeordnet hatte. Was folgte, waren weitaus mehr Morde im Rahmen jener chilenischen Todesschwadron, die als »Karawane des Todes« bekannt wurde.

Wie schon erwähnt, kam darüber hinaus 1976 auch Allendes Verteidigungsminister Orlando Letelier zusammen mit einer jungen Aktivistin bei einem Sprengstoffanschlag ums Leben. Zwei Jahre zuvor waren General Carlos Prats und seine Frau in Buenes Aires umgebracht worden. Prats hatte sich früher für Allende eingesetzt und war ein entschiedener Gegner der Diktatur. Ganz im Gegensatz zu Allendes Familie, die von einem Suizid Salvador Allendes ausgeht, vermutet die Familie seines Amtsvorgängers wiederum die Ermordung ihres Oberhaupts, des Ex-Staatschefs Eduardo Frei Montalva. Als Diktaturgegner blieb er natürlich für Augusto Pinochet eine persona non grata. Sein Tod war weitaus willkommener.

Frei Montalva starb Anfang 1982 im Verlauf einer Bruchoperation an Blutvergiftung, seine Angehörigen sind allerdings überzeugt, dass es Mord war. Ihrer Ansicht nach sorgte die Pinochet-Diktatur ganz gezielt für jenes Gift im Blut. 2007 ergab eine Gewebeanalyse Spuren von Senfgas im Körper von Frei Montalva. Sein Sohn reichte damals eine Privatklage gegen die mutmaßlichen Mörder ein. Schauplatz des Verbrechens: die Klinik *Santa Maria* in Santiago.

Als Frei Montalva hier eingeliefert wurde, schien er in den letzten Momenten seines Lebens jemanden erkannt zu haben, dessen Gegenwart ihm höchste Gefahr signalisierte. Die Operation stand kurz bevor; bis dahin hatte der ehemalige Präsident keinen Anflug von Nervosität oder gar Panik gezeigt. Jetzt aber mühte er sich mit letzter Kraft, schnell noch einige Worte auf einen kleinen Zettel zu notieren und ihn dann seinen Angehörigen in die Hand zu drücken: »Bringt mich auf dem schnellsten Weg von hier weg!«, soll er hingekritzelt haben, bevor man ihn in den OP schob, aus dem er lebend nicht mehr herauskommen sollte. Verband sich mit dem chirurgischen Eingriff eine, nun sagen wir »Geheim-Operation«?

Alvaro Varela, der Anwalt der Familie, sprach später von »zahlreichen verdächtigen Personen«. Darunter vor allem Mitglieder des Militärgeheimdienstes sowie jene Ärzte, die die Operation an Frei Montalva vornahmen. Mindestens vier von ihnen seien auffallend regimetreu gewesen, mit engen Beziehungen zur Führung. Für sie wäre es tatsächlich ein Leichtes gewesen, den Patienten sterben zu lassen. Operation gelungen, Patient tot! Der alte Spruch könnte hier vielleicht ganz besonders zutreffen.

Dass es damals wohl wirklich nicht mit rechten Dingen zuging, zeigt auch das weitere Vorgehen des Regimes, das trotz aller Proteste der Familie eine somit illegale Autopsie an Frei Montalva durchführen und dem Toten dabei Organe sowie Körperflüssigkeiten entnehmen ließ. Merkwürdig war im Anschluss daran auch das für viele Beteiligte gewiss äußerst genehme Verschwinden der Krankenakte. Bekanntlich gehen Krankenakten in solchen Fällen ebenso gerne auf unbekannte Reise, wie dies bei massivem

Ärztepfusch der Fall ist. Es ist eben das alte Lied: erst Verpfuschung, dann Vertuschung, erst ein Mord, dann alles fort!

Die Entwicklung in Chile wurde seit Jahrzehnten genauestens vom US-Geheimdienst verfolgt und munter manipuliert. Den wirklich herrschenden Kräften war eine rechtsgerichtete Militärdiktatur eben tausendmal lieber als jede sozialistische Regierung, selbst wenn ihr eine demokratische Wahl vorausgegangen war – wie in jenem Ausnahmefall Allende. Selbstverständlich betont hingegen auch der Hinchey-Report, den die US-Regierung am 18. September 2000 publizierte, immer wieder die weitreichende Unschuld der CIA.

Das verwundert umso weniger, als der Bericht direkt den geheimdienstlichen Kreisen der USA entstammt. Der »Nationale Rat der Geheimdienste« (*National Intelligence Council*) steht hinter diesem Bericht, der »CIA-Aktivitäten in Chile« zum Thema besaß. Veranlasst wurde der Report durch Präsident Clinton, der eine Freigabe des geheimen Aktenmaterials zu Chile forderte. Doch auch nach 2000 blockte die CIA tüchtig ab.

Auf Grundlage einer intensiven Dokumentenprüfung sowie unter anderem aufgrund direkter Gespräche mit geheimdienstlichen Zeitzeugen, nicht zuletzt aber auch durch die Lektüre der Memoiren von Richard Nixon, Henry Kissinger und anderer wesentlicher Akteure, entstand laut einleitender Bemerkungen ein hohes Vertrauen in sämtliche durch den Hinchey-Report vermittelten Antworten auf grundlegende Fragen. Die erste davon richtete sich an die ausführenden Kräfte – sie betraf alle Aktivitäten von Agenten, Beamten und jeglicher nachrichtendienstlicher Mitarbeiter hinsichtlich des Todes von Präsident Salvador Allende. Die CIA antwortete sich somit gleichsam selbst und erklärte brav, keinerlei Informationen finden zu können, dass die CIA oder die »nachrichtendienstliche Gemeinschaft« (*Intelligence Community*) in den Tod des chilenischen Präsidenten Salvador Allende verwickelt war. Hinsichtlich einer Unterstützung der Putschisten und damit Pinochets gestand der US-Geheimdienst zwar ein: »Die CIA unterstützte die Militärjunta nach dem Sturz Allendes aktiv«, schränkt daraufhin jedoch sofort ein: »Sie assistierte Pinochet aber nicht dabei, die Präsidentschaft zu übernehmen.«

Immerhin gehen aus dem Hinchey-Report bereits einige interessante Zusammenhänge hervor, die ihrerseits erahnen lassen, welche düsteren Geheimnisse noch in den Panzerschränken von Langley schlummern. Erstmals enthüllte die CIA, dass der Chef der DINA, Chiles gefürchteter Geheimpolizei, als bezahlter CIA-Agent »wirkte«. Er war es auch, der seine Agenten nach Washington schickte, um Orlando Letelier und Ronni Karpen Moffitt zu töten.

Die CIA hatte insgesamt genau das geschafft, was Nixon und Kissinger angestrebt hatten: Der Sozialismus in Chile konnte erfolgreich eingedämmt werden. Der Putsch kam nicht nur wie gerufen, er wurde wahrlich mit aller Gewalt initiiert, wurde jahrelang nach alter Methodik von US-Seite vorbereitet und gefördert. Das erklärte Ziel: Allende muss weg. Was auch wunderbar klappte – »Am Ende vom Putsch war auch Allende futsch«. Wieder getreu jenem schönen Prinzip »Operation gelungen, Patient tot«, genau wie im Fall Frei Montalva. Wie sagte Javier Palacios? »Mission erfüllt, Präsident tot!« Deutlicher geht es eigentlich nicht! Palacios war jener Verschwörer, der den angeblich bereits toten Salvador Allende auffand. Und wie äußerte sich schließlich der Kopf des Ganzen, jener Mann, der hinter der Chile-Politik der USA stand? Natürlich gesteht Henry Kissinger keine Morde ein, auch wenn der Putsch, den er mit *Track I* und *II* so intensiv förderte, eine Spur des Todes hinterließ. Hinsichtlich des Staatsstreichs selbst merkte er lediglich an: »Die Vereinigten Staaten haben es nicht getan«, auch wenn sie dafür »die größtmöglichen Voraussetzungen geschaffen haben«.

Kompromissloser Mord: Aldo Moro, 1978

Man schrieb den 16. März 1978. Damals erlebte Italien sein »Dallas«, so sagen einige. Dieses Dallas war an jenem Tag allerdings Rom, die ewige Stadt.

Der morgendliche Verkehr flutet in üblicher Manier durch die prachtvollen Straßen der italienischen Metropole, als gegen neun Uhr auf der Kreuzung Via Fani und Via Stresa das Chaos ausbricht. Allerdings nicht das übliche Chaos einer betriebsamen Innenstadt, sondern das Chaos, wie es aus einem heimtückischen, tödlichen Anschlag resultiert. In diesen Augenblicken überfällt ein Kommando der Roten Brigaden (*Brigate Rosse*) das Dienstfahrzeug von Aldo Moro, Vorsitzender der Christdemokratischen Partei (DC). Der Todestrupp erschießt dessen Fahrer sowie fünf Leibwächter. Moro selbst wird an einen zunächst unbekannten Ort verschleppt und als Geisel festgehalten. 55 Tage befindet sich der hochrangige Politiker, der fünfmal das Amt des Ministerpräsidenten innehatte, in der Gewalt seiner Entführer. Am 21. März übernimmt der bereits längst in Haft sitzende Renato Curcio als Gründer der Rotbrigadisten-Gruppe die Verantwortung für das Attentat und wird später zu mehrmals lebenslänglich verurteilt, ebenso wie weitere Mitangeklagte. Anfang Mai wird dem Entführten zunehmend klarer, nie mehr aus der Gefangenschaft freizukommen. Aldo Moro ist sich jetzt völlig sicher: Ein Überleben gibt es in dieser Situation nicht. So beginnt er, Abschiedsbriefe zu schreiben. Tatsächlich hat er nur noch eine Woche zu leben. Am 9. Mai 1978 erfährt die Öffentlichkeit vom tragischen Ende des Martyriums. Exakt wie kurz zuvor ein anonymer Anrufer mitteilte, wird Moro in der zentral gelegenen Via Caetani tot im Kofferraum eines roten Renault 4 aufgefunden. Seine Entführer haben ihn kaltblütig erschossen.

Insgesamt sah der Fall auf den ersten Blick recht klar aus – wie schon üblich. Ein Spitzenpolitiker wird von einem Terrorkommando entführt und umgebracht. Die Entführer geben sich selbst zu erkennen und bekennen sich zum Anschlag. Erst auf den

Der italienische Ministerpräsident Aldo Moro wird am 9. Mai 1978 nach einem anonymen Hinweis tot in einem roten Renault aufgefunden. Hinter seiner Ermordung standen noch ganz andere Kräfte als die Roten Brigaden.

zweiten und dritten Blick erschließen sich die tatsächlichen Hintergründe und Hintermänner. Und erst nach vielen Jahren und Jahrzehnten kristallisiert sich heraus, dass auch das Dallas Italiens das Resultat einer weitreichenden Verschwörung war. Dabei wird eindeutig klar, dass Aldo Moro als ein weiteres prominentes Opfer des Kalten Krieges zu gelten hat und in einem enormen Spannungsfeld mächtigster Personen und Organisationen stand. In diesem tödlichen Spiel finden wir bald führende Politiker Italiens sowie in- und ausländische Nachrichtendienste, skrupellose Geheimlogen und sogar den mit der CIA kooperierenden Vatikan-Geheimdienst *Pro Deo*. Nicht zuletzt mischte bei alledem auch Henry Kissinger wieder tüchtig die Karten – und dies ganz bestimmt nicht zum Nachteil seines Weltkonzepts.

Am Tag der Entführung befand sich Moro auf dem Weg zu einer Debatte über ein recht heikles Thema: die von ihm angestrebte Aufnahme der Kommunisten in die Regierungsmehrheit. Der CD-Vorsitzende, der vielen als der charismatischste Politiker Italiens in Erinnerung blieb, arbeitete auf einen gangbaren Mittelweg zwischen Katholiken und Kommunisten hin. Seine Bündnis-Vision, die als »Historischer Kompromiss« bekannt wurde, sollte die großen Probleme des Landes lösen helfen: Inflation, Arbeitslosigkeit, allgemeiner Notstand. Die starken sozialen Spannungen entluden sich in terroristischen Aktionen extremer Gruppierungen. All das wollte Moro nun endlich in den Griff bekommen und wurde offenbar selbst Opfer einer solchen extremistischen Organisation, die das geplante Abkommen zwischen der ehemaligen *Cristiana*

Democrazia und der Internationalen Kommunistischen Partei (IKP) als Verrat betrachtete. Auf der einen Seite des neuen Paktes stand dessen Generalsekretär Enrico Berlinguer, auf der anderen der CD-Chef Aldo Moro. Am 16. März 1978 schlug dann das *Brigate-Rosse*-Kommando zu mit der Absicht, den Lauf der Geschichte zu ändern.

Was folgte, waren natürlich einige konkretere Forderungen der Entführer. Warum sonst hätten sie Moro in ihre Gewalt bringen sollen? Wenn es nur darum gegangen wäre, ihn zu beseitigen, aus welch verschwörerischen Gründen auch immer, dann hätte das ja wohl gleich auf der Stelle geschehen können, direkt am Schauplatz. Sechs Menschen ließen dort in jenen Minuten ohnehin ihr Leben.

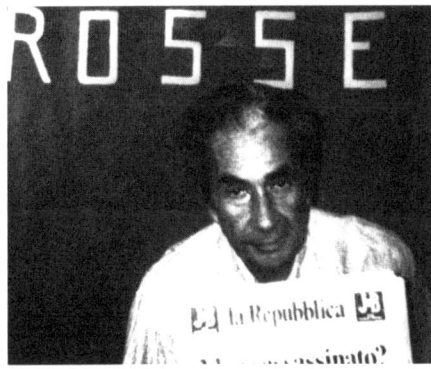

Aldo Moro als Entführungsopfer der Brigate Rosse.

Die Rotbrigadisten sperrten Aldo Moro fast zwei Monate in einen von ihnen als »Volksgefängnis« bezeichneten Raum unweit des privaten Anwesens des Politikers und taten dies gewiss nicht, um einen illustren Gast zu beherbergen. So forderten sie offizielle Verhandlungen über dessen Freilassung, die an eine Anerkennung ihrer Gruppe als »bewaffnete Partei« geknüpft waren. Im Austausch gegen Moro verlangten sie ihrerseits die Freilassung von 13 politischen Gefangenen ihres Kreises.

Der italienische Ministerpräsident Giulio Andreotti ließ sich auf diesen Handel jedoch nicht ein und erklärte öffentlich einen harten Kurs gegen die Entführer – was jedoch weit mehr ein harter Kurs gegen Moro war. Härter ging es nicht, bedeutete doch jenes »Nein« das klare Todesurteil für den CD-Vorsitzenden. Und das wiederum war Andreotti zweifelsohne ebenfalls klar. Der keineswegs zimperliche Andreotti trat schon lange als innerparteilicher Rivale Moros auf, und so lag der Verdacht wahrhaft nahe, dass Andreotti nicht einen Finger krümmen würde, um eine Freilassung seines »Parteifreundes« zu bewirken. Vielmehr musste ihm daran gelegen sein, dass Moro auf Nimmerwiedersehen von der Bildfläche verschwand, was ja auch relativ bald geschah.

Nun befand sich Andreotti mit seinem Ansinnen in einer recht vorteilhaften Lage, war er doch nicht der Einzige, der den Tod jenes so kompromissbereiten Politikers lieber heute als morgen herbeisehnte. Denn was Moro anstrebte, galt vielen als Destabilisierung der europäischen Nachkriegsordnung, wie sie auf der berühmten Konferenz von Jalta 1945 festgeschrieben worden war.

Moros gewaltsames Ableben zählt zu all jenen herrlich bequemen Toden, wie sie immer genau zur rechten Zeit eintreten. Der Sensenmann ist ein guter Politiker und erweist sich als hervorragender Machtstratege. Mit der Ermordung Moros hatten die Roten Brigaden als dessen »Erfüllungsgehilfen« wahrhaft einen gigantischen Treffer gelandet. Die Bluttat galt als der bedeutendste Anschlag auf einen europäischen Spitzenpolitiker. Immer wieder aber bezweifelten Juristen und Journalisten, Ermittler und Experten die Kompetenz der *Brigate Rosse* und begannen, an weitaus professionellere Kräfte mit schier unerschöpflichen Ressourcen zu glauben. Sie suchen die Hintermänner in den Reihen der NATO, der CIA sowie all jener Regierungsorgane und -repräsentanten, die angesichts Moros Politik befürchteten, dass Italien in eine kommunistische Regierungsform hineingleiten könne.

Der damalige US-Präsident Jimmy Carter sowie Großbritanniens Premier James Callaghan (später in den Stand des Baron Callaghan of Cardiff erhoben) zeigten sich beide gleichermaßen besorgt über die Entwicklung. Somit bestand sogar einmal mehr Handlungsbedarf. Natürlich wurde das alles nicht unbedingt an die große Glocke gehängt. Ganz im Gegenteil. Erst im Januar 2008 gab das britische Kabinett bis dahin im Rahmen der 30-Jahres-Regel geheimgehaltene Dokumente frei, die belegen, dass das *Foreign Office* schon im März 1976 die Möglichkeit erwog, radikale Gegenmaßnahmen des rechten Flügels zu unterstützen, sofern die Kommunisten die bevorstehende allgemeine Wahl gewinnen würden. Diese Erwägungen wurden bald noch weiter vertieft. Und allmählich begann es in Italien wieder heftig zu brodeln.

Aldo Moro fand seine nunmehr 30 Jahre ununterbrochen regierende Partei mittlerweile ausgelaugt, die Politik stagnierte und führte ins Chaos. Ein Reformprogramm unter Beteiligung von Enrico Berlinguer sollte Abhilfe schaffen. Als Moro am 16. März auf dem Weg zur Abstimmung über dieses Programm war, schlugen die Roten Brigaden zu. Angeführt wurde die Truppe von Prospero Gallinari, der Moro später auch mit einem Schuss direkt ins Herz umgebracht haben soll und dafür zu lebenslänglicher Haft verurteilt wurde.

Gallinari war Berufskiller und 1977 noch wegen Mordes an einem Genueser Richter im Gefängnis von Belluno inhaftiert. Von dort gelang ihm zusammen mit einigen anderen Insassen eine wahrhaft kinoreife Flucht. Sie verschafften sich einige Motorräder der Wärter und donnerten mitten durchs Hauptt or in die Freiheit. Nur, was auf der Leinwand im Handumdrehen gelingt, funktioniert in der realen Welt kaum. Das Ganze roch nicht nur nach einem abgekarteten Spiel, es war auch eins! Die Flucht wäre nie gelungen, wäre sie nicht von oberster Stelle zugelassen worden. Auch interessierte sich niemand wirklich dafür, den Killer wieder dingfest zu machen. Er war halt weg, na und?

Gallinari betrat erst wieder nach dem Attentat von Rom die öffentliche Bühne: als Moros Mörder. Aber war er es auch wirklich? Am 28. Januar 1983, fast fünf Jahre nach dem folgenschweren Anschlag, erscheint in der deutschen Wochenzeitung *Die Zeit* ein Kommentar mit dem Titel »Ein Schweigen, das zählt«. Offenbar als Versuch eines Resümees gedacht, geht der Text von nicht zutreffenden Voraussetzungen aus und endet in einem Trugschluss. Hier heißt es unter anderem:

»Trotz dreihundert Zeugen und hunderttausend Seiten Akten blieb vieles unklar und unausgesprochen ... Gewiss, Italien kann sich rühmen, dass ihm gelang, was vor vier Jahren kaum jemand für möglich gehalten hatte: Alle Hauptschuldigen am Moro-Mord sind gefasst und abgeurteilt worden. Doch nicht ganz beantwortet ist noch immer die Frage, ob es wirklich keine Chance gab, Moros Leben zu retten.

Ein parlamentarischer Untersuchungsausschuss müht sich seit Langem auch mit dieser Frage ab; ihm will demnächst einer der verurteilten Terroristen mehr berichten als dem Gericht. Prospero Gallinari, der Mann, der Moro am Ende ins Herz schoss, nannte als Hauptmotiv der Tat: ›Den Plan der nationalen Solidarität zu vereiteln‹ … Davor hatten ihn linke Sektierer, aber auch italienische und amerikanische Freunde gewarnt.«

Damit schien die Chance, das Leben von Moro zu retten, beinahe ausschließlich in dessen eigener Hand zu liegen. Die Frage nach jener Chance verrät unmittelbar die bewusste oder unbewusste Blauäugigkeit hinsichtlich der wahren Motive und Hintermänner. Was wiederum die Behauptung, alle Übeltäter seien aufgegriffen und bestraft worden, ad absurdum führt.

Es ist nicht einmal klar, ob der fabelhafte Gallinari, jener bravouröse Ausbrecherkönig und Killer, tatsächlich der Mörder von Moro war. 1994 traf sich die kommunistische Publizistin Rossana Rossanda mit dem führenden Brigadenmitglied Mario Moretti. Was Moretti ihr offenbarte, war eine ganz andere Geschichte zum Tod Moros. Ihr Gesprächspartner erklärte, er selbst und niemand anderer habe den Politiker umgebracht. Ja, er hätte das gar nicht zugelassen – »Es war eine schreckliche Prüfung, sie hinterließ eine Narbe für den Rest meines Lebens«, so Moretti damals. Und Gallinari, warum hatte der dann nie protestiert und seine Unschuld beteuert? Das wollte auch die Publizistin gerne wissen. Moretti gab ihr eine simple Antwort: »Weil Prospero, wie wir alle, immer den politischen Aspekt gesehen hat.« Das gemeinschaftliche Ziel war demnach eben erreicht. Wer auch immer den tödlichen Schuss abgegeben hatte, spielte dabei nicht die Rolle, und keiner würde mit dem Finger auf den anderen zeigen. Oder betrieb Moretti gegenüber seiner Gesprächspartnerin vielleicht ein kleines Verwirrspiel, säte dabei nach alter Manier reichlich Desinformation? Alte Manier vor allem bei den Geheimdiensten und all jenen Gruppierungen, die etwas zu verbergen haben. Da wirken falsche Spuren wie heilender Balsam!

Moretti jedenfalls passte in das Raster. Er war federführende Kraft bei der Planung jener tödlichen Entführung und wird allgemein als Agent gehandelt. Er besorgte den Roten Brigaden auch massenweise Waffen, die er selbst aus dem Libanon erhielt, und zwar aus den von Israel kontrollierten Regionen des Landes. Im zeitlichen und räumlichen Umfeld der Moro-Entführung wimmelt es bei genauem Hinsehen nur so von Geheimdienstlern und anderem »Personal für besondere Einsätze«. So hatten die Briten damals unter anderem drei »Experten für Terrorabwehr« nach Rom entsandt, und auch der italienische Geheimdienstoberst Camillo Guglielmi war direkt während der Entführung vor Ort – wahrscheinlich als »unabhängiger Beobachter«.

Aldo Moro stand auch der einflussreichen italienischen Geheimloge *Propaganda Due* (P2) bei ihren Bestrebungen um die Errichtung einer eher faschistisch orientierten Diktatur im Wege. Sie arbeitete mit ihrem Interesse an einer Ausschaltung der IKP mit italienischen und amerikanischen Geheimdienstleuten Hand in Hand. Man hatte bei der Verschwörung nichts dem Zufall überlassen.

An Ort und Stelle konnte man Moro nicht umbringen, denn dann wäre vor aller Öffentlichkeit ein ganz anderes Licht auf die Tat und auf die Motive der Mörder gefallen. So aber hatte man die Roten Brigaden – und noch 55 Tage Zeit.

Nur sollte der Weg zum Ziel möglichst geebnet werden. So wollte es auch ein eher künstlicher Zufall, dass direkt nach dem Anschlag plötzlich das Telefonnetz für eine ganze Stunde zusammenbrach. Was für ein Pech aber auch, denn jetzt konnte niemand Hilfe holen! Eine sinnvolle Fahndung ließ sich da auch schwer einleiten. Von Straßensperren ebenfalls keine Rede! Und die Entführer entkamen völlig unerkannt mit ihrem Opfer. Aber nicht genug des schicksalhaften Zufalls. Als die Brigadisten später telefonisch in Kontakt mit den Medien traten, kümmerte sich der Zufall geradezu rührend darum, die Gespräche nicht so lang andauern zu lassen, dass der Aufenthaltsort der Entführer bestimmbar geworden wäre. Also fielen die Telefonverbindungen zwei weitere Male und genau zum richtigen Zeitpunkt aus. Potz Blitz, so was aber auch! Verfechter offizieller Erklärungen zeigen sich bei derartigen Merkwürdigkeiten bewundernswert stoisch und gelassen. Solche Dinge passieren eben. Deshalb gleich eine Verschwörung zu unterstellen wäre ja geradezu lächerlich. Sehr abgeklärt wird dann gerne von wilden Theorien und wirr herumfuchtelnden, fanatischen Verfechtern unhaltbarer Behauptungen gesprochen, und dies in einer verbalen Uniformität, die bis heute ihresgleichen sucht. Was aber die »Telefonpannen« betrifft, so folgten hierzu einige Jahre später bemerkenswerte Enthüllungen. Demnach spielte der Zufall damals wirklich eine eher untergeordnete Rolle.

1981 tauchte dann ein düsteres Ungetüm aus einem weitläufigen italienischen Sumpf auf, ein Wesen, dem zehn Jahre später weitere gespenstische Kreaturen aus benachbarten Sümpfen folgen sollten. Jenes »Ding aus dem Sumpf« war die bereits erwähnte, von dem obskuren Licio Gelli annektierte freimaurerische Geheimloge P2, deren Großmeister er war. Doch erwies sich P2 alles andere als ein Laden, dessen bester Kunde sein Inhaber war. Diese illegale Organisation durfte keineswegs als esoterisches Spielzeug eines von Macht besessenen, aber machtlosen Egozentrikers verstanden werden, sondern wirkte im Untergrund als tatsächlich machtvolles und gefährliches Instrument.

Gelli, dessen ganzes Leben von düsteren Geheimnissen umgeben ist und dessen Name aller Wahrscheinlichkeit auch länger auf den Gehaltslisten der CIA stand, entdeckte die 1877 gegründete Loge bald für sich. Sie hatte ursprünglich Freimauern auf ihren Romreisen als Anlaufstelle gedient. Gelli sah hier einen geeigneten Nährboden für weitreichende Infiltrationspläne. Innerhalb von nur drei Jahren hatte er die Zahl der Logenmitglieder von 14 auf fast 1000 steigern können. Und das waren nicht »irgendwelche Leute«, sondern hochrangige Personen an den wesentlichen Schaltstellen aller Bereiche des öffentlichen Lebens. Bei der späteren Hausdurchsuchung, die in Gellis Villa in Arezzo stattfand, kamen gehei-

Der Großmeister der italienischen P2-Loge: Licio Gelli.

me Mitgliederlisten zum Vorschein, die sich wie das *Who's who* der italienischen Gesellschaft lasen. Hier waren unter anderem die Namen von drei Ministern, annähernd 40 Abgeordneten sowie von 43 Generälen verzeichnet, darüber hinaus fehlten auch die Polizeichefs der vier größten italienischen Städte nicht, abgesehen von einer großen Zahl an einflussreichen Persönlichkeiten aus Wirtschaft, Presse, Forschung, Bildung, Gesundheitswesen und Kultur. Nach dem augenscheinlichen Vorbild des historisch verbürgten Illuminatentums des schon kurz erwähnten Adam Weishaupt hatte Gelli auch nach Auffassung der Gerichte eine Geheimstruktur geschaffen, die einem Staat im Staat glich, indem sie eine weitgehende Kontrolle über die offiziellen staatlichen Institutionen ausübte. Doch Gelli wäre bei allem Geschick nicht in der Lage gewesen, ein derartiges Geheimgebilde völlig alleine aus der Taufe zu heben.

Der italienische Autor Carmine »Mino« Pecorelli, promovierter Jurist und Gründer des kritischen Politikmagazins *Osservatorio Politico*, verfügte über hervorragende Kontakte und galt als führender investigativer Journalist. Er hatte intensiv im Mordfall Moro recherchiert und war zu dem Resultat gekommen, dass Entführung und Ermordung von einer, wie er es nannte, *lucido superpotere* veranlasst worden waren, einer »Leuchtenden Superkraft«. Ganz offenbar drückte er sich absichtlich recht kryptisch aus, und man konnte nur vermuten, wen oder was er mit diesem Begriff meinte. Pecorelli war auch der P2 auf die Schliche gekommen, schon lange bevor sie offiziell aufgedeckt wurde. Naheliegend wäre, dass er mit der »Leuchtenden Superkraft« auf sie anspielte, gerade hinsichtlich des eindeutigen Zusammenhangs mit dem Geheimorden der Illuminaten, der »Erleuchteten«. Pecorelli hatte behauptet, der

P2-Großmeister Gelli sei wesentlich von der CIA unterstützt worden. Nur die tatkräftige Finanzierung durch die Agency habe den enormen Aufstieg der Loge ermöglicht. Natürlich wird diese Enthüllung besonders delikat durch den Umstand, dass Pecorelli selbst der P2 angehörte! Dies erklärt auch seine frühe und genaue Kenntnis ihrer Existenz. Somit durfte er als ein Aussteiger gelten, jemand, der Geheimnisse kannte, die allerdings tunlichst auch Geheimnisse bleiben sollten.

```
A∴G∴D∴G∴A∴D∴U∴           28 MAG. 19
   R∴L∴ Propaganda 2      N°   104

Si riceve dal BERLUSCONI  Silvio

la somma di Lire  100000
( centomila                        ) per
Quota sociale anno  1978   £.  50000
Iniziazione                £.  50000
Passaggio Grado            £.
                           £.
                           £.
              TOTALE       £. 100000
 li 26 gennaio 1978
   Il Tesoriere     Il Segr. Amm.vo
```

Auch Staatschef Silvio Berlusconi war Mitglied von P2, wie aus diesem Dokument hervorgeht.

Pecorelli verfügte vielfach über ein gefährliches Wissen und zählte nunmehr zum Kreis der Verräter. Am 20. März 1979 musste er dafür büßen: Als er vom Büro zu seiner Wohnung fuhr, wurde er in seinem Wagen von vier Schüssen tödlich getroffen. Ein anderer Aussteiger, der Ex-Mafioso Tommaso Buscetta, packte 1993 vor einem Gericht in Palermo noch mit ganz anderen Mordmotiven aus. Denn Pecorelli sei in Besitz von Material gewesen, das Andreottis politische Karriere gefährden habe können. Daraufhin

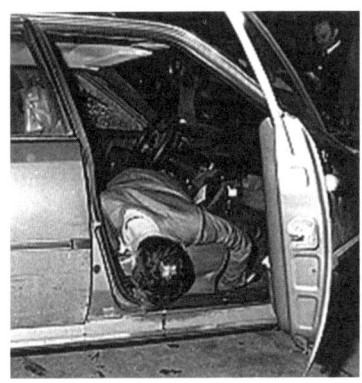

P2-Insider Carmine Pecorelli wurde am 20. März 1979 erschossen.

habe Andreotti die Mafia um einen Gefallen gebeten: Auftragsmord.

So erbarmten sich an jenem Frühlingstag die Cousins des Mafiabosses Antonio Salvo jenes lästigen P2-Abtrünnigen und nieteten ihn kurzerhand um. Was wie eine spannende, aber doch nur fiktive Geschichte oder zumindest nicht bewiesene Theorie klingen mag, steht jedoch auf faktischfesten Füßen. So fest sogar, dass Andreotti und Buscettas Chef Gaetano Badalamenti wegen Mordes an Pecorelli schließlich am 17. November 2002 in zweiter Instanz zu je 24 Jahren Gefängnishaft verurteilt wurden. Ein knappes Jahr später wurde dieses beinahe an ein Wunder grenzende Urteil dann allerdings auch wieder auf wundersame Weise aufgehoben ...

Was Pecorelli über den CIA-Hintergrund der P2-Loge gesagt hatte, wirkte jedoch deutlich über seinen Tod hinaus. 1990 ließ der CIA-Agent Richard Brenneke durchblicken, die US-Regierung habe P2 *monatlich* mit bis zu zehn Millionen Dollar unterstützt! Mit diesem beachtlichen »Monatsgehalt« sollte die Loge dafür sorgen, eine »Explosion des Terrorismus« in Italien zu begünstigen. Was aber hatten die USA davon?

Kontrolle! Denn der Ausweitung vor allem linksextremer Exzesse würde als Antwort die Einrichtung einer autoritär agierenden, hart durchgreifenden Regierungsstruktur folgen. Grundsätzlich ging es darum, durch Anschläge und Terroraktionen, die vor allem den Roten Brigaden untergeschoben wurden, die öffentliche Meinung in Italien gegen linksorientierte Gruppen und speziell gegen die Kommunistische Partei zu richten. Die eigentlichen Täter waren allerdings nicht selten in ganz anderen Kreisen anzutreffen. Denn es gab noch eine andere groß angelegte Verschwörung, von denen die Menschen auf der Straße und selbst die meisten Politiker nicht das Geringste erfahren durften.

Damit sind wir nun beim zweiten Ungetüm angelangt, das aus trübsten italienischen Gewässern aufstieg und bald kaum liebenswertere Kreaturen aus den Nachbarsümpfen ins Schlepptau nahm: Jenes Ungetüm hörte auf den Namen *Gladio*, das Schwert, und zählte zur Familie der Stay-behind-Armeen – halbmilitärische, strikt geheime und europaweit operierende Untergrundtruppen, eingerichtet von NATO, CIA und MI6. In Deutschland wurde die Agentenbetreuung der Stay-behind-Leute vom Bundesnachrichtendienst BND übernommen. Das deutsche Pendant zum italienischen *Gladio* hieß hier deutlich prosaischer BDJ-TD, was in der Langform ziemlich harmlos klingt: Bund Deutscher Jugend – Technischer Dienst. Die Stay-behind-Struktur bediente sich hier einer geeigneten Tarnung. Jene illegalen Geheimdiensttruppen legten europaweit ebenso illegale Waffendepots an, um bei einem Übergriff des Warschauer Paktes sofort handeln zu können und geeignete Sabotageakte auszuführen.

Carmine Pecorelli war sehr früh auf die Existenz der Staybehind-Armeen gestoßen, ein weiterer Grund, ihn aus dem Weg zu räumen. Andreotti wusste natürlich genauestens über *Gladio* Bescheid. Bevor aber das Kind in den Brunnen fiel und die gesamte Geschichte aus anderer Quelle bekannt wurde, gestand er die Existenz von *Gladio* dann 1990 offiziell lieber selbst ein. Schadensbegrenzung eben.

Andreotti hatte möglicherweise seine Hände mit im Spiel, als 1990 der zweite Teil von brisanten Aufzeichnungen in einer Mailänder Wohnung gefunden wurde. Dieses Material galt als Vermächtnis von Aldo Moro, der in seiner Gefangenschaft begonnen hatte, ein »Memoriale« auf Band zu sprechen, wobei er einige Geheimnisse ausplauderte und schwere Anschuldigungen gegen verschiedene Politiker erhob. Dabei schonte er auch die Parteifreunde nicht. In diesem Memo deutete er auch die Existenz einer zur NATO parallelen Struktur an und sprach von deren »Anti-Guerilla-Aktivitäten«. Natürlich meinte er damit *Gladio* und das

Das Emblem von Gladio.

gesamte Netzwerk der europaweiten Geheimarmeen.

Als Aldo Moro sich um den »Historischen Kompromiss« und die Eingliederung der Kommunisten bemühte, war es Zeit, das Schwert gegen ihn zu erheben. Seine Politik würde das bisherige System aus der Balance bringen. Die Hintermänner machten sich die Hände nicht schmutzig, die Brigade diente nicht nur als ausführendes Organ, sondern auch als probates Mittel, die gewünschte Stimmung in der Öffentlichkeit zu erzeugen. Einigen scheint auch der Fundort der Leiche Moros nicht ganz zufällig gewählt: Der rote Renault parkte unweit eines alten Amphitheaters, in dem einst die Gladiatoren um ihre Freiheit kämpften – ein makabrer Hinweis auf *Gladio* als geheime Kraft hinter der Tat?

Am 2. April 1978, als Moro nur noch einen Monat zu leben hatte, fand in Bologna ein ungewöhnliches Treffen statt. Damals verabredeten sich einige Universitätsprofessoren zu einer Seance – eine in diesen Kreisen bekanntlich nicht ganz alltägliche Beschäftigung. Angeblich galt das Spiel dem Zeitvertreib an einem regnerischen Nachmittag. Die Geister sollten nach dem Verbleib des christdemokratischen Parteivorsitzenden befragt werden. Also setzten sich die Akademiker gemeinsam an den runden Tisch, legten ein Hexenbrett drauf und hielten ihre Finger auf eine Untertasse, die in üblicher Manier beginnen sollte, völlig selbsttätig ihre Kreise über das Ouija mit seinem Alphabet zu ziehen, um dabei geeignete Stichworte zu liefern. Einer der Anwesenden war kein Geringerer als der spätere Ministerpräsident Romano Prodi.

Da saß also jene illustre Gruppe und gab sich magischen Künsten hin! Und das Ergebnis? In der Tat sehr erstaunlich. Die Geister nämlich waren wirklich in der Lage, interessante Hinweise zu liefern. Höchstwahrscheinlich war der gesamte, so okkult anmutende Rahmen des Treffens nur gewählt worden, um auf diesem Wege die Quelle der Information nicht exakt identifizieren zu können. Natürlich musste es einer der Anwesenden sein, nur wollte er nirgends im Namen auftreten. Die erste Botschaft aus dem vermeintlichen Jenseits war das Wort *Gradoli*. Romano Prodi gab dieses, wenn auch auf äußerst seltsamem Weg erhaltene Ergebnis an die Polizei weiter. Wie sich herausstellte, befand sich in der 96 Via Gradoli in Rom ein Versteck der Roten Brigaden.

Die beiden italienischen Autoren Giovanni Fasanella und Giuseppe Rocca glauben aber, noch einen weiteren Hinweis in *Gradoli* gefunden zu haben. Nur müsse hierzu das Wort ein wenig anders interpretiert werden. Auf dem Hexenbrett erscheint es als GRADOLI, was auch als GRADO LI gelesen werden kann. Wenn man nun LI als römische Zahl interpretiert, heißt es nunmehr GRADO 51. Diese Auslegung führt die beiden Rechercheure auf die Spur des geheimen Ordens der Rosenkreuzer. Denn in deren okkulter Lehre steht GRADO 51 – also Grad oder Stufe 51 – für den *Maitre du Glaive* oder eben »Herrn des Schwertes«.

Da die Rosenkreuzer aus dem Verborgenen heraus durchaus aktiv Einfluss auf die italienische Politik nahmen, sehen Fasanella und Rocca einen realen Kontext und glauben hier auch einen deutlichen Hinweis gefunden zu haben, dass der »Herr des Schwertes«, eben die *Gladio*-Gruppe, aktiviert wurde, nachdem Aldo Moro mit seiner Politik eine Gefährdung des europäischen und weltweiten Gleichgewichts heraufbeschworen hatte. Die italienischen Autoren gehen sogar noch einen Schritt weiter und betreiben bald schon eine Schnitzeljagd nach zusätzlichen kryptischen Hinweisen auf das Mordmotiv. Sie glauben, der Fundort von Moros Leichnam sei diesbezüglich sehr genau ausgewählt worden. Tatsächlich offenbaren sich immer wieder der enorme Zynismus und jene ganz besondere »Liebe zum Detail«, wenn Schattenmächte die Beseitigung missliebiger Politiker, allzu neugieriger Journalisten, abtrünniger Geheimdienstler und anderer störender Elemente veranlassen. Bizarre und mehr als makabre Arrangements stehen dann meist in einem deutlichen Zusammenhang mit den einstigen Bemühungen des Opfers, Licht in verschwörerische Machenschaften und skandalöse, verbrecherische Vorgänge zu bringen.

Die herrschenden Kräfte scheinen den Opfern einen Spiegel vorzuhalten und dem Wissenden ein klares Signal zu geben. Journalisten, die CIA-Drogengeschäften nachspüren, werden mit der Spritze im Arm gefunden; wer allzu tief im Sumpf von Sex-Skandalen herumstochert, taucht eines Tages vielleicht als vermeintliches Opfer autoerotischer Spiele grausam erstickt im Kleiderschrank eines Highway-Hotels auf; wer schmutzige Geschäfte des US-Justizministeriums aufzudecken sucht, wird tot auf einem Toilettensitz festgeschnallt und bereits halb verwest in der eigenen Wohnung aufgefunden. Nur drei von ungezählten Beispielen. Fälle, die sich tatsächlich zugetragen haben.

Hinsichtlich Moro glauben die beiden italienischen Autoren, der Fundort des Leichnams verberge auch eine kryptische Botschaft an jene, die sich noch um eine Freilassung des Politikers bemühten. Aldo Moro wurde in unmittelbarer Nähe des *Palazzo Caetani* aufgefunden. Aus dem Palast konnte man das Fahrzeug sehen.

Zwei Vermittler, der ukrainische Dirigent Igor Markevitch sowie der britische Adlige Hubert Howard, hatten versucht, Moro zu retten. Beide sind mit der aristokratischen Familie Caetani verwandt. Fasanella und Rocca glauben deshalb, man habe diese besorgten Freunde Moros einschüchtern und verletzen wollen. Eine Warnung?

Nicht alle wollen jener These der kryptischen Botschaften folgen, zumindest aber erscheint sie doch bemerkenswert. Bemerkenswerter dürften allerdings die Pfade sein, über die sich die Spur der Hintermänner hinein in die höchsten US-Regierungskreise erstreckt. Und wie hieß es in dem erwähnten Kommentar der *Zeit*: Moro sei von italienischen und amerikanischen Freunden gewarnt worden! Wer waren sie, wer waren vor allem die amerikanischen »Freunde« Moros? An erster Stelle dürfte hier wohl der notorische Henry Kissinger stehen. Ja, er warnte Moro und sprach von bösen Folgen für ihn, sollte er seine Politik wirklich umsetzen. »Wir werden Sie fertigmachen«, soll ihm Kissinger in einem ruhigen Moment gesagt haben. Einen Präzedenzfall hatte es ohnehin bereits gegeben, nur wurden die wahren Hintergründe zu Lebzeiten Moros noch nicht bekannt. Dessen Parteifreund Enrico Mattei stürzte am 27. Oktober 1962 mit seinem Privatflugzeug ab – ein tragischer Unfall, so schien es. Erst die Ermittlungen um Andreotti und die *Gladio*-Affäre im Jahr 1991 brachten einige neue Tatsachen ans Licht, die aufzeigen: In Wirklichkeit steckten *Gladio* und die CIA dahinter. Die letzte Inspektion der Maschine hatte ein Mann vorgenommen, der als *Gladio*-Offizier enttarnt wurde. Und bei der Autopsie der Leiche Matteis fanden sich Spuren von Sprengstoff. Solche bedauerlichen Unfälle nennt man landläufig Mord!

Nicht umsonst verschwanden bald zahlreiche geheimdienstliche Dokumente zum Tod Matteis, und in Washington entschloss man sich, den Vorfall zur Angelegenheit der »nationalen Sicherheit« zu erklären, was immer sehr praktikabel ist und die unbegründete Zurückhaltung aller weiteren Informationen sichert. Mattei starb mehr als ein Jahr vor Kennedy und fast 16 Jahre vor Aldo Moro, doch erst Jahrzehnte später wurden die Fakten bekannt. Da war auch Moro bereits tot. Und weil der Fall Mattei eben unter Verschluss stand, sprach auch Kissinger ihn mit keinem Wort an. Doch welche Sympathien er gegenüber seinem italienischen Gesprächspartner hegte, blieb Aldo Moro nicht verschlossen. Die Warnung nahm Moro jedenfalls äußerst ernst und setzte nach diesem USA-Besuch sein Testament auf.

Kissinger nahm bei internationalen politischen Zusammenkünften stets demonstrativ die Kopfhörer ab, wenn Moro das Rednerpult betrat, und bezeichnete ihn bald als den Allende Italiens, einen Mann, noch gefährlicher als Castro auf Kuba. Deutlichere Worte waren kaum mehr möglich – oder nötig. Kissinger hatte sich regelrecht an die Fersen Moros geheftet und sprach davon, die CIA habe »Realitäten zu schaffen«. Mit einiger Unterstützung tat sie dies dann auch, als eine Art Exekutive der Schattenmacht, die zu großen Teilen von Kissingers sehr entschlossener Politik bestimmt und von einer wahrhaft tödlichen Sicherheit gekennzeichnet war. Am 9. Mai 1978 jedenfalls war das Ziel erreicht, damals in Rom.

Schüsse in der Nacht:
Olof Palme, 1986

Stockholm, 28. Februar 1986 – 23.21 Uhr. Die Straßen im Zentrum der schwedischen Metropole sind ziemlich leer, vor allem zu Fuß ist kaum jemand unterwegs. Es ist spät und kalt. Nur einige Besucher der gerade beendeten Aufführung *Mozartbrüder* im *Grand Kino* befinden sich auf dem Weg nach Hause. Plötzlich fallen ganz in der Nähe zwei Schüsse, an der Kreuzung Sveavägen-Tunnelgatan vor dem *Dekorima*-Farbengeschäft. Einer der Kinobesucher stürzt schwer verletzt zu Boden. Sehr schnell sind erste Einsatzkräfte vor Ort, um 23.24 Uhr erhält Claes Bystedt, in dieser Nacht in der LAC-Rettungsstelle zum Bereitschaftsdienst eingeteilt, einen Notruf und versucht, Kontakt zu Rettungswagen 912 aufzunehmen, der sich augenblicklich nahe dem Tatort befindet. Allerdings sitzt niemand im Fahrzeug. Erst zwei Minuten später melden sich die Sanitäter, sie fahren jetzt los. Mittlerweile aber sind bereits ihre Kollegen von Wagen 951 am Schauplatz eingetroffen. Um 23.28 Uhr gibt der Fahrer durch, einen Mann mit schweren Schussverletzungen in der Brust sofort ins nahe Krankenhaus Sabbatsberg zu bringen. Der Platz vor dem Farbengeschäft hat sich jetzt mit aufgeregten und verwirrten Menschen gefüllt. Das Opfer des Anschlags sei eine bekannte Persönlichkeit.

War den Mächtigen in die Quere gekommen: Olof Palme.

Schon Gösta Söderström, der erste Beamte am Tatort, zuckt wie vom Blitz getroffen zusammen, als er realisiert, wer hier sterbend auf dem eisigen Pflaster liegt. Er beugt sich zur Frau hinab, die neben dem Schwerverletzten kniet, und erkundigt sich nach ihrem Namen. Verzweifelt schreit sie ihn an: »Sind Sie verrückt?

Kennen Sie mich denn nicht? Ich bin Lisbeth Palme, und hier liegt mein Mann Olof!«

Söderström weicht das Blut aus dem Gesicht, er kann nicht fassen, was er hört und sieht. Der Sterbende vor ihm auf dem Asphalt ist der schwedische Ministerpräsident! Allein schon die Tatsache, dass der Erste Mann des Staates lediglich in Begleitung seiner Frau und ohne jeden Personenschutz einen nächtlichen Kinogang unternahm, erscheint undenkbar. Doch in Schweden nicht ganz unüblich, unterstrich diese gefährliche Nachlässigkeit die deutliche Bürgernähe eines hochrangigen Politikers und trug ihm allgemeine Sympathie ein. Söderström konnte das alles dennoch kaum glauben. Wie in Trance kontaktierte er die Einsatzzentrale und fragte: »Wisst ihr, wer das Opfer ist?« Natürlich wusste man das nicht, und Söderström erwartete das auch nicht ernstlich. Aus seiner Frage sprach schlichtweg das blanke Entsetzen. Nicht anders, als er durchgab: »Es ist der Ministerpräsident! Ich wiederhole: Ministerpräsident Olof Palme!«

Schnell ist klar, dass Palme das Attentat nicht überleben wird. Fast zu schnell, so scheint es. Sechs Minuten nach den Schüssen telefoniert Kenneth Laurell aus dem ebenfalls am Tatort eingetroffenen Einsatzwagen 912 mit Gia Carneström, einer Mitarbeiterin der Rettungsstelle. Auf ihre Frage, ob das Opfer überleben werde, erhält sie schon jetzt ein klares »Nein« als Antwort. Dann erst erfährt sie, um wen es sich handelt. Laurell ist sich sicher, dass Palme sterben wird, denn er hat die Verletzungen gesehen. Und er täuscht sich nicht. Der

Olof Palme wurde in der Nacht des 28. Februar 1986 in Stockholm erschossen.

Killer hat ganze Arbeit geleistet. Bereits als Palme ins Sabbatsberg-Krankenhaus eingeliefert wird, stellt der Anästhesist Olof Wallenberg den klinischen Tod fest. Keine Atmung, kein Puls. Und nur eine Stunde nach dem Anschlag, um Punkt 0.30 Uhr, erklärt auch der Chirurg Dr. Claes Wallin den schwedischen Ministerpräsidenten für tot.

Wer hat ihn erschossen?

In der frostigen Dunkelheit vor dem Kino verharrt während der Abendvorstellung eine einsame Gestalt nahe dem Eingang. Mit ihrer schlichten, dunklen Kleidung kontrastiert sie kaum zur Umgebung, und niemand scheint sie zunächst zu bemerken. Als eine Familie das Filmtheater verlässt und sich die Eltern noch zu einem kurzen Schaufensterbummel durch die Innenstadt entschließen, löst sich der Schatten aus seinem Versteck. Während die jugendlichen Familienmitglieder bereits den Nachhauseweg angetreten haben, spaziert das ältere Paar über den verlassenen Platz. Die Nacht ist still, ein leichter Wind streicht über die Straßen, das nasskalte Wetter lädt nicht unbedingt zu ausgedehnten nächtlichen Spaziergängen ein. Dennoch scheinen die Eheleute die frische Nachtluft nach dem Kinoaufenthalt zu genießen. Noch ahnen sie nichts von ihrem Verfolger, der fortwährend auf den entscheidenden Moment wartet, den besten Moment, um endlich zuzuschlagen.

Jetzt ist es so weit. Vor dem Farbengeschäft kommt es zur direkten Konfrontation. Der unheimliche Fremde schleicht sich von hinten an das Paar und ruft ein einziges Wort, jenen einen Namen: »Palme!« Im nächsten Moment schießt er aus unmittelbarer Nähe auf den schwedischen Ministerpräsidenten und zertrümmert mit der großkalibrigen Waffe dessen Rückgrat. Sofort folgt der zweite Schuss und streift Palmes Frau. Der Attentäter zögert keine weitere Sekunde und rennt los. Er hat einen Komplizen. Zielstrebig läuft er auf dessen Auto zu und springt hinein. Das Fahrzeug verschwindet schnell in der Dunkelheit. Niemand weiß, wohin.

Die Polizei erreicht den Schauplatz des Verbrechens zwar sehr bald, aber dennoch zu spät. Der Ministerpräsident wurde tödlich getroffen, vom knapp entkommenen Täter keine Spur mehr. Und das scheint seine Richtigkeit zu haben. Denn was nun folgt, sind Ungereimtheiten und Nachlässigkeiten, Verwirrung, Verschleppung und Vertuschung.

Mit den polizeilichen Ermittlungen will es nicht so richtig klappen. Hans Holmér, der die Fahndung leitet, muss schließlich aufgeben, den Fall noch zu klären – nach 341 Tagen fruchtloser Anstrengungen. Doch auch seine Person ist umstritten als Polizeichef, vor allem aber als Geheimdienstchef. Welche Rolle spielte er wirklich? Wollte er tatsächlich herausfinden, wer Palme umgebracht hatte? Sollte er das überhaupt – oder durfte er gar nicht? Gleichwie, ein großer Freund Palmes und seiner Innenpolitik dürfte auch Holmér nicht gewesen sein, denn der Staatschef wollte sowohl Polizei als auch Geheimdienst einschränken. Hatte nicht auch John F. Kennedy einen groben Fehler begangen, als er die CIA »in tausend Splitter« zerschlagen wollte?

Wo vermutete Holmér selbst den Täterkreis? Zunächst schwieg sich der Chefermittler aus. Einige Jahre später veröffentlichte er ein detailliertes und spannendes Buch über den Fall und erklärte darin, das schwedische Volk müsse endlich die Wahrheit erfahren. Demnach waren extremistische Kurden die Killer. Einen Beweis dafür lieferte Holmér allerdings nicht. Genau den aber erwartete jeder von dem Mann, der seinerzeit auf den spektakulärsten politischen Mordfall der jüngeren schwedischen Geschichte angesetzt worden war.

Dass der Attentäter und seine Komplizen auch hier in höherem Auftrag agierten, belegten die unverzeihlichen »Fehler« in den Ermittlungen. Auch der Bestsellerautor und Kriminologieprofessor Leif G. W. Persson listet zahllose Pannen und Versäumnisse auf. Die Polizeiarbeit sei schlampig und unprofessionell gewesen. Bestes Beispiel: Niemand kümmerte sich um eine Abriegelung des Tatortes, der somit weiterhin jedermann zugänglich blieb. Weder fand eine gründliche Untersuchung der Lokalität statt noch wurden Anwohner und Zeugen befragt. Von einer echten Beweismittelsicherung keine Rede, im Extremfall konnten die Mörder als harmlose Schaulustige noch einmal direkt zum Tatort zurückkehren und verräterische Relikte vernichten oder an sich nehmen.

Trotz alledem wurde der Öffentlichkeit drei Jahre nach dem Verbrechen ein Täter präsentiert: ein Kleinkrimineller, der plötzlich ins Fangnetz der Polizei geraten zu sein schien.

Bei einer Gegenüberstellung identifizierte Palmes Frau ihn eindeutig als den Mann, der sich ihnen in jener Schicksalsnacht in den Weg gestellt hatte. Besonders hilfreich bei dieser Gegenüberstellung war natürlich der Umstand, dass man Lisbeth Palme unmittelbar davor gesagt hatte, auf wen sie besonders achten solle. Der Mann, dem sie daraufhin also ihr ganz besonderes Augenmerk schenkte, war ein gewisser Christer Pettersson. Nicht gerade der Archetyp eines Sympathen, gewiss nicht. Bereits seine Physiognomie verhieß nichts Gutes. Auf der Leinwand wäre er wohl für den Bösewicht prädestiniert gewesen. Seine harten Gesichtszüge, die abfallenden, von einem dunklen Oberlippenbart betonten Mundwinkel, die tief liegenden Augen mit dem stechenden Blick, einem Blick, der sowohl eiskalte Gleichgültigkeit als auch primitive Entschlossenheit ausstrahlt, das glatte schwarze, seitlich gescheitelte

Links: Der perfekte Mörder für einen perfekten Mord: Christer Pettersson. Rechts: Olof Palmes Witwe erklärte man bei der Gegenüberstellung ganz genau, auf wen sie besonders achten solle – Nummer 3!

Haar, alles zusammen verdichtete sich zum perfekten Bild eines Mannes, der sogar zu hinterhältigem Mord fähig war.

Christer Petterson passte einfach ins Schema, eine von exzessivem Alkoholkonsum gezeichnete Existenz am Rande der Gesellschaft, ein stets gewaltbereiter, immer wieder ausfälliger, herumprügelnder Taugenichts. In der Tat mochte er all dies gewesen sein und erfüllte somit gleichsam ein etabliertes Klischee. Darüber aber gerieten schnell weit bedeutsamere Aspekte in den Hintergrund oder sogar gänzlich in Vergessenheit. So wunderbar Petterson ins Schema passte, so einwandfrei ihn Lisbeth Palme auch identifiziert hatte, so unklar ist sein Motiv. Denn eigentlich gab es für ihn gar keines.

Er muss wohl in jener Nacht einfach nichts anderes zu tun gehabt und daher etwas gegen die öde Langeweile unternommen haben. Das glückte ihm dann auch. Eine gute Prise Glück gehörte ohnehin zu dem Unternehmen, vor allem wenn man – wie Pettersson – vielleicht zwar ein zwielichtiger kleiner Ganove war, aber eben doch kein Profikiller.

Worauf es aber den Behörden ankam: Sie konnten den üblichen verrückten Einzeltäter vorführen, der von der Witwe klar erkannt worden war – wenn auch mit meinungsbildender Unterstützung der Ermittler. Jener verrückte Einzelkiller hatte Palme – wenn auch mit freundlicher Unterstützung unbekannter Hintergrundfiguren – also ganz doll weggeputzt. Und weil er nicht netter zu dem Politiker war, der ihm doch gar nichts getan hatte, waren die Richter auch nicht so richtig nett zu ihm.

Der endgültig überführte Palme-Mörder wurde 1989 zu lebenslanger Haft verurteilt. Dabei schien man sich allerdings in leicht verändertem Wortsinne ein wenig ver-urteilt zu haben, denn schon bald war er wieder auf freiem Fuß – und besser gestellt denn je.

Jetzt war die Rede davon, dieser so urplötzlich rehabilitierte Pettersson habe von den schwedischen Behörden eine siebenstellige Haftentschädigung erhalten! Das wiederum roch penetrant nach einem abgekarteten Spiel, in das auch der ideale Vorzeigetäter von Anfang an eingeweiht gewesen sein dürfte. Vieles aber bleibt weiterhin sonderbar, auch dessen wankelmütigen Aussagen hinsichtlich seiner eigenen Rolle. Mal gestand er den Mord ein, mal stritt er ihn wieder ab. Vielleicht auch Bestandteil eines geplanten Verwirrspiels, für das Pettersson dann bezahlt wurde. In mancher Beziehung ging es ihm jedenfalls eindeutig besser als Lee Harvey Oswald, dem wohl berühmtesten Sündenbock, den die Geschichte je geschossen – oder vielmehr: erschossen hatte. Viel Zeit für etwaige Richtigstellungen der ziemlich dummen Sache hatte LHO damals wahrlich nicht. Da ging es Pettersson schon weit besser. Nicht nur, dass man ihn ganz offenbar fürstlich »entschädigt« hatte – wenn es denn nicht eher doch eine *Entlohnung* war! Auch durfte Pettersson nach dem Anschlag weiterleben. Noch eine gute Zeit lang. Denn er schien verstanden zu haben. Und zwar auch, dass Leute, die so viel Schweigegeld zahlen, sich nicht besonders gerne erpressen lassen würden. Nein, das würde nicht gut gehen.

Welcher Teufel mochte ihn dann aber geritten haben, als er schließlich Kontakt zur Familie des ermordeten Ministerpräsidenten aufnahm? Er wollte sich mit Palmes Sohn treffen, um ihm etwas Wichtiges mitzuteilen. Offenbar wollte er, aus welchem persönlichen Antrieb heraus auch immer, bislang unbekannte Hintergründe zum Mord beichten, vielleicht endlich sogar Ross und Reiter nennen.

Aber wieder einmal schlug der Zufall im richtigen Augenblick zu. Und traf Pettersson mitten auf den Kopf. Angeblich war der Profikiller unglücklich gestürzt und hatte sich dabei eine schwere Schädelverletzung mit Hirnblutungen zugezogen, kurz vor dem beabsichtigten Treffen mit Palmes Sohn. Daraus konnte dann natürlich nichts Gescheites mehr werden. Pettersson lag fortan im Koma und starb zwei Wochen nach jenem bedauerlichen Unfall am 29. September 2004 im Alter von 57 Jahren. Immer diese verflixten Zufälle!

Der in London lebende amerikanische Journalist Allan Francovich stand bereits 1997 offenbar kurz vor der Lösung des Palme-Falles. Ende April jenes Jahres reiste er euphorisch in die Staaten, um dort den wahren Mörder Palmes zu treffen. Bei der Zollkontrolle am *Houston Airport* kam dann alles geringfügig anders: Der investigative Journalist und Filmproduzent, der die geheimen Aktivitäten der CIA schon lange genau verfolgt und dokumentiert hatte, um einige düstere Geheimnisse aufzudecken, fiel am Flughafen plötzlich mausetot um. Herzinfarkt!

Schon komisch – wenn auch nicht direkt für Francovich. Wer sich aber wirklich ins Fäustchen gelacht haben dürfte, das waren wohl die Leute von der CIA und alle, die nicht gerne sahen, wenn jetzt noch irgendwer am längst abgeschlossenen Fall Palme rüttelte. Doch wenn man trotzdem noch einmal über alles nachzudenken begann, dann wurde eine interessante Tatsache klar: Die Vereinigten Staaten von Amerika, kurz auch USA genannt, mussten eigentlich ein weit größeres Interesse am Tod Palmes und auch einen weitaus größeren Nutzen davon haben als ein schwedischer Alkoholiker.

Immerhin war Palme ein unzweifelhaft linker Regierungschef und nahm sich kein Blatt vor den Mund. Als Gerechtigkeitsfanatiker übte er scharfe Kritik an der Verfolgung politisch Andersdenkender, an Völkermord, an militärischen Lügen – sogar an solchen, die dem eigenen Militär entsprangen. Dessen »Phantomjagd« auf sowjetische U-Boote, die in Wirklichkeit lediglich schlichte Fangnetze waren, ist in diesem Kontext bezeichnend.

Palme äußerte sich zu vielen sehr heiklen politischen Fragen sehr kritisch und klar. Sei es seine Haltung gegen das südafrikanische Apartheid-Regime, sei es seine Kritik an der durch US-Intervention eingesetzten Pinochet-Diktatur, seien es seine sehr deutlichen Worte zum mörderischen Vietnam-Krieg. In den USA konnte Palme nur Hass ernten. Auch setzte er sich für einen atomwaffenfreien Norden ein, hatte sich mit Fidel Castro getroffen und noch etwas ganz besonders Schlimmes getan: Durch ihn wäre ein geheimes Treffen der Bilderberger-Machtelite beinahe nicht zustande gekommen. 1973 sollten sich die »Hohepriester der Macht und Globalisierung« nahe Stockholm treffen, in Salsjöbaden.

Zu den Dauergästen und dem engsten Kreis jener Superelite zählt eindeutig Henry A. Kissinger. Der hatte Friedensgespräche zur Beendigung des Vietnam-Krieges aus wahltaktischen Gründen hinausgezögert und somit Zigtausende Unschuldiger in den vermeidbaren Tod geschickt. Palme war sich dessen vollkommen bewusst und wollte den damaligen US-Außenminister daher nicht im Lande sehen. So wurde der US-Gesandte informiert, der Besuch Kissingers sei nicht angebracht. Das Ganze führte zu einem Aufruhr. Palme wurde unter anderem von Großbankier Markus Wallenberg massiv unter Druck gesetzt. Am Ende siegte wieder einmal Kissinger – er kam nach Salsjöbaden und legte dort den Grundstein für die komplett durchgeplante Ölkrise. Olof Palme war der Verlierer. Er hatte sich erdreistet, den über jedem Gesetz stehenden Henry Kissinger zu attackieren und zu beleidigen.

Alles in allem hätte sich wohl niemand in Palmes Haut sonderlich wohlgefühlt. Genügend mächtige Leute wollten ihn lieber heute als morgen mit einer gehörigen Portion Fleckenwasser wegwischen. Seine sozialistische Politik ebenso wie sein Streben nach einem atomwaffenfreien Norden riefen wieder die geheimen Strukturen auf den Plan, die Stay-behind-Armeen waren alarmiert. Kein Wunder, wenn diese illegalen geheimen Untergrundkommandos auch für die Ermordung Palmes verantwortlich gemacht wurden.

Der 2008 plötzlich verschollene CIA-Mann Oswald LeWinter, eine schillernde Persönlichkeit voller Ränke und Geheimnisse, erklärte, er habe die entsprechenden Beweisdokumente. Diese Papiere würden bestätigen, dass Palme im Rahmen einer *Operation Tree* ausgeschaltet wurde. Diese Operation rechnete zum CIA-NATO-Netz der Stay-behind-Truppen. Auch Allan Francovich verfolgte vor allem diese Spur, als er bei der US-Einreise starb.

Insgesamt steht fest, dass Palme den Absichten der Weltelite voll und ganz im Wege stand. Er war ein echtes Verkehrshindernis auf dem Weg zur sagenhaften Neuen Weltordnung und gefährdete durch seine Linkssympathien eindeutig das westliche Gefüge. Auch im eigenen Land gab es entsprechende Kräfte, die Palme endlich loswerden wollten. Im Frühjahr 1984 informierte der damalige Geheimdienstchef Sven Åke Hjälmroth den Ministerpräsidenten über eine rechtsradikale Kameradschaft innerhalb der Stockholmer

Polizei. Insgesamt sieben bekannte Mitglieder der Gruppe hielten sich später exakt zur Mordzeit in unmittelbarer Nähe des Tatorts auf. Das war aber bei Weitem nicht alles. In jener Nacht wimmelte es dort bereits *vor* dem Mord von Polizei. Alles in allem 30 Beamte, wobei 18 nicht erklären konnten, warum sie sich zum betreffenden Zeitpunkt genau dort aufhielten.

Irgendwer muss dies alles sehr schnell organisiert haben, mit hoher Flexibilität hinsichtlich der Umsetzung des Attentats. Denn niemand wusste im Voraus, was Palme und seine Frau an jenem Abend unternehmen würden. Wenn sich auch niemand in Palmes Haut wohlgefühlt hätte, er selbst tat es offenbar, denn sonst wäre er nachts bestimmt nie ohne Begleitschutz unterwegs gewesen. Er glaubte wohl nicht, dass man ihm tatsächlich an den Kragen wolle. Aber, wurde er ständig beschattet? Warteten die Killer und alle Beteiligten zu jedem Moment abrufbereit nur darauf, endlich zuschlagen zu können? Zu einem gewissen Grade mussten sie das in jedem Fall. Doch mochten sie auch einen Tipp bekommen haben, gleichsam in letzter Minute.

Noch am selben Abend wussten selbst Olof und Lisbeth Palme nicht, was sie in ihrer knappen Freizeit unternehmen würden. Erst beim Abendessen entschlossen sie sich zum Kinobesuch. Während sich seine Frau noch vorbereitete, telefonierte Palme. Es war sein letztes Telefongespräch. Am anderen Ende der Leitung: Minister Sven Aspling. Wie Olof Palme selbst, so zählte auch Aspling zum erlesenen Kreis der Bilderberger. Welche Rolle der Minister hierbei spielte, bleibt völlig spekulativ. Tatsache aber ist, dass sich der nur höchst selten zu den Treffen eingeladene Palme auch höchst unbeliebt bei den Bilderbergern gemacht hatte. Nun, zwischen dem einen und dem anderen »höchst« bestand wohl ein direkter Kausalzusammenhang.

Vielleicht erwähnte Palme während des Telefonats beiläufig sein abendliches Vorhaben, und vielleicht wusste Aspling sofort, was er zu tun hatte. Einen Beweis dafür gibt es nicht, wie überhaupt vieles vage und schattenhaft ist, wenn es um das gewaltsame Ableben bedeutender Persönlichkeiten geht. Alles ohnehin nur Verschwörungstheorie! Aber hätten erklärte Skeptiker nicht auch die Stay-behind-Armeen als blanken Unsinn abgetan? Illegale NATO- und CIA-Untergrundarmeen in ganz Europa, ein geheimes, verborgenes Netzwerk mit eigenen Waffendepots, um im Falle des Falles überall losschlagen zu können! Ein Science-Fiction-Szenario – bis es dann in den 1990er-Jahren als historische Tatsache aufgedeckt wurde! Unleugbar. Und plötzlich hat es jeder gewusst, ganz selbstverständlich ist dann auch in etablierten Medien die Rede von diesem Netzwerk. Wie vielen anderen »Verschwörungstheorien« mag es noch ähnlich ergehen!

Bis heute konnte nicht mit Sicherheit geklärt werden, wer Olof Palme wirklich ermordete. Diejenigen, die reden wollten oder nachforschten, starben bald selbst eines gewaltsamen Todes. So bleibt immer noch das bequeme Bild des verrückten Einzeltäters, der ohne Motive und Möglichkeiten dennoch einen heimtückischen Mord beging.

Der Tote von Marcy Park:
Vince Foster, 1993

Robert Langstons Stimme klang völlig sicher und ruhig. Der Chef der *US Park Police* präsentierte am 10. August 1993 seine offizielle Erklärung zu den polizeilichen Ermittlungen eines aufsehenerregenden Todesfalls in Washington, D. C. Knapp drei Wochen zuvor war der Leichnam von Vincent Foster, stellvertretender Anwalt fürs Weiße Haus, in einem öffentlichen Park an der Stadtgrenze aufgefunden worden. Nun war der Fall gelöst: Selbstmord.

Langston rückte das Mikrofon ein wenig zurecht, dann begann er die Indizienlage knapp zu umreißen: »Die Bedingungen am Tatort, die Erkenntnisse des Gerichtsmediziners und die gesammelten Informationen zeigen ganz klar, dass Mr. Foster Selbstmord verübte. Diese Schlussfolgerung wird ohne einen Zeugen nach Untersuchung der Verletzungen, wegen des Vorhandenseins einer Waffe, der Existenz einiger Anzeichen für einen Beweggrund und des Ausschlusses von Mord gezogen. Unsere Ermittlungen haben keine Beweise für falsches Spiel gefunden. Die Informationen, wie wir sie von Bekannten, Verwandten und Freunden [des Opfers, Anm. d. Verf.] erhalten haben, liefern uns genügend Belege dafür zu folgern, dass Mr. Fosters …, dass Mr. Foster wegen seiner Arbeit beunruhigt und bis zu einem Grad verzweifelt war, an dem er sich das eigene Leben nahm.«

Vincent Walker Foster zählte zu den engsten Freunden des damaligen US-Präsidenten Bill Clinton und seiner Frau Hillary Clinton, der späteren Außenministerin unter Barack Obama. Mit Bill Clinton war Foster bereits seit Kindertagen befreundet, die beiden Familien lebten als Nachbarn im ländlichen Hope, Arkansas,

Vincent Foster.

wo Foster am 15. Januar 1945 zur Welt gekommen war. Die Familie des anderthalb Jahre jüngeren Clinton zog nach einigen Jahren weg und ging nach Hot Springs.

Foster machte 1963 seinen Schulabschluss, studierte Rechtswissenschaften, heiratete fünf Jahre später und ließ sich als Rechtsanwalt in Arkansas nieder. 1971 stieß er in Little Rock zur *Rose Law Firm*, einer der ältesten und angesehensten US-Großkanzleien mit stark politischen Ambitionen. In diesen Jahren arbeitete er auch mit seiner Kollegin Hillary Rodham in juristischen Fragen erfolgreich zusammen. Foster sorgte bald auch dafür, dass sie als erste Frau in der *Rose Law Firm* angestellt wurde. Er selbst legte eine glänzende Karriere hin, galt mittlerweile als »Seele« des Unternehmens und als einer der besten Anwälte des Landes. Auch das einstige Nachbarskind aus Hope hatte buchstäblich mächtig Karriere gemacht und wurde 1992 sogar zum Präsidenten der Vereinigten Staaten gewählt. Beide Männer waren in der gleichen Stadt geboren worden, Hope. Und für beide hatten sich sämtliche Hoffnungen und Wünsche tatsächlich erfüllt!

Dann schloss sich Foster dem Stab des Weißen Hauses um Clinton an. Sein alter Freund saß jetzt als US-Präsident im *Oval Office*, um dort, wie sich später herausstellte, nicht immer trockene Politik zu machen. Und er selbst rechnete sich nun zum engsten Kreis des mächtigsten Johannes – pardon, Mannes – dieser Welt.

Foster wohnte nun am Cambridge Place in Georgetown, der ursprünglich eigenen Nachbarstadt Washingtons. Dort leben einige der prominentesten Bürger des District of Columbia. Für Vincent Foster bedeutete das neue Leben eine sehr deutliche Umstellung. Seine Familie war in Arkansas geblieben, damit der Sohn dort noch das Schuljahr beenden konnte. Die beruflichen Anforderungen in Washington waren ganz anderer Art als in Little Rock. Foster hatte sein Amt im Frühjahr 1993 ohnehin zögerlich angenommen, und tatsächlich konnte er sich nur schwer auf die neue Situation einstellen. Nun war er für die Nominierung neuer Führungskräfte um Clinton mit verantwortlich, es gab wichtige Ämter zu vermitteln, und er musste die Eignung der Kandidaten prüfen.

Trotz seiner enormen Leistungen als Anwalt lag ihm jedoch die große Politik Washingtons mit all ihren Eigenheiten und Winkelzügen nicht. So kam es zu Fehlentscheidungen, die Foster auf seine Kappe nahm. Die wohl bekannteste dieser Fehlentscheidungen war die erfolglose Nominierung von Zoë Eliot Baird als neue US-Justizministerin. Angesichts der zahlreichen Skandale, wie sie sich in diesem Ministerium angehäuft hatten, wäre sie eigentlich gar nicht fehl am Platze gewesen, aber wahrscheinlich war sie eher zu ungeschickt und auch nicht korrupt genug, um dort bestehen zu können. Denn während andere hochrangige Leute des *Department of Justice* in Fälle von Wirtschaftskriminalität und Mord verwickelt waren, stellte sich bald heraus, dass Mrs. Baird illegale Einwanderer als Chauffeure oder Kindermädchen beschäftigte. Das war nicht gut. Schlimmer aber war, dass sie ihre Sozialabgaben nicht zahlte. Als diese Details ans Licht kamen, musste Zoë Baird ihren Hut nehmen.

Auch Clintons Washington war ohnehin voller Skandale, sie gehören einfach dazu. Je nach Hintergrund war unter anderem von »Whitewatergate«, von »Troopergate« oder auch von »Travelgate« die Rede. Und Vincent Foster, der engste Freund der Clintons, musste immer wieder versuchen zu retten, was eben zu retten war. Es musste unweigerlich unzählige Geheimnisse des Präsidenten und der First Lady kennen, die sich nicht unbedingt vorteilhaft für sie ausgewirkt hätten, wären sie irgendwann an die Öffentlichkeit gelangt.

Anfang Mai 1993, als Vincent Foster keine drei Monate mehr zu leben hatte, hielt er eine Ansprache vor Absolventen der Rechtsfakultät an der Universität von Arkansas, die er einst selbst besucht hatte. Hier sagte er: »Die Reputation, die Sie für intellektuelle und ethische Integrität entwickeln, wird Ihr höchstes Gut sein, aber auch Ihr schlimmster Feind. Behandeln Sie jedes Plädoyer, jede Anweisung, jeden Vertrag, jeden Brief, jede alltägliche Arbeit so, als ob Ihre Karriere danach beurteilt würde ... Es gibt keinen Sieg, keinen Vorteil, kein Honorar, keinen Gefallen, der es wert wäre, Ihrem Ruf für Intellekt und Integrität auch nur einen kleinen

Makel beizufügen ... Schäden der Reputation sind irreparabel.« Foster mahnte seine Zuhörerschaft auch mit Blick auf die unersetzlichen Werte im Privatleben und ganz besonders im Familienkreis: »Ihre Kinder werden erwachsen und aus dem Haus sein, noch bevor Sie es überhaupt bemerken ... Gott allein gewährt uns so viele Chancen mit unseren Kindern ... Versuchen Sie, keine davon zu versäumen. Das Büro kann warten.« An sich schwer zu vereinende Grundsätze. Vincent Foster aber war trotz seines zielstrebigen Erfolgskurses ein Familienmensch.

Nur wenige Tage nach seiner Ansprache drangen Informationen über Misswirtschaft im Weißen Haus nach außen, ebenso über eine neu einreißende Vetternwirtschaft unter den Mitarbeitern sowie zu dem missbräuchlichen Einsatz des FBI. Foster konnte die Entwicklung nicht mehr kontrollieren, und oft heißt es, diese Situation, die gegen all seine Grundsätze verstieß, habe ihn in den Tod getrieben.

Am frühen Abend des 20. Juli 1993 um genau 17.59 Uhr wählte ein Unbekannter die landesweite US-Notrufnummer 911. Das Telefon läutete in der lokal zuständigen Einsatzzentrale von Fairfax County. Auf dem Gelände von *Fort Marcy Park* liege ein menschli-

Am Abend des 20. Juli 1993 wurde Vince Foster im **Fort Marcy Park** *tot aufgefunden.*

cher Körper, erklärte der Anrufer. Nach einigen weiteren, knappen Erläuterungen legte die anonyme Person auf. Unmittelbar darauf klingelte auch in der Meldestelle der US-Parkpolizei das Telefon. Und wieder meldete sich die gleiche aufgeregte Stimme, ohne den dazugehörigen Namen zu nennen, und erzählte die gleiche Geschichte.

Was war vorgefallen? Lag wirklich ein Toter im Park? Zunächst verfolgten die Beamten den Anruf zurück und konnten die Identität des »Informanten« schnell bestimmen. Es handelte sich um Francis Swann, einen offenbar völlig arglosen Parkangestellten. Nur kurz deutete er an, wo der Körper zu finden sei. In den schriftlichen Aufzeichnungen der Park Police findet sich folgende Wiedergabe des Gesprächs:

Swann: »Äh, dort liegt, ähm, äh ..., da ist ein Körper. Dieser Typ sagte mir, da liegt ein Körper bei der letzten Kanone!«

911: »Letzte was?«

Swann: »Da, da liegt ein Mann beim letzten Kanonengeschütz.«

911: »Kanone.«

Swann: »Ja, die haben dort Kanonen. Diese dicken Waffen!«

Fort Marcy Park zählt zu den Relikten des US-Bürgerkrieges von 1865 und wurde von Präsident Lincoln als eine von mehreren Bastionen gegen Angriffe der konföderierten Truppen vorgesehen. Benannt nach dem Brigadegeneral Randolph B. Marcy bestand die Anlage vor allem aus einem befestigten Erdwall. Solche Strukturen befanden sich an zahlreichen strategisch wichtigen Punkten rund um Washington. *Fort Marcy* diente der Verteidigung der nahen Kettenbrücke, die Virginia und Washington verbindet. Von den

Die Kanonen von Fort Marcy Park *spielen eine wichtige Rolle hinsichtlich der wahren Vorgänge beim vermeintlichen Selbstmord Fosters. Hier die »erste« Kanone.*

ursprünglich 17 Kanonen auf dem kleinen, quadratischen Gelände sind bis heute nur zwei Stück erhalten geblieben. Eine davon erwähnte auch Swann. Allerdings bestritt er ganz deutlich, bei seinem Notruf von der »letzten Kanone« gesprochen zu haben. Dieser Umstand ist hinsichtlich des tatsächlichen Fundorts des Toten von Bedeutung.

Und hier nimmt der Fall plötzlich eine rätselhafte Wendung.

Als die ersten Einsatzkräfte, darunter der leitende Rettungsassistent Sergeant George Gonzalez, beim Fundort eintrafen, konnten sie nur den Tod des Mannes feststellen, der zwischen dem Blattwerk des bewaldeten Hügels von *Marcy Park* lag, gerade ausgestreckt, mit eng am Körper anliegenden Armen, so, als ob er bereits im Sarg liegen würde. In der rechten Hand hielt er eine Pistole, einen alten Revolver, aus dem er sich allem Anschein nach selbst in den Mund geschossen hatte. Der Fall schien klar, und bald war auch klar, wer das Selbstmordopfer war: niemand anderer als White House Counsel Vincent Walker Foster.

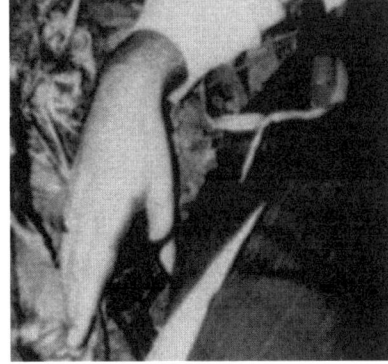

Seltsam: An der Waffe, die Fosters Leiche in der rechten Hand hielt, waren keine Fingerabdrücke festzustellen! Zudem befand sich der Daumen am Abzug, kaum eine zielsichere Methode für Selbstmörder!

Alles deutete darauf hin, dass der politische Sumpf ihn nach wenigen Monaten in die Tiefe gerissen hatte, waren doch die Machenschaften der großen Politik nicht mit Fosters beruflicher Ethik vereinbar. Für vieles schien er sich selbst die Schuld gegeben zu haben.

Zu ihren Erkenntnissen gelangten die Ermittler sehr schnell. Verschiedene Untersuchungskommissionen, die zur Aufklärung des Falles eingesetzt worden waren, kamen einhellig zum Ergebnis: Tod durch Suizid. Nicht anders die mediengesteuerte Öffentlichkeit. In einer Art Handbuch zum Thema Selbstmord, dem

Comprehensive Textbook of Suicidology der Autoren Ronald W. Maris, Alan L. Berman und Morton M. Silverman, wird der Fall unter der Überschrift »Eine psychologische Autopsie von Vincent Foster, Jr.« auf zweieinhalb Seiten abgehandelt. Demnach kollabierten sowohl dessen Karriere als auch seine mentale Gesundheit ziemlich bald nach Beginn der neuen Tätigkeit in Washington. Zwar sei Vincent Foster von seinen Freunden als unerschütterlicher »Fels in der Brandung« beschrieben worden, als kräftiger »Pfeiler« und »Rückgrat«, doch mit dieser Stabilität war es nun vorbei. Dass Foster niedergeschlagen war, ist sicher. Als er eines Nachts, es war ungefähr noch eine Woche bis zu seinem Tod, nicht einschlafen konnte, riet ihm seine Frau, einfach einmal zu notieren, was ihn bedrückte. Das tat Foster dann auch. Er schrieb:

»Ich habe Fehler durch Unwissenheit, mangelnde Erfahrung und Überarbeitung begangen.

Ich habe kein Gesetz und keinen Verhaltensstandard wissentlich verletzt.

Niemand im Weißen Haus verletzte ein Gesetz oder einen Verhaltensstandard ...

Es gab keine Absicht, einem Einzelnen oder aber einer besonderen Gruppe Vorteile zu verschaffen.

Das FBI log in seinem Bericht an den Justizminister.

Die GOP [*Grand Old Party* = Republikaner, Anm. d. Verf.] log und missdeutete ihr Wissen und ihre Rolle und vertuschte eine frühere Untersuchung ...

Die Öffentlichkeit wird niemals an die Unschuld der Clintons und ihres loyalen Stabes glauben.

Die Herausgeber des WJS [*Wall Stree Journal*] lügen ohne Konsequenzen.

Ich war nicht für den Job oder das Scheinwerferlicht des öffentlichen Lebens in Washington bestimmt. Leute zu ruinieren wird hier als Sport betrachtet.«

Das klingt in der Tat äußerst bitter und desillusioniert. Foster zerriss diese handschriftlichen Notizen allerdings bald und warf sie in einen Aktenkoffer. Fast schien dies eine Geste zu sein, eben doch nicht aufgeben zu wollen. Oder glaubte er, die wenigen Zeilen enthielten Äußerungen, die ihm vielleicht einmal gefährlich werden könnten?

Offiziell wurde der Text ganz anders interpretiert, nachdem man ihn überhaupt erst wieder gefunden und die Papierfetzen zusammengeklebt hatte. Von da an galt das Schriftstück als »Abschiedsbrief« Fosters.

Wenn jemand einen Abschiedsbrief schrieb und bald darauf tot aufgefunden wurde, mit einer Waffe in der Hand, dann durfte jeder einigermaßen vernünftige Mensch wohl ohne größere Umschweife davon ausgehen, es mit nichts anderem als Selbstmord zu tun zu haben. Nur, ganz so einfach war auch dieser Fall nicht gelagert. Das beginnt allein schon damit, dass die Notiz alles andere als ein Abschiedsbrief war.

Und was lamentierte Foster in seinen Zeilen denn wirklich? Er lässt zwar seinem Ärger freien Lauf, gesteht auch eigene Fehler ein. Nur gibt er sich keine unmittelbare Schuld. Er hält klar und deutlich fest: »Ich habe kein Gesetz und keinen Verhaltensstandard wissentlich verletzt.« Foster war im Übrigen weit entfernt von existenziellen Sorgen. Er deutet vielmehr einige illegale Aktionen *anderer* an und spricht von Vertuschung. Er formuliert auch keine persönlichen Worte an seine Familie – auch später wird nirgends ein Abschiedsbrief von ihm aufgefunden. Hätte aber er, der Familienmensch, sich so einfach »davongestohlen«, ohne sich zumindest an die unmittelbaren Angehörigen zu wenden und in den letzten Momenten seines Lebens an sie zu denken? Den Jura-Absolventen hatte er wenige Wochen zuvor noch geraten, ihre Familie an die erste Stelle im Leben zu setzen, das Büro könne warten. Und er betonte, wie wichtig es sei, wirklich jede Chance zu nutzen, bei der Familie zu sein. Er selbst sollte sie bald nie wieder sehen – aber freiwillig?

Am Tag vor seinem Tod telefonierte er mit seinem alten Hausarzt aus Little Rock, der ihm daraufhin ein Antidepressivum verordnete. Vor dem Schlafengehen nahm Foster von dem Mittel – Desyrel – eine 50-Milligramm-Tablette. Das war ein Drittel der empfohlenen Dosis. Demnach schien er selbst noch keine wirkliche Veranlassung zu sehen, sich aufgrund der Umstände zu betäuben – weder mit Alkohol noch mit Tabletten.

Am Morgen jenes drückend schwülen Juli-Tages erschien Vincent Foster im Büro und zeigte keinerlei Auffälligkeiten. Er ging konzentriert seiner Arbeit nach, nahm noch ein spätes Mittagessen zu sich und verließ daraufhin das Gebäude, um nie wieder zurückzukehren.

Natürlich weiß niemand, was in einem Menschen vorgeht, der keinen Sinn mehr im Dasein sieht. Wären diese Fragen die einzig verbliebenen und ginge es nur um ein paar Spekulationen, dann könnte man den »Fall Foster« wirklich getrost als Suizid zu den Akten legen, genauso wie es die Behörden dann auch sehr zügig getan haben. Doch die echten Geheimnisse deuten sich in diesen wenigen Fragen gerade erst einmal an. Wie sich herausgestellt hat, wurden nach üblichem Muster zahlreiche Fakten verdreht, Material vernichtet, Aussagen auf den Kopf gestellt, um die Selbstmordthese möglichst passend zu machen.

Schon der Fundort der Leiche wurde niemals wirklich bekannt – oder anders ausgedrückt: Aus nie geklärten Gründen geben die Behörden einen anderen Ort an als die ursprünglichen Zeugen. Das wird besonders anhand der Standorte jener beiden alten Kanonen von *Marcy Park* ersichtlich. Schon Francis Swann, der zunächst anonyme Anrufer, zeigte sich sehr erstaunt darüber, als ihn der Autor Christopher Ruddy mit dem Transkript seines Telefongesprächs konfrontierte. Darin hieß es wie schon erwähnt, Swann habe die Fundstelle in Zusammenhang mit der »letzten« Kanone gebracht, obwohl ihm gar nicht bewusst gewesen sei, dass es noch eine zweite gab! Auch George Gonzalez, einer der ersten Sanitäter am Leichenfundort, sprach von der »ersten«, westlich gelegenen Kanone in rund sieben Metern Entfernung, während der offizielle Bericht diese Aussage vollkommen negiert und den Fundort in unmittelbare Nähe der völlig anders gelegenen »zweiten«, nördlichen Kanone verlagert. Möglicherweise benötigte man zur Umsetzung der Tat einen zweiten, entsprechend präparierten

Schauplatz, um letztlich sämtliche verräterischen Spuren zu verwischen.

Die gesamte Szenerie wirkte ohnehin künstlich, allein schon, wie der Tote ausgestreckt an der Böschung lag – diese eng anliegenden Arme, das Ganze schien irgendwie geradezu militant ordentlich und inszeniert, sollte aber wohl den Eindruck eines nicht gewaltsamen, sondern gezielt durch eigene Hand beigefügten Todesschusses erwecken. Immerhin hielt Foster die Waffe ja in seiner Hand!

Nur passt auch das nicht ins Bild, denn wer sich per Schusswaffe umbringt, hält sie posthum nur noch sehr selten in den Fingern. Sowohl starke Körperreflexe als auch der Rückschlag sorgen in aller Regel dafür, dass dem Suizidopfer die Pistole entgleitet und manchmal meterweit wegfliegt. Hinzu kommt, dass die vorgefundene Waffe unverzeihlicherweise keinerlei Fingerabdrücke aufwies, fast ein Ding der Unmöglichkeit. Noch dümmer der Umstand, dass Vince Foster sie als Linkshänder doch in der rechten Hand hielt. Dazu hatte er den Daumen am Abzug, was nur bei oberflächlicher Betrachtung die günstigere Haltung bei einer Selbsttötung ist. Wer eine Waffe auf sich selbst richtet, hält sie immer noch am sichersten, wenn er den Zeigefinger für die »finale Bewegung« nutzt. Und jeder, der beabsichtigt, sich die Kugel zu geben, wird ganz bestimmt auch peinlichst darauf bedacht sein, den Schuss sehr exakt und genau im richtigen Moment auszulösen, um nicht »am Ende« noch qualvoll sterben zu müssen. Wählt man aber den Daumen für den Trigger, besteht eine richtig gute Chance für einen sehr unschönen Abgang!

Die übliche Methode zielt, wieder einmal ganz im Wortsinne, darauf ab, die Kugel bei einem Schuss in den Mund möglichst von unten nach oben auf ihren blutigen Weg zu schicken. Sie soll das Gehirn weitgehend zerstören. Angeblich hatte Foster genau dieses »Verfahren« gewählt. Seltsamerweise gibt es fast keine Autopsiefotos, die den Weg des Geschosses dokumentieren. Angeblich seien auch keinerlei Röntgenbilder gemacht worden, da, wie es heißt, der Röntgenapparat des Chefpathologen Dr. Byer gerade nicht funktionierte. Eine Nachfrage bei der Servicefirma ergab allerdings, dass das fast neue Gerät durchaus intakt war und bis Oktober 1993 keinerlei Wartungsarbeit benötigte. Somit wurden gewiss auch Röntgenbilder vom Leichnam Fosters gemacht, nur wurde das nie bekannt.

Kory Ashford, der Mann, der Foster in den Leichensack legte, kann sich nicht entsinnen, eine Austrittswunde gesehen zu haben – was bei einem entsprechenden Schussverlauf beinahe unmöglich wäre. Joe Pruvis, Jurist und Experte für Kriminalrecht, ein langjähriger Freund Fosters, konnte seinerseits den Toten in Augenschein nehmen und fand anstelle der in offiziellen Berichten beschriebenen großen, gezackten, relativ weit klaffenden Wundöffnung lediglich ein kleines Loch im Nacken Fosters, direkt am Haaransatz. Hier stimmten also wiederum die weithin publizierten Aussagen nicht mit den Fakten überein. Niemand kann zudem sagen, woher die Waffe stammte, mit der sich Foster ausgelöscht haben soll. Der beinahe schon antike Colt aus dem Jahr 1913 war den Familienangehörigen völlig fremd, sie sahen ihn zum ersten Mal. Im Haus Fosters konnten auch keine passenden Kugeln gefunden werden. Natürlich beweist das nichts, doch warum sollte Foster einen so alten, vielleicht lange nicht benutzten Colt für sein Vorhaben wählen, eine Waffe, die vielleicht gar nicht mehr richtig funktionierte, anstatt einer modernen Pistole, die ihn auch garantiert töten würde!

Die Liste der Ungereimtheiten ist noch sehr lang. Völlig unverständlich war auch das weitgehende Fehlen von Blut am Ort des Geschehens. Normalerweise fließen bei solchen Verletzungen große Mengen Lebenssaft. Das Opfer liegt in einer Lache, überall sind Spritzer von Blut und Gewebe zu finden. Hier aber – so gut wie nichts. Eigenartig war nicht zuletzt, dass Foster zwar 200 Meter zu jenem abgelegenen Platz gelaufen sein muss, an seinen Schuhsohlen und an der übrigen Kleidung aber keine Spuren von Erde zu finden waren. Dieser Umstand gab auch dem kritischen Kongressabgeordneten Dan Burton zu denken. Also machte er sich, als es länger nicht geregnet hatte und der Boden schön trocken war, auf einen Spaziergang durch *Marcy Park*, um der zweiten Kanone einen

Besuch abzustatten. Bei aller Vorsicht konnte er doch nicht vermeiden, jede Menge Staub und Schmutz an die Schuhe zu bekommen.

Ebenfalls ungewöhnlich war die Beobachtung, dass der Leichnam Fosters ganz offenbar viermal gedreht worden war. Dies ist aus der Verteilung und dem Verlauf einzelner Blutspuren ersichtlich. Etliches spricht insgesamt sehr klar dafür, dass Vincent Foster nicht dort ums Leben kam, wo man ihn auffand. Erstaunlich ist, dass niemand ihn nach dem Verlassen seines Büros mehr sah. Gegen 13 Uhr verließ der prominente Jurist den Westflügel des Weißen Hauses. Fünf Stunden später wurde er dann im *Marcy Park* tot aufgefunden.

Was aber geschah in der Zwischenzeit?

Es gibt keine Zeugen dafür, wo er sich in jenen fünf Stunden aufgehalten hatte. Niemand sah ihn zu seinem Wagen gehen, niemand sah ihn wegfahren und niemand scheint ihm in Washington oder nahe *Marcy Park* begegnet zu sein. Als bekannte Persönlichkeit wäre er wohl innerhalb der Stadt noch einigen Menschen aufgefallen – normalerweise. Aber was ist schon normal? Ziemlich unnormal waren auch die Aktivitäten, die sich noch am gleichen Tag im Weißen Haus abspielten.

Die Nachricht von Fosters Tod war erst einige Stunden bekannt, da hasteten drei hochrangige Mitarbeiter des Präsidentensitzes in Fosters Büro und nahmen stoßweise Akten mit. Und am selben Abend machte sich ein anderes Stabsmitglied am privaten Safe Fosters zu schaffen.

Die Zahl der Seltsamkeiten und Rätsel ist in diesem Fall so groß, dass sie nicht mehr als zufällige Abweichungen erklärbar sind. Die einzige Erklärung, die übrig bleibt, lautet: Es war Mord!

3.

Geheim soll auch geheim bleiben

Kronjuwelen verschenkt man nicht: William Colby, 1996

Am 28. April 1996 verschwand der ehemalige CIA-Direktor William Colby spurlos aus seinem Zweitdomizil in Rock Point, Maryland. Er war ein Mann der Geheimnisse, war in zahlreiche groß angelegte Verschwörungen und verbrecherische Machenschaften der Agency verwickelt. Und so musste er wohl auch auf geheimnisvolle Weise aus dieser Welt verschwinden.

An jenem Samstagabend wurde er zum letzten Mal gesehen, als er in seinem Garten die Pflanzen goss.

Colby führte seit Jahren ein zurückgezogenes Leben, und in jenem abgelegenen Winkel Marylands wusste niemand, wer er eigentlich war. Das gemütliche Häuschen lag am Rand der kleinen Landzunge im Neale-Sund, etwa 100 Kilometer südlich von Washington. Vom Wohnzimmer aus, das mit seinen großen Fensterreihen einem Wintergarten glich und auf der ausladenden Terrasse ans Haus angebaut worden war, konnte der Ex-Spymaster einen herrlichen Blick auf Cobb Island und den Wicomico River genießen. Das um die Wende zum vorigen Jahr-

Ex-CIA-Chef William Egan Colby kam 1996 bei einem mysteriösen nächtlichen Kanu-Ausflug ums Leben.

William Colbys Ferienhaus in Rock Point, Maryland.

hundert entstandene Cottage lag direkt am Wasser und war nur von einer Seite über eine schmale Schotterstraße erreichbar. Am flachen Ufer lag Colbys grünes Kanu, mit dem der begeisterte Bootsfreund seit Jahren gerne den Fluss befuhr, ebenso wie mit seinem kleinen Segler, der *Eagle Wing II*.

Um in das Kanu zu steigen, holte der 76-Jährige stets eine Aluminiumleiter, die dann am Pier liegen blieb, bis er von der Fahrt zurückkam und sie ein jedes Mal wieder ordentlich im Schuppen verstaute. William Colby war ohnehin ein Paradebeispiel an Ordentlichkeit, alles musste seinen Platz haben, alles perfekt geordnet und aufgeräumt sein.

Das betreffende Wochenende auf Rock Point verlief wie üblich sehr ruhig. Am späten Sonntagnachmittag fiel Colbys Nachbarin Alice Stokes jedoch auf, dass ganz offensichtlich etwas nicht stimmte. Der alte Herr war den ganzen Tag nicht zu sehen gewesen. Sein roter Fiat stand vor der Türe, das Kanu aber war weg, und die Leiter lag immer noch am Ufer. Wäre Colby bereits zurückgekehrt und hätte das Boot an eine für sie unsichtbare Stelle am Haus gezogen, so hätte er auch die Leiter weggeräumt. Aber es ging auf den Abend zu und Colby war noch nicht wieder da. So viele Stunden würde er wohl kaum mit seinem Kanu unterwegs sein.

Von schlimmen Ahnungen getrieben, griff Mrs. Stokes zum Hörer und wählte 911, die US-Notrufnummer. Um 20.18 Uhr traf die Polizistin Sharon Walsh ein, um sich ein erstes Bild von der Situation zu machen. Zusammen mit der Nachbarin begab sie sich zum Haus des Vermissten.

Walsh war überrascht, die Türen unverschlossen vorzufinden. Wahrscheinlich wäre sie noch überraschter von diesem Umstand gewesen, hätte sie gewusst, welches Amt dieser alte Mr. Colby einst bekleidet hatte! Doch der Ex-CIA-Chef kümmerte sich nie sonderlich um die Sicherung seiner Anwesen. Da gab es keine Überwachungskameras, keine speziellen Sicherheitsschlösser, keine technischen Raffinessen, wie man sie bei einem Top-Agenten erwarten würde.

Colby war sich durchaus bewusst, zahlreiche Feinde zu haben, etliche davon auch in der Agency selbst. Ihm war auch klar, einer ständigen Lebensbedrohung ausgesetzt zu sein. Allerdings täuschte nichts darüber hinweg, dass keine Vorsichtsmaßnahme der Welt diese Gefahr wirklich eindämmen konnte: »Wenn sie mich töten wollen, dann schaffen sie das auch, so oder so«, sagte er einmal. Die Türen unverschlossen zu lassen war dennoch nicht seine Art.

Als die Polizistin mit Mrs. Stokes das Haus betrat, fand sich keine Spur von Colby, auch keinerlei Hinweis auf einen Einbruch oder ein Gewaltverbrechen. Und doch war die Szenerie bar jeder Normalität. Es sah so aus, als ob Colby das Haus in größter Eile verlassen hätte. Im Raum brannte Licht, das Radio war eingeschaltet, genauso der Computer. Auch das Abendessen, ein Teller mit Muscheln, stand noch auf dem Tisch, ein anderer Teller am Ofen. Hatte Colby am Abend seines Verschwindens vielleicht Besuch erwartet? Seine letzte Mahlzeit jedenfalls konnte er nicht mehr beenden, er muss dabei jäh unterbrochen worden sein. Überall lagen noch Muscheln herum, auf dem Tisch stand eine geöffnete Flasche Weißwein und ein zur Hälfte geleertes Glas.

Das alles passte überhaupt nicht zu dem Ordnungsfanatiker, der die Flasche wieder säuberlich verschlossen sowie Tisch und Küche aufgeräumt hätte, bevor er das Haus verließ. Sharon Walsh, die Polizistin, wusste nicht mehr über den Vermissten, als dass er ein Pensionär war, der das Wasser liebte und oft mit seinen Booten über den Fluss fuhr. Sie zählte eins und eins zusammen, was in diesem Fall bedeutete: Der alte Herr muss wohl noch eine abendliche Kanu-Fahrt unternommen haben und dabei verunglückt sein. Unfälle dieser Art gab es in der Region des Öfteren mal.

Am nächsten Morgen begann die groß angelegte Suche nach

William Colby, um über die nächsten Tage hinweg ohne Unterbrechung fortgesetzt zu werden. Marinetaucher, Freiwillige in Booten sowie Piloten in zwei Suchhubschraubern fahndeten entlang der beiden Routen, die der immer noch rüstige Rentner mit seinem Kanu üblicherweise befuhr. Insgesamt waren schließlich um die hundert Leute an der Suche beteiligt, doch führte das Ganze zu nichts. Colby blieb verschollen. Sein Kanu aber war bereits um die Mittagszeit des 28. April wieder aufgetaucht, noch Stunden bevor Mrs. Stokes bei der Polizei anrief.

Der arbeitslose Schreiner Kevin Akers, ein 29-jähriger Anwohner von Rock Point, hielt sich ebenfalls gerne und viel auf dem Wasser auf. An jenem Sonntag ruderte er mit seiner Familie am Ufer entlang und stieß schon bald auf ein gestrandetes grünes Kanu. Es lag ziemlich genau dort, wo der Neale-Sund in den Wicomico übergeht. Bei stürmischem Wetter lösen sich kleinere Boote ab und zu von ihrer Vertäuung und werden dann irgendwo an Land wieder aufgefunden. Nur mit diesem grünen Kanu stimmte etwas nicht: Es lag zur Seite gekippt am Ufer und war voller Sand. Akers und seine Frau schaufelten eine Stunde lang alles wieder leer, um das Boot zunächst zur üblichen Legestelle von Rock Point zu bringen.

Bald brach dann der Medienrummel los, und Kevin Akers erfuhr erstmals vom vermissten William Colby, von dem er nie zuvor etwas gehört hatte, schon gar nicht, dass dieser Mann einst Chef der CIA war! Da ging es Akers nicht anders als den übrigen Anwohnern von Rock Point. Nur, dass eben ausgerechnet er Colbys Kanu entdeckt hatte. Akers war beunruhigt, denn an einen Unfall konnte er bald nicht mehr glauben. Diese unerklärliche Menge Sand im Boot und der so besondere berufliche Hintergrund des Vermissten! Da stimmte etwas nicht!

Im Grunde sagte das alles zwar überhaupt nichts, doch der beunruhigte junge Familienvater zog es vor, den Medien aus dem Wege zu gehen. Nachdem er die Polizei unterrichtet hatte, machte er sich rar, um nicht im Extremfall in eine mörderische Situation zu geraten.

Die ganze Geschichte glich einem rätselhaften Krimi – und genau das war sie auch. Schnell sprachen sich die ersten Details herum. Allein dieses anscheinend eiligst verlassene Haus übte eine geradezu gespenstische Wirkung aus.

Als die Polizistin Sharon Walsh das Cottage in Augenschein nahm, fand sie auf dem Küchentisch auch Colbys schwarze Geldbörse mit knapp 300 Dollar vor, dazu Kreditkarten, Führerschein, alle möglichen Mitgliedsausweise und einen Schlüsselbund. Nein, ein Einbruchdiebstahl hatte hier keinesfalls stattgefunden. Aber dass Colby diese Gegenstände einfach so liegen ließ, sogar bei unverschlossenen Türen, minderte das Rätsel um sein plötzliches Verschwinden gewiss nicht.

Nur, wo war der CIA-Ruheständler abgeblieben? Die Woche verstrich, und fast jeder, auch sein Sohn Paul, war mittlerweile davon überzeugt, dass Colby aus dem Kanu ins Wasser gestürzt und dabei ertrunken war.

Neun Tage nach seinem Verschwinden schließlich machte ein Mitarbeiter des *Maryland Department of Natural Ressources* einen grausigen Fund: An jenem nebligen Montagmorgen fand er Colby mit dem Gesicht nach unten liegend am sumpfigen Ufer des Wicomico River. Die Suche hatte ein trauriges Ende genommen, nun waren alle Befürchtungen zur Gewissheit geworden. Als seltsam erwies sich allerdings wieder der Umstand, dass die Wasserleiche nur 30, maximal 40 Meter von der Stelle aufgetaucht war, an der Akers das Kanu entdeckt hatte. Auch die Suchmannschaften hatten diesen Uferbereich mehrfach abgesucht. Wie konnte der Tote erst neun Tage später dort angeschwemmt werden, wenn sein Kanu bereits

An dieser Uferstelle des Wicomico River wurde William Colby aufgefunden, nahe des dunklen Pfostens im Vordergrund.

am Sonntag an Land getrieben war? Die Strömung im Sund hätte das Boot nach Ansicht von Akers genau in die Ecke manövrieren müssen, wo auch der Leichnam gefunden wurde. Und sowohl der leblose Körper als auch das Kanu wären ziemlich gleichzeitig gestrandet. Das war jedoch nicht der Fall.

Aus dieser Tatsache folgt ein verbrecherisches und höchst bizarres Szenario: Colby wurde ermordet, seine Leiche aber erst eine Woche später in den Fluss geworfen! Das klingt ziemlich abwegig. Wenn Colby wirklich umgebracht wurde, warum sollte sein Mörder den Leichnam erst einmal eine Woche »zwischenlagern«? Das Ganze wäre keine sehr angenehme Sache gewesen, extrem aufwendig und vor allem mit einem stark erhöhten Entdeckungsrisiko verbunden. Hier musste wohl ein Trugschluss vorliegen. Weitaus näher schien da schon die Vermutung zu liegen, dass Colby während jener letzten Bootsfahrt einen Schlaganfall oder Herzinfarkt erlitt und ins Wasser fiel. Vielleicht war er da bereits tot oder aber er ertrank dann im Fluss. Der offizielle Autopsiebericht jedenfalls gibt als Todesursache »Ertrinken und Unterkühlung« an. Abschließend heißt es dort unter der Überschrift *Meinung*:

»Dieser 76-jährige männliche Weiße, William E. Colby, starb an Ertrinken und Hypothermie, verbunden mit einer arteriosklerotisch-kardiovaskulären Erkrankung. Er wurde in einem Stadium fortgeschrittener Verwesung neun Tage nach seinem gemeldeten Verschwinden im Wasser schwimmend aufgefunden. Die Identität wurde durch Überprüfung der Zähne bestätigt. Er litt an einer starken Arterienverkalkung, die ihn für einen Schlaganfall oder Herzinfarkt anfällig machte. Durch Verwesung lösen sich allerdings Gerinnsel und Körperfett im Atheroma [Grützbeutel] wieder auf. Es ist wahrscheinlich, dass er eine Komplikation aufgrund seiner Arteriosklerose erlitt und in einem geschwächten Zustand ins Wasser fiel, wo er der Unterkühlung nicht standhielt und ertrank. Sein Mageninhalt steht im Einklang mit seiner letzten Mahlzeit und indiziert, dass sein Tod kurz nach dem Abendessen eintrat. Die Todesursache ist UNFALL. Der Verstorbene hatte vor seinem Tod alkoholische Getränke zu sich genommen.« Ende der Durchsage!

Das klingt alles durchaus plausibel und beschreibt eine logische Folge von Beobachtungen sowie Schlussfolgerungen. Die gesamte Situation scheint mit einem Schlag enträtselt. Ein Unfall also, wie er nicht zum ersten Mal vorkommt. Nur verschwanden bei dieser recht oberflächlichen Betrachtung sämtliche Rätsel des Falles ebenso schnell in der Versenkung wie Colby im Wicomico River!

Der Autopsiebericht reichte aber völlig aus, um den gewünschten Effekt in der Öffentlichkeit zu erzielen. Nach dem Medienwirbel um Colbys Verbleib und den Fund seiner sterblichen Überreste folgten nunmehr die Erkenntnisse des Gerichtsmediziners David R. Fowler. Damit schien der Fall gelöst, die Wogen im Wicomico ebbten ab, und bald hatten auch die letzten Presseleute die Gegend von Rock Point und Cobb Island wieder verlassen.

Nur einer gab sich mit der offiziellen Erklärung nicht zufrieden. Der Vietnam-Veteran und später investigative Journalist Zalin Grant, der Colby auch persönlich gekannt hatte, war weiterhin von einem kaltblütigen Mord überzeugt und spürte jedem Detail des Falles nach. Dazu gehörte natürlich auch, genauere Informationen über die Autopsie zu erhalten.

Wie war das gleich mit jener seltsamen Geschichte, dass Colby wohl erst eine Woche nach seinem gewaltsamen Tod in den Fluss »entsorgt« wurde? Grant wollte Gewissheit und sprach mit John Smialek, dem Chefpathologen von Maryland. Der Journalist erkundigte sich nur, ob es denn Beweise dafür gebe, dass Colby nach seiner Herzattacke ertrank. Er vermittelte damit den Anschein, als ob er nicht an der Todesursache zweifelte, sondern nur wissen wolle, ob denn Colby noch gelebt habe, als er in den kalten Fluss stürzte. So weckte Grant keinen größeren Verdacht und kam in ein ausführlicheres Gespräch mit Smialek. Dabei erhielt er auch eine Antwort auf die Frage, die ihn eigentlich so brennend beschäftigte.

Der Gerichtsmediziner erklärte ihm anhand der Autopsiefotos, die sonst niemand zu Gesicht bekam, dass Colby sich in einem erstaunlich guten Zustand befand, als er aus dem Fluss geholt wurde. Demnach lag die Verweilzeit im Wasser bei nur einem, allerhöchstens zwei Tagen. Also war er offenbar erst etliche Tage nach seinem Verschwinden gestorben. Was hatte er in der Zwischenzeit aber getan? Nun, er hatte wohl eine Woche lang Urlaub vom Leben gemacht! Starb er demnach zweimal?

So wie Kennedy eigentlich nur ein Gehirn haben konnte, so konnte Colby auch nur einmal sterben. Das ist nun einmal so.

Der Autopsiebericht legt aber das Gegenteil nahe. Denn demnach starb Colby, bald nachdem er sein Abendessen am 28. April eingenommen hatte. Jedoch scheint er sein Boot aber irgendwo verlassen zu haben, um anschließend noch einige Tage quicklebendig und munter am Ufer des Wicomico zu lustwandeln, ohne dass ihn allerdings irgendjemand dabei wahrnahm. Schließlich hüpfte er in einem spontanen Anfall senilen Übermuts ins kühle Nass und segnete dann auf seiner letzten genüsslichen Runde das unvermeidliche Zeitliche.

Die einzige Erklärung für den vermeintlichen Doppeltod war Mord!

Der oder die Täter mussten den toten Colby in voller Absicht zunächst einige Tage lang in einem geeigneten Versteck untergebracht haben, damit seine Leiche nicht sofort entdeckt würde. Der Grund: Vertuschung von Hinweisen auf die Todesursache. Denn nach einigen Tagen war vor allem der Verfallsprozess der inneren Organe so weit vorangeschritten, dass man nicht mehr mit absoluter Gewissheit sagen konnte, ob Colby ertrunken war, einen Infarkt erlitten hatte oder einem Schlaganfall zum Opfer gefallen war.

Dr. Smialek, der Pathologe, bestätigte den für eine angeblich seit mehreren Tagen im Wasser liegende Leiche überraschend guten Zustand. Und er bestätigte, dass sich Blutgerinnsel schnell zersetzen. Auch das zerfallende Lungengewebe lässt bald keine eindeutige Schlussfolgerung zu, ob der Tod nun wirklich durch Ertrinken eingetreten ist. Diese Erkenntnisse stimmten letztlich mit dem Autopsiebericht überein, doch seltsam war die Feststellung, Colby sei anhand seines Zahnstatus identifiziert worden. Dieser Hinweis legt nahe, dass der Körper bereits bis zur Unkenntlichkeit entstellt war. Doch auf den Fotos sieht Colby »kaum tot aus«, so Grant. Und auch Smialek spricht von einem sehr guten Zustand der sterblichen Hülle des Agenten. So hatte Colbys Frau Sally Shelton, eine hochrangige Mitarbeiterin des US-Außenministeriums, auch keinerlei Schwierigkeiten, ihren Mann zu identifizieren.

William Colby hatte auch nie Herzprobleme und befand sich in den letzten Tagen vor dem tödlichen »Unfall« in einer hervorragenden Gesamtverfassung. An jenem schicksalhaften Samstag, dem letzten Tag, an dem er lebend gesehen wurde, arbeitete der CIA-Rentner stundenlang intensiv an seinem Segler, der *Eagle Wing II*, um ihn für die kommende Saison startklar zu bekommen. Er traf gegen 11.00 Uhr vormittags am Yachthafen ein und widmete sich konsequent der Arbeit. Gegen halb sechs Uhr brach er dann zu seinem Haus auf, dort wartete noch der Garten. Gegen sieben Uhr rief er seine Frau an, die sich für einige Tage bei ihrer Mutter in Houston aufhielt. Colby erzählte ihr von seinem arbeitsreichen Tag und war stolz, die *Eagle Wing* an nur einem Tag wieder auf Vordermann gebracht zu haben. Jetzt wolle er sich um den Garten kümmern, zu Abend essen und anschließend duschen, um den Tag entspannt ausklingen zu lassen.

Eine Viertelstunde später wurde er dann von Zeugen gesehen, wie er gerade eine Weide und den Rasen sprengte. Die Dunkelheit stand unmittelbar bevor, kurz vor acht ging die Sonne unter, und es wurde ziemlich bald finster. Colby bereitete sich noch die Portion Quahogmuscheln zu, beendete aber seine Mahlzeit nicht mehr. Mittlerweile muss es gegen halb neun Uhr gewesen sein. Draußen war es bereits dunkel. Außerdem verschlechterte sich das Wetter, ein starker Wind kam auf – kein Wetter für eine spontane Kanufahrt, noch dazu bei fast völliger Düsternis. Nur der Halbmond leuchtete vom Himmel.

Colbys Kanu.

William Colby beabsichtigte ohnehin, nach dem Essen zu duschen. Dass er danach an jenem Abend noch ein Bad im Wicomico nehmen würde, lag sicher weniger in seiner Absicht. Er war auch nicht der Typ, der sich ganz spontan zu solchen Bootsausflügen entschloss. An mangelndem Mut lag das gewiss nicht, da es Colby aber auch nicht an Verstand mangelte, wusste er um die Gefahren. Außerdem war er von der stundenlangen Arbeit müde und wollte einfach seine Ruhe. Dass es die ewige Ruhe werden würde, ahnte er gewiss nicht.

Allerdings war ihm völlig bewusst, zum Kreis der wirklich gefährdeten Personen zu zählen. Wie er einmal sagte, könne ihm jederzeit etwas Ungewöhnliches zustoßen. Und er meinte Mord. Er war in die wüstesten CIA-Unternehmungen verstrickt und nicht immer mit den Aktionen der CIA einverstanden.

So hart er oft auch vorging, gerade in späteren Jahren schien er einiges wiedergutmachen zu wollen. So gab er wiederholt Insiderinformationen preis und verärgerte damit die Agency maßlos. In seiner aktiven Zeit war er vor allem auch an einer Art Schadensbegrenzung interessiert und wollte durch seine offene Haltung eine neue Vertrauensbasis schaffen, wollte das allgemeine Ansehen der CIA wieder erhöhen. Das gelang ihm jedoch kaum.

Dass er eines unnatürlichen Todes starb, verwunderte wohl nur diejenigen, die seine Geschichte nicht kannten. Der Journalist Jim Quinn aus Pittsburg allerdings kannte sie. Als er erfuhr, dass der alte Top-Spion plötzlich spurlos verschwunden war, meinte er nur: »Oh, Mr. Colby wird schon wieder aus dem Wasser auftauchen, sobald jemand ihm die Betonklötze von seinen Füßen abschneidet!«

William Colby in Nordvietnam.

Colby kam bereits 1949 zur zwei Jahre zuvor gegründeten CIA, arbeitete in Stockholm und Rom, um aktiv an der Gründung der Stay-behind-Armeen mitzuwirken und politische Parteien zu unterwandern. Zwischen 1959 und 1962 finden wir Colby dann als CIA-Stationschef in Saigon wieder, anschließend leitete er die

Fernost-Division des US-Geheimdienstes. In diesen Positionen befand er sich an wesentlichen Schaltstellen illegaler Operationen, darunter CIA-Aktivitäten auf dem Drogensektor. Auch war er in die dubiosen Geschäfte der australischen *Nugan-Hand*-Bank verwickelt, als deren Berater er zeitweilig in Erscheinung trat. Diese Bank war ein Vorgänger der berüchtigten *Bank of Credit and Commerce International*, BCCI, die als weltweit tätige Geldwaschanlage wirkte und beinahe jeden Großverbrecher zu ihrem Kundenkreis zählte – ein schier grenzenloses Sumpfland, tiefer und ausgedehnter als jenes Sumpfland, an das der tote Körper Colbys schließlich angeschwemmt wurde.

Tatsächlich gab es kaum machtvolle Organisationen, die nicht in die BCCI-Skandale verwickelt waren. Da waren Regierungen, die ihre Waffengeschäfte tätigten, gleichermaßen am Werk wie mafiöse Strukturen sowie diverse Geheimdienste. Nicht zuletzt spinnen sich auch einige Fäden hinüber zur *Household Bank*, deren Generaldirektor William Colby und deren Eigner der Vatikan war. In Südvietnam leitete Colby das *Phoenix*-Programm, um kommunistische Aktivitäten zu entlarven und zu unterbinden. Es dürfte rund 60 000 Menschen das Leben gekostet haben, Colby selbst sprach mit buchhalterischer Akribie von exakt 20 587 Opfern, rechtfertigte das Unternehmen aber auf der Grundlage, dass die kommunistischen *Vietcong* 40 000 ihrer Feinde hingerichtet hätten.

Das *Phoenix*-Programm erwies sich als sehr förderlich für die Karriere, und Colby stieg im Jahr 1973 schließlich in das Amt des CIA-Chefs auf. Das war in der Zeit der bereits beschriebenen CIA-Operationen in Chile, die Allende den Tod brachten und das Pinochet-Regime etablierten. Als der Kongress 1975 mit seinen Ermittlungen begann, gab Colby sehr bereitwillig Material an Frank Church weiter, den Vorsitzenden des betreffenden Senatskomitees. Die CIA kochte vor Wut über diese enorme Offenheit ihres Chefs. Auch enthielt besonders die französische Ausgabe seiner Memoiren einige verräterische Passagen, darunter zu den Versuchen der CIA, an Geheimcodes eines gesunkenen sowjetischen U-Boots zu gelangen.

Colby kannte Gerüchten zufolge gleichfalls einige delikate Details zum Mord an Präsident Kennedy und hatte bereits etliche bislang sorgsam gehütete Geheimnisse der Agency preisgegeben. Wie viele jener »Kronjuwelen« würde er noch verschenken? Colbys Todesjahr 1996 war seinerseits von einigen ungewöhnlichen Enthüllungen und Vorfällen gekennzeichnet. Damals ereignete sich eine kleine Todesserie unter einflussreichen Leuten, die offenbar gewisse Fehler begangen hatten. Insgesamt fand wohl eine interne »Wachablösung« statt, so schien es.

Am 15. März 1996 starb der CIA-Chef-Analytiker Ray S. Cline in Arlington; am 3. April 1996 stürzte eine modifizierte *Boeing 737* mit dem US-Handelsminister Ron Brown an Bord über Kroatien ab; am 16. Mai 1996 nahm sich der US-Admiral Jeremy Michael Boorda mit einer Schusswaffe angeblich das Leben wegen zweier Militärabzeichen, die zu tragen er nicht berechtigt gewesen sei. Die Autopsie wurde nie veröffentlicht, auch blieben zwei Abschiedsbriefe des Admirals unter Verschluss. Warum nur? Bald begannen Gerüchte die Runde zu machen, Boorda sei der Chef einer geheimen Gruppe aus 24 Admirälen und Generälen gewesen, deren Ziel darin bestanden habe, Bill Clinton wegen Geheimnisverrats zu verhaften. Der Präsident habe dem Chef der Geheimpolizei Rotchinas klassifiziertes Material übergeben. Das Gerücht konnte allerdings nie bestätigt werden. Boordas angeblicher Selbstmord reiht sich aber auf jeden Fall in die Liste äußerst mysteriöser Todesfälle ein. Ob Cline, Brown und noch einige andere Persönlichkeiten, die im Jahr 1996 starben, wirklich Gewaltverbrechen zum Opfer fielen, konnte nie sicher geklärt werden. Auch Colbys Tod wird offiziell als Unfall geführt. Doch in seinem Fall spricht wirklich alles für Mord. Vielleicht war er zu neugierig und auch zu gesprächig geworden. Im Laufe des Jahres 1976 enthüllte er immerhin CIA-Drogengeschäfte, Attentatsversuche auf Castro, Hintergründe zu Chile. Einige vermuten, dass Colby auch jener berühmte geheime Informant der Watergate-Affäre war: *Deep Throat*. Eine Behauptung, die seine Frau Sally Shelton-Colby ganz entschieden als unzutreffend ablehnt. Im selben Jahr feuerte ihn aber Präsident

Gerald Ford aus der Agency und ersetzte ihn durch George H. W. Bush, Sr.

Im Gegensatz zu CIA-Chef Richard Helms, der als der Mann galt, der Geheimnisse bewahrt, wurde Colby zunehmend zu dem Mann, der sie ausplauderte. Manche vermuten private Hintergründe und verweisen auf den Tod seiner Tochter, die im April 1973 nach einer schmerzvollen Erkrankung starb. Das aber sind reine Vermutungen. Auch die tatsächlichen Hintergründe seines eigenen Todes bleiben im Dunkel. Es gab einfach zu viele potenzielle Motive. Er hatte insgesamt 54 Mal bei Anhörungen vor diversen Komitees ausgesagt, zuletzt nur wenige Tage vor seinem Verschwinden.

1996 kochte eine weitere Affäre hoch, in die Colby verwickelt war. Damals drangen erstaunliche Informationen über die Kooperation von US-Justizbehörden mit dem organisierten Verbrechen an die Öffentlichkeit. In einem großen Appartement-Komplex, dem *Kingspoint Condominium* bei Chicago, liefen ab 1980 zahlreiche Drogengeschäfte und Geldwäsche in großem Stil. Und der Chicagoer FBI-Chef gewährte dem Bezirk völlige Immunität. Der Eigentümer Joseph Andreucetti war seinerseits von den Banken um ein Vermögen gebracht worden und versuchte, Forderungen von 50 Millionen Dollar geltend zu machen. Am Ende mochte das sogar ein abgekartetes Spiel sein, jedenfalls gingen 1983 über eine US-Behörde 58,4 Millionen Dollar als Ausgleich auf ein Konto der schon erwähnten *Household Bank*. Bekanntlich war Colby ihr Leiter. 1988 dann waren 50 Millionen Dollar spurlos aus der Bank verschwunden, ein weiteres Rätsel. Und nicht zuletzt hatte Colby vor seinem Tod mit Nachforschungen zum vermeintlichen Suizid Vincent Fosters begonnen. Knapp drei Jahre später starb der redselige Spymaster selbst auf mysteriöse Weise. Zufall, Ironie des Schicksals oder kalkulierte Notwendigkeit? Wir werden es wohl nie erfahren.

Am 14. Mai 1996 wurde William Egan Colby mit militärischen Ehren auf dem Nationalfriedhof von Arlington bestattet. Als man die Urne ins Grab legte, feuerten Scharfschützen der Armee 21

Salutschüsse ab. Dann herrschte Stille. Und das dürfte besonders der CIA gefallen haben.

Tod im Tunnel: »Lady Di«, 1997

Der von 36 Eichen flankierte Pfad führt zum *Round Oval*, einer fast verwunschen scheinenden Stätte. Das von hohen Bäumen umstandene Oval birgt einen stillen Teich voller Wasserlilien, zwischen denen vier schwarze Schwäne schwimmen. In der Mitte befindet sich eine kleine blühende Insel, deren Linden und Eichen so dicht aneinandergerückt sind, als ob sie ein Geheimnis vor der Welt abschirmen sollen.

Das winzige Eiland ist mit weißen Rosen bepflanzt, sie wachsen hier überall und legen einen Hauch märchenhafter Nostalgie über den Ort. Gegenüber dem schmalen Weg, versteckt hinter dem üppigen Grün, steht ein quadratisches Postament aus Portland-Jurakalk, darauf eine schlichte Urne. Sie birgt angeblich die Asche von Lady Diana Spencer, der einstigen Princess of Wales, die seit ihrer Hochzeit mit Prince Charles im Jahr 1981 zum Medienstar avancierte und 1997 in Paris bei einem mysteriösen Autounfall tödlich verunglückte.

Enthält diese Urne auf der kleinen Insel von Althorp Park wirklich Lady Diana Spencers Asche?

Die kleine Insel befindet sich in *Althorp Park*, dem weitläufigen Stammsitz der gräflichen Familie Spencer in Northamptonshire. Lady Diana sollte ursprünglich in der Kirche von Great Brington bestattet werden, wo sich die Familienkrypta befindet. Der ältere Bruder, der 9. Earl Spencer, entschloss sich dann aber für einen privater gehaltenen Ort, vor allem, um allzu fanatische Verehrer und potenzielle Grabschänder fernzuhalten. Die Urne auf der kleinen Insel trägt keine Inschrift. Dass sie die Asche der berühmten »Königin der Herzen«, wie sie nach ihrem frühen Tod gerne genannt wurde, wirklich birgt, ist wohl eher unwahrscheinlich. Vielleicht wurde sie zumindest in der

Nähe bestattet. Wie es heißt, ließ die Familie dort überall Eisensplitter ausstreuen, um jeden, der eventuell einmal nach dem Sarg fahnden würde, die Suche möglichst schwer zu machen. Auch dies mag nur ein Gerücht sein, doch scheint Diana Spencer tatsächlich in einem versiegelten Bleisarg bestattet, nicht aber verbrannt worden zu sein. Ohne den Ort namentlich zu nennen, bestätigte dies auch Nigel Enright, einer von acht Sargträgern aus dem privaten Regiment der Verstorbenen. So weiß heute nur ein enger Kreis wirklich, was mit den sterblichen Überresten der ehemaligen Princess of Wales geschah und wo sie sich befinden.

Ähnlich verhält es sich mit den Vorgängen, die ihren jähen Tod zur Folge hatten. Wenn überhaupt, wissen nur wenige, was am letzten Augusttag 1997 wirklich passierte ...

Damals, ziemlich genau ein Jahr nach ihrer offiziellen Scheidung vom Prince of Wales, hielt sich Lady Diana mit Dodi al-Fayed in Paris auf. Der Sohn des ägyptischen Multimillionärs Mohammed al-Fayed lernte Diana Spencer im Frühsommer 1997 kennen, beide empfanden sehr bald deutlich mehr als nur reine Sympathie füreinander und trafen sich von nun an häufig. Viele Journalisten witter-

Lady Diana Spencer (1961–1997).

Dodi al-Fayed (1955–1997).

ten die Top-Story ihres Lebens, und die sollten sie bald auch bekommen – wenn auch nicht direkt mit Happyend. Zunächst aber genossen Lady Diana und Dodi al-Fayed ihre Liebe aus vollen Zügen. In den Juliwochen waren sie auf der Yacht von Dodis Vater zu einer Kreuzfahrt durchs Mittelmeer eingeladen, anschließend zogen sie sich in Fayeds Villa in St. Tropez zurück. Doch die Paparazzi waren stets mit von der Partie, so nahe sie eben nur an das Geschehen herankamen. Sie lauerten stundenlang unweit des mächtigen Anwesens oder fuhren mit Schnellbooten in die Nähe der Yacht, um ihre Sensationsfotos für die Regenbogenpresse zu schießen. Auch gab es direktere Begegnungen, denen Diana nicht immer aus dem Weg ging. Bei einer Gelegenheit soll sie sogar direkt auf die Fotografen zugegangen sein und ihnen orakelnd versprochen haben: »Ich habe eine große Überraschung für euch! Ihr müsst nur noch eine Weile warten!« Nun, die große Überraschung folgte tatsächlich bald, nur gewiss war sie nicht das, was Diana damals meinte. Eine Ironie des Schicksals, wenn sie diese Worte je wirklich sprach.

Am 30. August flogen die beiden frisch Verliebten mit dem Privatjet von Dodis Vater noch für einen Kurzaufenthalt nach Paris, um ihre gemeinsamen Ferien ausklingen zu lassen. Die superreiche ägyptische Familie besaß auch hier einige Luxusanwesen. Am Nachmittag hielten sich Diana und Dodi im Stadthaus Mohammed al-Fayeds auf, um dann am Abend noch ein wenig durch die teuersten Geschäfte an der Champs Élysées zu bummeln. Natürlich waren auch die Fotografen nie fern. Wenigstens konnte sich das Paar anschließend zum Abendessen ins *Hotel Ritz* zurückziehen. Das war gewissermaßen privater Boden, da die Nobelherberge wiederum Dodis Vater gehörte. Hier stand dem Millionärssohn stets eine eigene Luxussuite zur Verfügung, wann immer er eintraf. Diesmal schien aber der Aufenthalt im *Ritz* nur ein Ablenkungsmanöver für die Journalisten zu sein.

Dodi und Diana verließen das Hotel schließlich durch den Hinterausgang und fuhren in einer schwarzen Mercedes-Limousine davon. Chauffiert wurde der S280 von Henri Paul, einem seit elf

Henri Paul, der Fahrer des Unfallwagens.

Jahren im Dienst von Mohammed al-Fayed stehenden Sicherheitsmann. Auf dem Beifahrersitz saß Sicherheitsmann Trevor Rees-Jones, während Dodi und Diana natürlich im Fond Platz genommen hatten. Ihre letzte Fahrt begann. Die beiden wollten die Nacht wohl in der Privatvilla al-Fayeds verbringen, allerdings möglichst ohne Presseleute vor der Haustüre.

Henri Paul wählt nicht die direkte Route, muss aber wohl ohnehin anders als beabsichtigt fahren, da ein Auto einen Engpass an der ursprünglich geplanten Strecke blockiert. Der Chauffeur fährt mit überhöhter Geschwindigkeit und tritt weiter tüchtig aufs Gaspedal, um den Paparazzi zu entkommen. Kurz nach Mitternacht rast der schwarze Mercedes in den Tunnel *Pont de l'Alma* hinein, wo es zu dem tödlichen und bis heute ungeklärten Unfall kommt, bei dem Diana, Dodi wie auch der Fahrer selbst umkommen. Der einzige Überlebende ist Trevor Rees-Jones. Henri Paul muss den Wagen bereits kurz nach dem Einfahren in den Tunnel einmal stark abgebremst haben – eine ganz offenbar von dem Mercedes stammende lange Reifenspur deutet darauf hin. Der Wagen wurde nachweislich von einem weißen Fiat Uno gestreift, entsprechende Lackspuren und ein abgesplittertes Teil des Blinkers belegen dies eindeutig. Kurz darauf geriet der schwere S-Klasse-Mercedes außer Kontrolle und krachte mit hohem Tempo in den 13. Betonpfeiler des *Alma*-Tunnels. Ausgerechnet auch noch die 13!

Das Wrack des S280 im Pont-de-l'Alma-*Tunnel*.

Als die Rettungskräfte eintreffen, lebt Diana noch. Sie stirbt später, wie es heißt, an den Folgen der schweren inneren Verletzungen im Krankenhaus Pitié-Salpêtrière und wird am frühen Morgen offiziell für tot erklärt.

Die Welt ist geschockt. Offenbar haben jene erbarmungslosen Paparazzi die englische Prinzessin und ihren Geliebten in den Tod getrieben. Sehr bald aber tauchen aus dem Dunkel des Todestunnels manche Widersprüche und zahlreiche ungeklärte Fragen auf. So werden zunehmend Stimmen laut, die behaupten, es habe sich gar nicht um einen tragischen Verkehrsunfall gehandelt, auch seien die Fotografen keineswegs allein an allem schuld. Vielmehr handele es sich um einen kaltblütig geplanten Mord!

Als prominentester und lautester Verfechter dieser »Verschwörungstheorie« gilt Mohammed al-Fayed. Seiner Ansicht nach steckte der britische Auslandsgeheimdienst MI6 hinter dem »Unglück«, einem gezielten Attentat! Ziel der kaltblütigen Aktion sei gewesen, eine Heirat von Diana und Dodi zu vereiteln. Zwar war Diana seit ihrer Scheidung von Prinz Charles keine »Royal Highness« mehr, zählte aber nach wie vor zur königlichen Familie, allein schon, da ihre beiden Söhne an zweiter und dritter Stelle der britischen Thronfolge stehen.

Am 12. Mai 1999 gab der ehemalige MI6-Agent Richard J. C. Tomlinson eine eidesstattliche Erklä-

Mohammed al-Fayed war von Anfang an überzeugt, dass sein Sohn und Prinzessin Diana ermordet wurden. Hier zeigt er einen Brief, in dem Lady Diana ihre Befürchtungen äußert, bei einem fingierten Autounfall umgebracht zu werden.

Der umstrittene Brief Lady Dianas.

rung ab, in der er unter anderem davon spricht, in seiner aktiven Zeit zwischen September 1991 und April 1995 geheime Papiere gesehen zu haben, in denen der MI6 einen Plan zur Ermordung des serbischen Präsidenten Slobodan Miloševic beschreibt. Dieser Plan stimme grundsätzlich mit dem vermeintlichen Unfallhergang des 31. August 1997 überein. 1992 hätten zudem bereits MI6-Aktionen stattgefunden, hochentwickelte sowjetische Waffensysteme aus dem zerfallenden Imperium herauszuschmuggeln. Exakt im Pariser *Hotel Ritz* sei es wiederholt zu Treffen verschiedener, an der Operation beteiligter Agenten gekommen. Die Information stamme von einer Quelle im *Ritz*. In den Dokumenten sei die betreffende Person nur unter einer Codenummer erwähnt worden, allerdings recht oft. Tomlinson habe daher nachgeforscht: »Ich wurde neugierig und wollte mehr über die Identität dieses besonderen Informanten herausfinden … Ich war nicht überrascht festzustellen, dass der Informant ein Sicherheitsbeamter des *Ritz*-Hotels war. Nachrichtendienste zielen immer auf die Sicherheitsbeamten bedeutender Hotels ab, da sie guten Zugriff auf verdeckte Informationen haben. Allerdings erinnere ich mich, leicht überrascht gewesen zu sein, dass die Nationalität dieses Informanten französisch war, und das blieb in meinem Gedächtnis hängen, denn selten hat der MI6 beim Rekrutieren eines französischen Informanten Erfolg. Ich kann nicht behaupten

… mich noch daran zu erinnern, dass der Name dieser Person Henri Paul war, aber unter dem Vorteil, die Sache nun retrospektiv zu betrachten, habe ich keinen Zweifel daran, dass er es war.« Tomlinson fügt am Ende dieses Abschnitts hinzu: »Ich bin der festen Meinung, dass diese Akten Beweise von entscheidender Bedeutung hinsichtlich der Umstände und Ursachen des Zwischenfalls enthalten, die M. Paul [gemeint ist natürlich Henri Paul, Anm. d. Verf.] zusammen mit der Princess of Wales und Dodi al-Fayed töteten.«

In seiner umfangreichen Erklärung liefert Tomlinson noch zahlreiche Details über die Balkan-Pläne, ihre Übereinstimmung mit dem tödlichen Vorfall in Paris und dessen offenbaren Zusammenhang mit dem MI6. Der Ex-Agent lässt auch durchblicken, dass einer der »Paparazzi«, die die Prinzessin auf Schritt und Tritt verfolgten, Mitglied von UKN war, einer kleinen Gruppe von loyalen »Teilzeitkräften« des MI6, die für verschiedene Aufgaben zur Verfügung standen, unter anderem auch Überwachung und Fotografie. Zwar sei ihm der Name jenes UKN-Paparazzis nicht bekannt, doch verweist er auf die UKN-Datenbestände – deren Überprüfung würde eine Identifizierung sicher möglich machen. Allerdings scheint dies wohl nie geschehen zu sein. Von offizieller Seite wird Richard Tomlinson als nicht glaubwürdig angesehen. Seine Darstellung der geheimen Pläne zur Ermordung des serbischen Präsidenten stimme nicht mit den Fakten überein und somit auch nicht mit dem Unfallhergang in Paris.

Im Januar 2004 wurde aufgrund jener zunehmenden Verdachtsäußerungen, Lady Diana und Dodi al-Fayed seien einer Verschwörung zum Opfer gefallen, eine neue Untersuchung ins Leben gerufen: *Operation Paget*. Sie kommt jedoch zu dem Ergebnis, dass es sich um einen tragischen Verkehrsunfall gehandelt hat.

Der Leser des *Paget*-Reports wird auf 832 Seiten geradezu von Informationen und Fakten erschlagen, was an sich schon einem weiteren Mord gleichkäme … In den drei Jahren ihrer umfangreichen Arbeit haben 14 professionelle Ermittler offenbar noch einmal sämtliche Spuren verfolgt, jedes Detail überprüft, Fahrtrouten rekonstruiert und mit unzähligen Zeugen gesprochen. Oft aber kann der Konsument dieses gewaltigen Dokuments die offiziellen Informationen lediglich hinnehmen, ohne dass exakte Beweise in dieser Studie geliefert werden, denn viele Schlussfolgerungen beruhen auf Interpretation, und immer wieder scheinen Aussagen auch gebeugt zu werden. Dann ist gelegentlich davon die Rede, der betreffende Zeuge habe wohl etwas fehlinterpretiert, missverstanden oder nicht richtig in Erinnerung behalten.

Laut dem Bericht der Operation Paget *starben Lady Diana, Dodi al-Fayed und Henri Paul bei einem tragischen Verkehrsunfall.*

Interessant ist, dass Richard Tomlinson, der selbst von einer Verschwörung im Fall Diana ausgeht, im Juli 2006 von den französischen Behörden verhaftet wurde – und zwar im Rahmen von Ermittlungen zum Tod der Prinzessin. Die zuständigen Beamten beschlagnahmten auch Computerdaten und persönliche Papiere Tomlinsons aus dessen Anwesen in Cannes. Was glaubte man hier zu finden? Und warum kam es nach Jahren zu einer Verhaftung? War Tomlinson doch ernst zu nehmen?

Seit den tragischen Ereignissen waren viele Jahre vergangen, und der *Paget*-Report hatte mittlerweile nicht zuletzt doch auch Tomlinson entlarvt. Oder doch nicht? Natürlich führt dies wieder zurück zu der Frage, ob Diana und Dodi sterben mussten, weil sie miteinander liiert waren und möglicherweise sogar heiraten und Kinder bekommen würden. Die Probleme waren selbstverständlich programmiert. Diana war Christin, Dodi Moslem. Vielleicht hätte sie für ihn sogar den Glauben gewechselt, wäre zum Islam konvertiert. Für das britische Königshaus ebenso undenkbar und inakzeptabel wie die Vorstellung, Moslems zum engsten Verwandtenkreis zu zählen. Tatsächlich schien es bereits fünf Minuten vor zwölf zu sein. Und die Uhr tickte weiter, wie eine Zeitbombe. Wenn, so musste jetzt etwas geschehen.

Als Diana und Dodi das Juweliergeschäft *Alberto Repossi* betraten, wo der ägyptische Millionär seiner Prinzessin einen sündhaft teuren Verlobungsring kaufte, hatten die beiden nur noch wenige Stunden zu leben. Was ihre Beziehung betraf, machten immer wieder Gerüchte die Runde, Lady Diana sei bereits von Dodi schwanger gewesen. Medizinische Untersuchungsergebnisse und auch etliche Zeugenaussagen scheinen dies zwar auszuschließen. Doch hätte diese Gefahr für einen unbestimmten späteren Zeitpunkt allemal weiter bestanden. Sicher sein konnte sich diesbezüglich niemand, selbst wenn Diana offenbar noch nachweislich kurz vor ihrem Tod die Pille genommen hatte. Sicher sein konnte man sich erst nach ihrem Tod.

Die gesamte Situation war schlichtweg zu gefährlich, und das wusste auch Lady Diana selbst. Eine handschriftliche Notiz vom Oktober 1993, die im Zuge der Ermittlungen ans Licht kam und zunächst teilweise geschwärzt worden war, drückt dies mehr als klar aus. Der wesentliche Abschnitt lautet: »Diese besondere Phase meines Lebens ist die gefährlichste. Mein Mann plant einen Unfall in meinem Auto, Bremsversagen oder eine schwere Kopfverletzung, um ihm den Weg zu öffnen, Tiggy zu heiraten.« Tiggy war das Kindermädchen der Prinzen William und Harry. Diana glaubte demnach zu jener Zeit wohl, Prinz Charles wolle jene heiraten. Angeblich habe Diana diese Zeilen an Paul Burrell gesandt, ihren Butler in *Highgrove House*. Später hieß es dann, der Brief sei eine Fälschung, Burrell sei in der Lage, die Handschrift der Prinzessin perfekt zu imitieren. Wäre das nicht überprüfbar? Wäre Burrell wirklich in der Lage gewesen, professionelle Graphologen zu täuschen?

Wenn jedoch eine Überprüfung stattfand, die die Fälschung aufdeckte, warum wurde nie darüber berichtet? Diana selbst sei von einem geheimdienstlichen Insider der königlichen Familie gewarnt worden – von einem Informanten, dem sie uneingeschränkt Glauben schenkte. Ihre Befürchtungen vertraute sie nicht nur Paul Burrell an, sondern auch einem alten Freund namens Robert Deverick. Sie habe ihm gegenüber mehrfach erwähnt, wie einfach es doch sei, sie auszuschalten. Daher lehne sie auch jeglichen

Polizeischutz ab, denn die Polizei sei ebenfalls ein Werkzeug der Regierung.

Mohammed al-Fayed zeigte sich, wie schon erwähnt, stets fest überzeugt davon, dass sein Sohn und die Prinzessin ermordet wurden. Zehn Jahre lang ließ er nicht locker und bemühte sich um eine unabhängige Aufklärung des Falls. Wie er sagt, beendete er seine Anstrengungen dann lediglich, um die Söhne von Prinzessin Diana nicht weiter mit der Situation zu belasten. Doch ließ er niemals Zweifel an seiner Überzeugung aufkommen und machte das Haus Windsor verantwortlich für den Tod von Dodi und Diana. Insbesondere beschuldigte er Prinz Philip, der hinsichtlich Dianas neuer Beziehung gesagt habe: »Eine solche Affäre ist sowohl rassisch als auch moralisch abscheulich, und kein Sohn eines mit Kamelen handelnden Beduinen ist der Mutter eines künftigen Königs angemessen.«

Auch Mohammed al-Fayed erklärte, Diana habe ihm ihre Ängste mitgeteilt, dass der Geheimdienst »eines Tages ihr Leben nehmen könnte«. Fayed spricht zudem von Dokumenten im Besitz US-amerikanischer Geheimdienste, die die Verschwörung belegen. In einem Dokument werde Prinz Philip eindeutig belastet, an jener mörderischen Verschwörung gegen Diana beteiligt zu sein. Er solle demnach gesagt haben: »Eine ernste Bedrohung der Dynastie, sollte jene Beziehung andauern.« Die Dokumente befinden sich jenen Informationen zufolge in Besitz der CIA sowie der *National Security Agency* (NSA), die als technischer Nachrichtendienst der USA grob gesagt vor allem mit Dechiffrierung fremder und Chiffrierung eigener Informationen befasst ist.

Das britische Blatt *The Guardian* stellte am 6. August 1999 gar fest, die NSA-Dokumente seien »eine Tatsache, von der Verschwörungstheoretiker immer geträumt haben«. Der *Guardian* sei direkt von der NSA darüber unterrichtet worden, Berichte fremder Nachrichtendienste archiviert zu haben, die unter die Kategorien GEHEIM und auch STRENG GEHEIM fielen; darunter seien auch Unterlagen von MI5 und MI6. Eine Freigabe des Materials aber sei nicht möglich, da in diesem Fall ein »außergewöhnlich schwerwiegender Schaden für die nationale Sicherheit« resultieren würde. Die insgesamt 38 Dokumente nehmen laut Fayeds Informationen 1056 Mal Bezug auf Lady Diana.

Was aber mochte es mit Henri Paul auf sich haben, dem Fahrer und laut Tomlinson auch angeblichen MI6-Informanten? Welche Rolle spielte er, wenn überhaupt? Viel konnte er nicht wissen, denn wenn er auch nicht mit Diana und Dodi in einem Boot saß, so saß er doch immerhin im selben Auto. Und zwar auf der Todesfahrt. Und dazu noch als Fahrer! Demnach wusste er offensichtlich nichts darüber, welchen Plan der MI6 verfolgte. Er arbeitete natürlich nicht als Agent, sondern lediglich als Zuträger, behauptet zumindest Tomlinson.

Auch um Henri Paul selbst ranken sich so manche ungeklärte Rätsel. Angeblich sei er sturzbetrunken gewesen und habe zudem unter Einfluss von Medikamenten gestanden, als er sich hinter das Steuer setzte. Immerhin aber war er stellvertretender Sicherheitschef des *Ritz*-Hotels und bereits elf Jahre als verlässlicher Mitarbeiter im Stab von Mohammed al-Fayed beschäftigt. Wenn es jemals auch nur das geringste Anzeichen von Trunkenheit oder Unzuverlässigkeit gegeben hätte, was hätte sein Chef dann unternommen? Ihm fristlos gekündigt oder ihm dennoch seinen Sohn sowie Prinzessin Diana anvertraut? Henri Paul war ausgebildeter Pilot und hatte drei Tage vor dem Tunnelunglück noch eine routinemäßige medizinische Überprüfung seines Gesundheitszustandes hinter sich gebracht – und »ohne Mängel« absolviert. Der Test umfasst auch eine Überprüfung von Blut- und Leberwerten, um eine mögliche Alkoholproblematik aufzudecken. Diese bestand jedoch nicht. Die französischen Originaldokumente wurden auch öffentlich präsentiert, unter anderem im deutschen Fernsehen.

Im Bericht der *Operation Paget* wird allerdings statuiert, die medizinische Untersuchung habe keinen Alkoholtest mit eingeschlossen. Auf seiner letzten Fahrt soll Henri Pauls Blutalkohol dreimal so hoch wie das in Frankreich geltende gesetzliche Limit gelegen haben. Analysen eines von al-Fayed hinzugezogenen Pathologen stellten diese Ergebnisse wiederum deutlich in Frage. Darauf legten die Franzosen ihrerseits nach. Sie entnahmen Flüssigkeit aus der Sclera, dem Weiß der Augen, und ermittelten den dort gespeicherten Alkoholgehalt. Er stimmte angeblich mit den vorherigen Ergebnissen überein. Dabei stellte sich heraus, dass der *Ritz*-Mann auch unter dem Einfluss von Antidepressiva stand, als er die Fahrt in den dreifachen Tod antrat.

Und was sagt Trevor Rees-Jones, der einzige Überlebende des schrecklichen Unfalls? Der Leibwächter saß auf dem Beifahrersitz und hatte beim Aufprall schwere Verletzungen im Gesicht erlitten, konnte aber durch eine zehnstündige Operation gerettet werden. Ein alter Freund von ihm kommentierte einmal: »Er ist so stark wie ein Ochse.« Tatsächlich hätte niemand geglaubt, dass sich sein Gesundheitszustand weitgehend normalisieren würde. Nach einem anfänglichen Gedächtnisverlust begann er, sich allmählich wieder an jene Nacht zu erinnern. Hinsichtlich der Fahrtüchtigkeit von Paul sagt Rees-Jones: »Wenn er irgendwelche Anzeichen von Trunkenheit gezeigt hätte, dann hätte ich ihn niemals auch nur in die Nähe unseres Wagens gelassen.«

Die ursprünglichen Post-mortem-Proben von Henri Paul wiesen allerdings noch eine weitere Besonderheit auf: Sein Blut enthielt einen erstaunlich hohen Anteil an Kohlenmonoxid. Woher sollte das Gas aber gekommen sein? Dodi al-Fayeds Leichnam zeigte keine auffälligen CO-Werte, zumindest im Wageninneren also war die »Luft rein«. Und wenn man versucht hätte, Paul absichtlich kurz vor der Fahrt zu vergiften, wo wäre das möglich gewesen? Und wann? Denn Aufnahmen der im Hotel installierten Videokameras zeigen Henri Paul in einem völlig unauffälligen Zustand, er bewegt sich völlig normal, zeigt keinerlei Schwächen, keine Gleichgewichtstörungen, er steht und geht, ohne zu schwanken.

Alkoholisiert, unter dem Einfluss von Tabletten sowie zudem noch mit einem CO-Anteil von mindestens 20,7 Prozent im Blut wäre dies niemals möglich gewesen. Wenn das Blut wirklich von Henry Paul stammte, muss er eine unerklärliche Kohlenmonoxidvergiftung erlitten haben. Die andere Erklärung wäre nur: Es stammte eben nicht von ihm. DNA-Tests sollen die Übereinstimmung mit einer 99,9997-prozentigen Wahrscheinlichkeit belegen. Jetzt mussten die Behörden nur erklären, wie es zu den 20,7 Prozent CO im Blut des Toten gekommen sein konnte. Nun, die Antwort war ganz schlicht, dass Henri Paul eben in einer städtischen Region lebte und in den Stunden vor seinem Tod einige Zigarillos geraucht hatte. Außerdem hatte sich das Kohlenmonoxid vor allem in dem Körperbereich angesammelt, aus dem die Proben entnommen worden waren.

Das mochte glauben, wer wollte. Vor allem hätte Paul dann logischerweise unter Bewusstseinstrübungen, Gleichgewichtsstörungen, Schmerzen und dem Verlust des dreidimensionalen Sehens leiden müssen, was offenbar zumindest vor Antritt der Fahrt nicht der Fall war. Trotz allem gab es nur wenige kritische Äußerungen von amtlicher Seite. Lediglich Lord Justice Scott Baker vom britischen Appellationsgericht erklärte recht vorsichtig-zurückhaltend: »Sie können schlussfolgern, dass es einige nicht zufrieden stellende Punkte hinsichtlich gewisser Aspekte der Prozesse zur Beweissammlung und -aufzeichnung gab. Einige der Resultate sind rätselhaft.«

Rätselhaft blieben auch die Einkommensverhältnisse von Henri Paul, der offenbar weitaus mehr verdiente als ein stellvertretender Sicherheitschef. Neben großen Mengen Bargelds, die er bei sich trug, verfügte er auch über ein beachtliches Bankkonto. Hier lagen immerhin umgerechnet 340 000 US-Dollar. Er mochte sparsam gelebt und teils auch fürstliche Trinkgelder erhalten haben. Aber erklärt das tatsächlich die doch ziemlich hohe Geldsumme? Einige Autoren bleiben hier skeptisch und könnten sich eher vorstellen, dass Paul einige Nebeneinkünfte aus geheimen Quellen erhielt, unter anderem als MI6-Informant. Dies würde auch Tomlinsons Behauptungen stützen. Tomlinson hatte auch erklärt, das MI6-Geheimdokument zum Sturz des serbischen Staatschefs spreche davon, den tödlichen Unfall mitten in einem Tunnel durch eine plötzliche starke Blendung des Fahrers auszulösen, eben genau, wie dann im Fall Diana und Dodi geschehen. Tatsächlich haben Zeugen von einem oder mehreren starken Blitzen berichtet. Zumindest kurz vor der Einfahrt in den Tunnel habe es urplötzlich einen starken weißen Blitz gegeben.

Die Blendungsmethode sei beim MI6 üblich gewesen. Anfang der 1990er-Jahre wurden demnach die britischen Agenten darauf trainiert, Hubschrauberpiloten mit einem grellen Lichtblitz zu blenden. Kritiker dieser Behauptungen erklären, die britische Polizei habe herausgefunden, dass diese Taktik zu keiner Zeit Teil der MI6-Ausbildung war. Da fragt sich nur, ob die Polizei in Großbritannien wirklich auch nur annähernd über die geheimdienstlichen Methoden informiert wird. Normalerweise endet die Arbeit der Polizei meist dort, wo diejenige eines Geheimdienstes erst so richtig beginnt.

Auch was den Wagen selbst betrifft, gab es so manche Paradoxie. Regierungsdokumente, die im Jahr 2005 durch das britische *Cabinett Office* freigegeben wurden, enthalten eine vielleicht nicht ganz unerhebliche Information: Der Mercedes war überhaupt erst in letzter Minute ins Spiel gekommen. Angeblich, weil der ursprünglich vorgesehene Wagen nicht ansprang. Vielleicht auch, um die Medien weiter zu irritieren, vielleicht aber auch wegen einer für den Mord erforderlichen Manipulation. Doch auch mit dem zweiten Wagen, der dann im Tunnel verunglückte, ging einiges nicht mit rechten Dingen zu. Abgesehen davon, dass die Unfallstelle sehr schnell geräumt wurde und die Ermittlungen erstaunlich nachlässig verliefen, verschwanden einzelne Teile des Fahrzeugs auf Nimmerwiedersehen. Der Wagen kam erst im Jahr 2005 nach England zurück, technische Mängel sollen den Unfall nicht bewirkt haben. Zwar funktionierte ausgerechnet der Sicherheitsgurt auf Lady Dianas Platz nicht, aber das war auch schon egal, sie trug ihn ja sowieso nicht. Und was war das für ein weißer Kleinwagen, jener Fiat Uno, der mit dem schweren Mercedes in Kontakt geriet, dadurch die schwere Limousine ins Schlingern brachte und den tödlichen Unfall auslöste? Mohammed al-Fayed erklärt, der Wagen habe dem bekannten Fotojournalisten und Paparazzo Jean-Paul Christian Andanson gehört, besser bekannt als James Andanson, Sr. Er habe Diana auf der Jagd nach sensationellen Enthüllungsfotos schon lange verfolgt und sei ihr auch an jenem Abend dicht auf den Fersen gewesen. Allerdings im Auftrag des britischen Geheimdienstes und als Bestandteil eines exakt koordinierten Mordkomplotts. Vielleicht hatte man ihn ja auch unter Vortäuschung falscher Tatsachen und Versprechungen einfach vor den Karren gespannt – was fast wörtlich zu nehmen wäre.

Tatsächlich besaß Andanson zur fraglichen Zeit einen weißen Uno, der sich allerdings in einem eher erbärmlichen Zustand befunden haben soll. Und laut *Operation Paget* besaß Andanson auch ein handfestes Alibi für den fraglichen Tag. Seiner eigenen Schilderung nach hielt er sich am Vortag des Unfalls zu Hause auf, rund 300 Kilometer von Paris entfernt. Wie Überprüfungen von Zeugenaussagen und Kreditkartenrechnungen etc. laut *Operation Paget* offenbar bestätigen, fuhr er am frühen Morgen des 30. August 1997 zum Pariser Flughafen Orly, um einen beruflich bedingten Flug nach Korsika zu nehmen. Seine Frau bestätigte die Aussagen. Doch was wusste sie wirklich? Nur, dass er das Haus verließ! Wohin, konnte sie gar nicht wissen, denn sie war nicht dabei. Und dass er ausgerechnet am frühen Morgen des 31. August nach Paris fuhr, um nach Korsika zu fliegen, klingt fast ein wenig nach einem zu schönen, zu klaren, zu glatten Alibi. Immerhin bestand doch die deutliche Möglichkeit, dass seine Auftraggeber ihn mit allem, was hierfür nötig war, ausgestattet hatten. Einem Geheimdienst die hierfür nötige Erfahrung abzusprechen wäre wohl eher lächerlich. Also, die Möglichkeit bestand jedenfalls unfraglich.

Interessant ist gleichfalls, dass Andanson seinen Fiat Uno im November 1997 veräußerte und sich die Spur des Fahrzeugs nicht mehr aufnehmen lässt. Es ist eben spurlos verschwunden. Doch auch das Schicksal Andansons selbst scheint so makaber wie mysteriös.

Im Mai 2000 beging der Fotojournalist angeblich Selbstmord – ohne einen Abschiedsbrief zu hinterlassen und, wie es scheint, auch ohne einen aktuellen, akuten Grund. Um 9.45 Uhr abends wurden Einsatzkräfte in der südfranzösischen Les-Louettes-Region von einem Handy aus angerufen und auf einen »Waldbrand«

aufmerksam gemacht. Am Schauplatz eingetroffen, fanden sie ein brennendes Fahrzeug vor, einen dreitürigen schwarzen BMW. Als sie die Flammen weitgehend unter Kontrolle gebracht hatten, konnten sie schließlich einen stark verkohlten Leichnam auf dem Fahrersitz erkennen. Der Kopf hatte sich vom Rumpf gelöst und lag zwischen den Vordersitzen. Jean-Michel Lauzun, ein höherer Polizeibeamter, übernahm nun die Ermittlungen, riegelte den Fundort ab und beschrieb die Fundsituation. Lauzun stellte ein Loch in der linken Schläfe des Toten fest, das von einem Einschuss hätte stammen können. Erst etliche Stunden später traf der Pathologe Eric Baccino ein und diktierte eine kurze Beschreibung zum Zustand des Toten aufs Band.

Viel war nicht mehr übrig geblieben von jenem Mann, der anhand von DNA-Tests als James Andanson identifiziert wurde. Der Körper hatte sich weitgehend aufgelöst, die Knochen waren vielfach zerbrochen. Der größte Teil der Leiche lag noch auf dem Fahrersitz. Das Loch im Schädel sei einzig und allein Ergebnis der enormen Hitze. Nicht anders lautete später der Autopsiebericht. Es habe keinerlei Anzeichen von Gewalt gegeben. Der Fall wurde somit schnell als Selbstmord klassifiziert und abgeschlossen.

Ausgerechnet der Mann, der unter den Paparazzi so gut bekannt war und Lady Diana fortwährend nachspürte, hatte seinem Leben ein Ende bereitet, indem er sich in ein mit Benzin getränktes Auto setzte und genüsslich seine letzte Zigarre anzündete! Ob er sie auch genüsslich zu Ende rauchte, sei dahingestellt. Am Ende war er dann jedenfalls selbst die Zigarre.

Dieses Szenario erschien auch Mohammed al-Fayed leicht eigenartig. Er hält für denkbar, dass Andanson ein allzu gefährlicher Zeuge war und beseitigt werden musste, weil er mit seiner Tat nicht leben konnte und gefährliche Informationen hätte preisgeben können. Diana und Dodi starben in einem Auto, nun starb Andanson ebenfalls in einem Auto. Seltsamerweise wurde sechs Wochen, nachdem man ihn tot auffand, in sein Büro eingebrochen. Angeblich waren es typische Kleinkriminelle ohne jeden geheimdienstlichen Hintergrund oder ein spezifisches Interesse an verräterischem Material zum Tod von Lady Diana, das Andanson möglicherweise in seinen Akten aufbewahrte.

Es existiert noch eine große Zahl an sehr ungewöhnlichen Aspekten des Falls Diana. Viele Fragen bleiben ungeklärt, wie meist bei derart exponierten Todesfällen. Lady Diana zog stets ein gewaltiges öffentliches Interesse auf sich, zu Lebzeiten wie auch nach ihrem Tod. Selbstverständlich sind Prominententode dafür prädestiniert, von Mythen und Rätseln umrankt zu werden. Doch lässt sich kaum bestreiten, dass im Falle von Dodi al-Fayed und Lady Diana einige Motive für ein Verbrechen bestanden, da wesentliche Interessen auf dem Spiel standen, die sogar die nationale Sicherheit nachhaltig beeinträchtigen konnten. Die Beweise für derartige Intrigen bleiben selbstredend unter Verschluss. Allerdings gibt es immer Menschen, die allein aufgrund ihrer beruflichen Position zwangsläufig zu Mitwissern werden, selbst wenn sie nicht direkt an den betreffenden geheimdienstlichen Operationen beteiligt waren oder sind. Geheimdienstler haben hier recht gute Karten.

Einer von ihnen ist der führende CIA-Mann Oswald L. LeWinter, alter Spymaster und Desinformationsspezialist der Agency. Bereits 1998 bot er Mohammed al-Fayed die gesuchten Beweisdokumente an. Für einen Millionenbetrag. Diese Unterlagen würden jenseits allen Zweifels bestätigen, dass al-Fayeds Sohn und Lady Diana ermordet wurden und auch die CIA in den Fall verwickelt war. LeWinter verhandelte mit John McNamara, dem Sicherheitschef al-Fayeds. Dem war allerdings sofort klar: Würde der Multimillionär die geheimen Papiere erwerben, wäre dies illegal und somit strafbar. Also kontaktierte er FBI und CIA, die nun das Ruder übernahmen. McNamara sollte weiter mit LeWinter verhandeln und das Geschäft in die Wege leiten, die US-Dienste aber ständig auf dem Laufenden halten. Man würde dann schon zum geeigneten Zeitpunkt zuschlagen.

Die Übergabe war für den 22. April 1998 in einem Wiener Nobelhotel geplant. LeWinter und einige weitere Ex-Geheimdienstler trafen sich dort mit al-Fayeds Leuten. Jetzt schlugen US-Agenten zu und verhafteten LeWinter, der laut protestierend aus der Hotellobby abgeführt wurde. In einem Wiener Gefängnis wartete er auf den Prozess. Er konnte entweder behaupten, die von ihm angebotenen Dokumente seien authentisch – dann wäre er wegen schweren Landesverrats am Wickel gewesen. Oder er konnte einfach sagen, die Schriftstücke seien nichts als Fälschungen. Dann hätte er schlichtweg Betrug begehen wollen. Er wählte die zweite Variante und kam mit vier Jahren Haftstrafe davon. Während dieser Zeit besuchte ihn al-Fayed mehrmals. Und zweieinhalb Jahre nach seiner Verurteilung kam LeWinter urplötzlich auf freien Fuß. Er bewahrt in einem privaten Fotoalbum etliche bisher unveröffentlichte Fotos auf, die zeigen, wie al-Fayed ihn vor dem Gefängnis mit einem Rolls Royce abholt. Der Fall LeWinter war damit zumindest in dieser Hinsicht abgeschlossen. Der Fall der Lady Diana wird es wohl nie sein.

Im Zweifelsfalle Polonium:
Alexander Walterowitsch Litwinenko, 2006

London, 1. November 2006. Ein britischer Herbsttag wie jeder andere auch – wie fast jeder andere. Wenn damals nicht eine besondere und folgenschwere Zusammenkunft stattgefunden hätte. Sie war der Auftakt zu einem tückischen Mord und sollte das Verhältnis zwischen England und Russland für die nächsten Jahre sehr negativ beeinflussen.

Alles begann in Mayfair, dem vornehmsten Viertel der traditionsreichen britischen Metropole. Hier, genauer gesagt im luxuriösen *Millennium*-Hotel am Grosvenor Square, trafen sich an jenem Vormittag mehrere Geschäftsleute, um wichtige Informationen auszutauschen. Eigentlich fiel das, was hier besprochen wurde, mehr in das Ressort der Geheimdienste. Und eigentlich waren jene Herren ehemals alle Agenten gewesen, genauer gesagt KGB-Leute. Einer von ihnen war der abtrünnig gewordene Alexander Walterowitsch Litwinenko, der nun im Londer Exil als investigativer Journalist und Autor lebte.

Sehr viel ist über das Treffen nicht bekannt und wurde auch von Litwinenko nicht weiter enthüllt. So sind auch nicht alle Teilnehmer des Treffens eindeutig identifiziert. Anwesend waren jedenfalls die Agenten Andrei Lugowoi und Dmitri Kowtun sowie wahrscheinlich noch ein weiterer Mann, ein gewisser »Wladislaw Sokolenko«, den Liwinenko nie zuvor gesehen hatte. Offenbar ein Geschäftspartner von Lugowoi. Aus der Bar des *Millennium*-Hotels machte sich Litwinenko bald zum nächsten Treffen auf, diesmal in der *Itsu*-Sushi-Bar am Piccadilly Circus mit einem italienischen Bekannten namens Mario Scaramella, der sich nicht nur gut in Geheimdienstfragen auskannte, sondern auch Einblick in so manch zwielichtige Aktionen besaß. Aus erster Hand, versteht sich. So bewegte er sich selbst in der Grauzone zwischen legalisierten Geheimdienstoperationen und kriminellen Machenschaften. Zumindest wird dieses Bild immer wieder von ihm gezeichnet. Wie weit die Verstrickungen dieses mysteriösen Mannes gehen, bleibt leider im Dunkeln. Und so soll es wohl auch sein. In Italien machte vor allem seine Behauptung Furore, in der Bucht von Neapel seien 1970 zusammen mit dem sowjetischen Atom-U-Boot K-8 auch 20 nukleare Sprengköpfe gesunken.

Es waren ebenfalls beunruhigende Informationen, die der Italiener nun während des Gesprächs mit Litwinenko vermittelte. Wieder ging es um brisantes geheimdienstliches Material; um einen Mordfall, der sich nur drei Wochen zuvor in Moskau zugetragen hatte und weltweit für Schlagzeilen sorgte: der gewaltsame Tod der regierungskritischen Journalistin Anna Politkowskaja. Aber es ging auch um weitere geplante Attentate. Dann ließ Scaramella endlich die Katze aus dem Sack. Eines der nächsten Opfer sitze gerade vor ihm: Litwinenko selbst. Denn der hatte seine Nase vielfach in Dinge gesteckt, die ihn nichts angingen, und brisantes Material an die Öffentlichkeit gebracht. Er war mächtigen Leuten also ziemlich fest auf die Füße getreten, doch am Ende sollte das nur ihm selbst wehtun. Schon länger hatten ihn gewisse Kreise im Visier. Scaramella lieferte nun die Bestätigung.

Ex-KGB-Agent Alexander W. Litwinenko.

Nach dem gemeinsamen Mittagessen in der Sushi-Bar brach der Ex-Agent noch zu einem dritten Treffen auf. Er schien geradezu besessen von seiner Arbeit und verfügte über zahlreiche exklusive Kontakte, über die er sich Informationen verschaffen konnte, die normalerweise nicht an jeder Straßenecke zu finden waren. An jenem Tag allerdings schien zumindest bald jede Straßenecke von Mayfair genau solche Informationen zu bergen. Zuletzt tauschte sich Litwinenko mit dem tschetschenischen Rebellenführer Achmed Sakajew aus. Doch allmählich klang der ereignisreiche Tag aus, um bald eine tragische Wende zu nehmen. Der Ex-KGB-Spion begann, sich zunehmend schlechter zu fühlen, und wurde ins nächste Krankenhaus eingeliefert. Sein Zustand verschlimmerte sich weiter, sodass Litwinenko im Hospital verbleiben musste.

Alle Symptome deuten auf eine mysteriöse Vergiftung mit Thallium hin, eine giftige metallische Substanz, wie sie in Rattengift und Insektiziden verwendet wird. Erste medizinische Tests scheinen dies zu bestätigen, auch der einsetzende Haarausfall und beginnende Schäden der peripheren Nerven deuten auf das Gift hin. Doch einer der behandelnden Ärzte ist skeptisch, denn nicht alle Symptome wollen wirklich zu dieser Diagnose passen, außerdem sind die entdeckten Thallium-Spuren eher unerheblich, sie reichen nicht aus, um Vergiftungserscheinungen hervorzurufen.

Der bereits sehr geschwächte Litwinenko selbst erklärt am 11. November gegenüber BBC-Journalisten, von einer absichtlichen Vergiftung überzeugt zu sein. Man wolle ihn ausschalten.

Sein Zustand wird immer bedenklicher. Einige Tage nach dem BBC-Gespräch wird die Polizei darüber unterrichtet, dass der Agent sich mit nunmehr lebensbedrohlichen Symptomen im Barnet-Krankenhaus in der Londoner Wellhouse Lane befinde. Am 19. November berichtet die britische Presse darüber, dass Litwinenko tatsächlich vergiftet wurde, und zitiert den Toxikologen John Henry, der Thallium als Ursache vermutet. Am nächsten Tag beginnen dann die polizeilichen Ermittlungen. Seit Kurzem liegt der russische Agent nun in der Londoner Uniklinik, um dort effektiver betreut werden zu können. Vor der Intensivstation beziehen Polizisten Stellung, um ein weiteres Attentat auf den Agenten zu verhindern. *Scotland Yard* führt am 21. November 2006 ein ausführliches Gespräch mit Litwinenko, der nunmehr sicher ist, sterben zu müssen. Am selben Tag meldet sich noch einmal der dubiose Scaramella und erklärt mit orakelndem Unterton, Litwinenko und auch er selbst seien höchst gefährdete Personen. Auf Ersteren trifft dies jedenfalls wahrhaft todsicher zu, daran besteht jetzt kein Zweifel mehr.

In den nächsten 24 Stunden eskaliert die gesundheitliche Situation des schwer geschädigten Agenten, der Blutdruck sackt alarmierend stark ab, sodass Litwinenkos langjähriger Freund, der

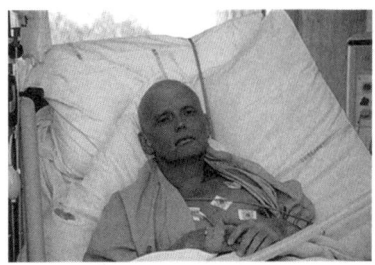

Ein Mord, der Wochen dauerte: Litwinenko wurde mit Polonium vergiftet. Wer brachte ihn um?

russische Mikrobiologe Alex Goldfarb, bereits das Schlimmste befürchtet, das dann einen Tag später auch eintritt. Am 23. November stirbt Litwinenko um 21.21 Uhr. Sein langer und zuletzt so qualvoller Kampf ist vorüber.

Die britische Gesundheitsbehörde HPA führte bald nach dem Tod eine genauere Untersuchung der Todesursache durch. Dabei fanden die Mediziner eine bemerkenswerte Anreicherung des radioaktiven Polonium-210 im Körper des Toten. Dieses Nuklid konnte äußerlich nicht identifiziert werden, da die emittierten Heliumkerne (Alphateilchen) wegen ihrer elektrischen Ladung und hohen Masse nur sehr oberflächlich in Materie eindringen. Ein Blatt Papier oder auch die Oberfläche der menschlichen Haut hält die Strahlung ab. Litwinenko trug die Substanz in seinem Körper, wo sie sehr direkt und schädigend auf die Zellen einwirken konnte. Die Poloniumwerte waren extrem hoch, sie entsprachen dem 200-Fachen der tödlichen Dosis bei Verschlucken des Materials.

Laut offiziellen Erklärungen wurde nie zuvor in der Geschichte Polonium als Mordwaffe eingesetzt. Einige sprachen im Zusammenhang mit dem Fall Litwinenko vom Beginn des nuklearen Terrors. Amtlich war in diesem Fall immerhin, dass es sich definitiv und unbestritten um Mord handelte. Dies konnte niemand mehr bestreiten. Eine seltene Ausnahme.

Wo und wie wurde dem Agenten die tödliche Poloniummenge verabreicht? Die Spur führt zurück zu jenem 1. November 2006, an dem sich der russische Ex-Spion mit seinen »Kollegen« traf. Das Datum lag zum Todeszeitpunkt gerade einmal drei Wochen zurück. Es musste wohl einer seiner Gesprächspartner gewesen sein, der ihn vergiftete. Bei dieser speziellen Methode konnte es aber schnell passieren, dass das Polonium auch das Umfeld kontaminierte. Das war sogar unvermeidlich. Die Ermittler konnten von Litwinenko noch erfahren, wo er sich am 1. November 2006 überall aufgehalten hatte. Das versetzte sie in die Lage, der Spur des Poloniums zu folgen. Und sie wurden an vielen Orten fündig. Am wichtigsten aber blieb der Anfangspunkt. Wo war die giftige Substanz erstmalig aufgetreten? Dies musste auch der Ort des Verbrechens sein. Wie sich herausstellte, fand die Vergiftung in der Bar des *Millennium*-Hotels statt. Einer der Gesprächspartner muss das Polonium in Litwinenkos Tee gesprüht haben. Tee trinken und abwarten!

Im Sommer 2007 berichtete dann der langjährige Barkeeper Norberto Andrade, was er an jenem Tag erlebt hatte. Er glaubt sogar, den genauen Moment zu kennen, als der Tee vergiftet wurde.

»Als ich Gin and Tonic servierte«, so erinnert er sich, »wurde mir die Sicht auf den Tisch blockiert. Ich konnte nicht erkennen, was sich da abspielte. Man schien mich aber völlig absichtlich zu behindern und abzulenken. Das machte es sogar schwer, den Drink hinzustellen. Das war der einzige Moment, wo die ganze Situation unfreundlich wirkte und irgendetwas vor sich zu gehen schien. Ich denke, das Polonium wurde in die Teekanne gesprüht. Man fand Kontaminierungen an einem Bild oberhalb des Platzes, an dem Litwinenko saß, und auch über den ganzen Tisch verteilt, auf dem Stuhl und auf dem Boden, also muss es ein Spray gewesen sein.«

Andrade fiel auch die unnatürliche Farbe des übrig gebliebenen Tees auf, und er war froh, dass er selbst ihn damals nicht gekostet hatte. In den folgenden Wochen jedoch quälte ihn ein unnatürliches Hitzegefühl, und er bekam Halsschmerzen. Er und seine Kollegen arbeiteten bis zum Beginn der Ermittlungen in einem mit Polonium verseuchten Raum. Sie alle müssen daher mit einem erhöhten Krebsrisiko im Alter rechnen. Ihm scheint es fast wie eine Ironie des Schicksals, dass in seiner Bar, in der auch die beiden James-Bond-Darsteller Sean Connery und George Lazenby gelegentlich weilten, nun eine mörderische Agentenverschwörung stattgefunden hatte, die ohne Weiteres aus einem jener Action-Filme hätte stammen können.

In den Wochen nach Litwinenkos Tod wird Polonium in einigen

Maschinen der *British Airways* gefunden, in verschiedenen Büros und in der britischen Botschaft in Moskau; ebenso werden Spuren bei Andrei Lugowoi entdeckt, in der Wohnung von Dmitri Kowtun in Hamburg Altona und natürlich bei Litwinenkos Frau. Kowtun und Lugowoi saßen am 1. November zusammen in der *Pine*-Bar des *Millennium*-Hotels, und den Ermittlungen zufolge war die tödliche Mixtur im Hotelzimmers Lugowois vorbereitet worden. Letzteren betrachteten die Behörden als den Täter, der das Polonium in Litwinenkos grünen Tee sprühte.

Im Januar 2007 verfügte *Scotland Yard* wohl bereits über ausreichende Beweise dafür und forderte die Auslieferung Lugowois, der längst nach Russland zurückgekehrt war. Da dies verfassungswidrig sei, lehnten die russischen Behörden eine solche Auslieferung allerdings ab, und die Beziehungen zwischen England und Russland wurden deutlich frostiger. England wies vier russische Diplomaten aus, woraufhin der Kreml mit ernsten Konsequenzen drohte. Bald mussten vier britische Diplomaten das Land verlassen, britische Amtsinhaber erhielten zudem keine Einreisevisa mehr. Was sich da abspielte, gemahnte wahrhaft an die Zeit des Kalten Krieges. Ein in die Jahre gekommenes Sandkastenspiel von ewigen Kindern, die groß und gefährlich wurden, ausgewachsen, aber nicht wirklich erwachsen.

Mit absoluter Sicherheit scheint bis heute nicht geklärt, ob Lugowoi wirklich der Mörder war. Litwinenko selbst verdächtigte auch Scaramella. Der nämlich sei an jenem Tag auffallend nervös gewesen, habe auch das Essen nicht angerührt. Das könnte aber auch dafür sprechen, dass er bereits wusste, was zuvor in der Bar geschehen war. Vielleicht hatte er also Angst, durch die Nähe zum mittlerweile verstrahlten Litwinenko selbst zum Opfer zu werden, auch wenn die Wahrscheinlichkeit eher gering war. Scaramella wies, wie sich bald herausstellte, lediglich ein niedriges Level an Po-210 auf.

Wer auch immer den Tee des Ex-KGB-Mannes vergiftet hatte, er wird dies in höherem Auftrag getan haben. Das war auch Litwinenko sofort klar. Drei Tage vor seinem Tod hatte er wohl seinem alten Freund Alex Goldfarb einige letzte Sätze diktiert, in denen er deutlich sagt, wen er für den eigentlichen Hintermann hält. Nach allgemeinen Worten des Dankes, die er an das Klinikpersonal, an die britische Polizei und an seine Familie richtet, erklärt er in dieser besonderen Variante eines Abschiedsbriefes:

»Während ich hier liege, kann ich schon deutlich die Schwingen des Todesengels schlagen hören. Vielleicht schaffe ich es noch, ihm zu entkommen, doch muss ich sagen, meine Beine sind nicht so schnell, wie ich es mir gerne wünschte. Deshalb denke ich, dass jetzt die Zeit gekommen ist, derjenigen Person ein oder zwei Dinge mitzuteilen, die für meinen gegenwärtigen Zustand verantwortlich ist.

Sie [gemeint ist der damalige russische Ministerpräsident Wladimir Putin, siehe unten, Anm. d. Verf.] mögen es schaffen, mich zum Schweigen zu bringen, aber dieses Schweigen hat einen Preis. Sie haben sich als so barbarisch und rücksichtslos erwiesen, wie Ihre ärgsten Feinde es behauptet haben.

Sie haben gezeigt, dass Sie keine Achtung vor dem Leben haben, vor der Freiheit, vor jeglichem Wert der Zivilisation. Sie haben sich als Ihres Amtes unwürdig erwiesen, als unwürdig des Vertrauens zivilisierter Männer und Frauen.

Sie schaffen es vielleicht, einen Mann zum Schweigen zu bringen, aber die Protestrufe aus aller Welt,

Der ganz besondere Abschiedsbrief Litwinenkos.

Herr Putin, werden in Ihren Ohren für den Rest Ihres Lebens nachhallen. Möge Gott Ihnen vergeben für das, was Sie getan haben, was Sie nicht nur mir angetan haben, sondern dem geliebten Russland und seinem Volk.«

Alexander Litwinenko war nach einer Karriere bei der Spionageabwehr und dem KGB zum erklärten Kritiker der russischen Staatsführung geworden. 1998 trat er mit schwerwiegenden Vorwürfen an die Öffentlichkeit und beschuldigte Putin als den damaligen Leiter des KGB-Nachfolgers FSB, den Auftrag zur Ermordung des russischen Oligarchen Boris Berezowski erteilt zu haben. Nach wiederholten Verhaftungen und Freilassungen wurden Litwinenko und seine Familie schließlich vom FSB bedroht. Im Jahr 2000 organisierte er daher die illegale Ausreise nach Großbritannien. In London traf er auf Berezowski, der ihn unterstützte. Hier schrieb Litwinenko kritische Bücher, in denen er den Geheimdienst und Putin weiter angreift und belastet. Zwei Jahre zuvor war es niemand anderer als Berezowski gewesen, der Litwinenko persönlich mit Putin bekannt machte.

Am 25. Juli 1998 kam es zu dem Treffen. Und der Geheimdienstler begann Putin augenblicklich über Korruption in den Kreisen des FSB zu berichten. Jener 25. Juli war allerdings auch Putins erster Tag als Geheimdienstchef. Was Litwinenko ihm da nun ohne Umschweife offenbarte, konnte ihn nicht begeistern. Putin zeigte sich unbeeindruckt, und der anscheinend übereifrige Agent schilderte seiner Frau später seinen Eindruck von jenem Treffen: »Ich konnte in seinen Augen sehen, dass er mich hasste.«

Geheimdienst-Chef Putin. Am 25. Juli 1998 begegnete ihm Litwinenko zum ersten Mal.

In England wurde Litwinenko am 14. Mai 2001 politisches Asyl gewährt. Er wirkte als investigativer Journalist und kritisierte die russische Regierung in vielfacher Weise. Ähnlich wie der 1991 auf sehr mysteriöse Weise ums Leben gekommene investigative US-Journalist und »Verschwörungstheoretiker« Danny Casolaro in Recherchen zu beinahe jeder Facette schmutziger Vorfälle im Umfeld der US-Regierung und -Geheimdienste verwickelt war, so verfolgte auch Litwinenko zahlreiche Einzelpfade in den Sumpf mächtiger Verschwörungen und übler Machenschaften. Sein Terrain war hierbei natürlich der herrschende russische Staatsapparat.

So schrieb er eine ganze Reihe von Attentaten auf einzelne Politiker, aber auch solche auf öffentliche Einrichtungen und unschuldige Menschen, entsprechenden geheimdienstlichen Operationen zu. Blutige Anschläge, die nach offizieller Darstellung von den Tschetschenen verübt worden waren, gingen laut Litwinenko in Wirklichkeit direkt vom FSB aus. Demnach war der Feind wiederholt in den eigenen Reihen zu finden. Dieser Feind verfolgte das Ziel absichtlicher Destabilisierung und der Stimmungsmache, eine »Strategie der Spannung«, um damit den Zweiten Tschetschenienkrieg zu provozieren.

Wie heißt es doch gleich? Jeder Krieg beginnt mit einer Lüge – eine weltweit gültige Weisheit. Um Ziele dieser Größenordnung zu erreichen, sind die Mächtigen dieser Welt zu vielem bereit. Im Wortsinne auch zu einigen Opfern. Eigentlich wissen wir es doch alle: Auf dem Altar der Politik werden heute noch Menschen geopfert, und ganz gewiss nicht wenige. Die Welt schreit offenbar nach Blut, hier hat sich doch seit der Steinzeit nichts geändert. Nur die Motive sind vielfältiger, die Methoden raffinierter geworden. Und die Opfer – noch zahlreicher. Das geschieht überall, ungeachtet von Ideologien, Systemen und Parteien. Monopolisten sind und bleiben Monopolisten.

Bei der Pearl-Harbor-Lüge vom 7. Dezember 1941 waren die entscheidenden Zirkel innerhalb der US-Regierung absolut bereit, beinahe 3000 Amerikaner zu opfern, um den Eintritt der USA in den Zweiten Weltkrieg rechtfertigen zu können. Bei den Attacken vom 11. September 2001 fast 60 Jahre später waren sie wiederum bereit, weitere 3000 Amerikaner zu opfern, um damit letztlich den »Krieg gegen den Terror« und den Angriff auf den Irak rechtfertigen zu können. Erneut saß der Feind in den eigenen Reihen!

Litwinenko auf einer Pressekonferenz, zusammen mit anonymen Geheimdienstlern. War der KGB-Aussteiger zu offen? Als früherer Agent und investigativer Journalist enthüllte er zahlreiche Geheimnisse.

Die Anschläge auf die Machtzentren der USA hätten in der Form nie stattfinden können, wären nicht Tür und Tor geöffnet worden für – ja, für wen eigentlich?

Sie hätten auch nie stattfinden können, wenn nicht die entscheidenden Zirkel dafür gesorgt hätten, dass aktiv an der sich entfaltenden Katastrophe mitgewirkt worden wäre! Wie gesagt, die entscheidenden Zirkel, nicht der komplette Regierungsapparat.

Aber zurück zu Litwinenko. Er machte den FSB auch für die Sprengstoffattentate auf Moskauer Wohnhäuser verantwortlich. Etwa 300 unschuldige Menschen kamen dabei um. Zugeschrieben wurden die brutalen Anschläge tschetschenischen Terroristen. Wenn Litwinenko irrte, warum kam dann eine öffentliche Untersuchungskommission zum gleichen Ergebnis wie er? Und warum wurde der Vorsitzende dieser Gruppe am 17. April 2003 erschossen? Nur ein *dummer* Zufall?

Vielleicht. Vielleicht sollten wir allerdings daran denken, dass oftmals weit eher ziemlich *kluge* »Zufälle« im Spiel sind! Im Umfeld der Ermittlungen gab es damals noch mehrere solcher klugen Zufälle.

Der Ex-KGB-Agent Litwinenko reihte unter anderem auch die Geiselnahme im Moskauer Musical-Theater sowie die Schulgeiselnahme von Beslan in die verdeckten Operationen des FSB ein, sprach von einer KGB-Kooperation des italienischen Ministerpräsidenten Romano Prodi und schrieb jenes 1999 auf das armenische Parlament ausgeführte Attentat, bei dem Armeniens Premier Vazgen Sargsyan umkam, dem geheimdienstlichen Hauptdirektorat der russischen Streitkräfte zu. Er deckte auch eine russische Verbindung zu bin-Ladens Terrororganisation *al-Qaida* auf, um die sich offenbar nicht nur die CIA beinahe schon rührend kümmerte, sondern ebenso der FSB, der laut Litwinenko den bekannten Terroristenführer Ayman al-Zawahiri im Jahr 1997 über sechs Monate lang in Dagestan im Nordkaukasus ausbildete.

In den Wochen und Monaten vor seinem Tod war Litwinenko wieder besonders aktiv und verfolgte die staatliche Zerschlagung des gigantischen russischen *Yukos*-Ölkonzerns, dessen loyalste Mitarbeiter plötzlich auf Nimmerwiedersehen verschwanden oder aber auf mysteriöse Weise ums Leben kamen und dessen Chef Michail Chodorkowski in ein sibirisches Haftlager gebracht wurde. Wie so oft, ging es auch hier um viel Geld und viel Macht.

Die britische *Times* wusste über einen anonymen Informanten ihres Vertrauens außerdem zu berichten, dass Litwinenko wenige Wochen vor seinem fatalen Treffen in der *Pine*-Bar des *Millennium*-Hotels einige sehr brisante Unterlagen zur Kreml-Übergabe des *Yukos*-Konzerns nach Israel gebracht hatte. Es war die Zeit, in der Litwinenko auch dem Fall der am 7. Oktober 2006 hinterrücks erschossenen regierungskritischen Journalistin Anna Politkowskaja nachspürte. Sie hatte im Westen als unabhängige Reporterin gegolten und nie ein Blatt vor den Mund genommen. Als sie an jenem Oktobernachmittag vom Einkaufen in ihre Moskauer Wohnung zurückkehrte, wurde sie kurz vor Betreten des Appartements im Hausflur von mehreren Schüssen erfasst. Einer davon traf sie als gezielter Kontrollschuss in den Kopf. Trotz Videobeweisen durch Aufnahmen von innerhalb des Hauses angebrachten Überwachungskameras wurden die Ermittlungen verschleppt.

Putin ließ damals die Einrichtung einer internationalen Untersuchungskommission jenes Mordes nicht zu, der exakt an seinem Geburtstag stattgefunden hatte. Während manche in dieser merkwürdigen Koinzidenz ein makaberes Geburtstagspräsent sehen, das sich der Präsident da vielleicht selbst bereitet hatte, interpretieren andere dieses sicher nicht ganz zufällige Zusammentreffen der Ereignisse als gezielte Provokation der russischen Staatsführung. Anna Politkowskaja sei außerdem nicht einflussreich genug gewesen, um Putin wirklich zu schaden. Zwischenzeitlich wurden verschiedenste Komplizen vorgeführt, während vom eigentlichen Mörder jede Spur fehlt. Die Geschworenen äußerten angeblich Ängste, vor den Medien aufzutreten, sodass der Fall in der Folgezeit unter Ausschluss der Öffentlichkeit weiterverhandelt wurde.

Am 19. Januar 2009 fielen nahe dem Kreml wieder tödliche Schüsse – diesmal traf es den Juristen Stanislaw Markelow. Er war dummerweise der Anwalt von Anna Polikowskaja gewesen. Ihr Prozess nahm auf den Tag genau einen Monat später ein jähes Ende, als alle Angeklagten freigesprochen wurden. Der Oberste Gerichtshof Russlands kam allerdings einige Monate später zu dem Schluss, dass der Freispruch ungültig sei. Aufgrund einer fehlerhaften Vorgehensweise in dem Fall sei es nötig, die Angelegenheit wieder vor Gericht zu bringen. Am 5. August 2009 schließlich begannen die neuen Verhandlungen. Ob die Schuldigen letztlich doch zur Rechenschaft gezogen werden und ob dann auch die eigentlichen Hintermänner beim Namen genannt werden können, bleibt offen.

Die Liste der Enthüllungen Litwinenkos ließe sich noch eine ganze Weile fortsetzen und wirkt in der geballten Form und in einigen Aspekten geradezu unglaubwürdig. Wären jedoch die Anschuldigungen allesamt wirklich so unsinnig und abwegig gewesen, nun, hätte es dann wirklich einen Grund gegeben, den Ex-Agenten auf höchst qualvolle Weise umzubringen? Viele haben sich gefragt, warum gerade eine Polonium-Vergiftung als Methode gewählt wurde, ihn zu töten. Und sie vermuten, den Tätern sei die Existenz moderner Methoden zum Nachweis des Nuklids nicht bekannt gewesen. Sie wollten also einen perfekten Mord ausführen und durch die verzögerte Wirkung der Substanz genügend Zeit gewinnen, unerkannt zu entkommen. Das mag sein. Es mag allerdings auch sein, dass dieser brutale Mord, der sich letztlich über drei Wochen hinzog, ein Exempel statuieren sollte. Die Welt – oder zumindest ein relevanter Teil von ihr – sollte sehen, was mit Verrätern geschehen kann, so glauben einige. Und noch heute sind der Welt die Bilder des sterbenden Litwinenko gut in Erinnerung.

Zwei Wochen bevor Litwinenko nichts ahnend den vergifteten Tee zu sich nahm, hatte er Putin als den eigentlichen Auftraggeber des Mordes an der Moskauer Journalistin bezeichnet. Und an jenem verhängnisvollen 1. November 2006 soll ihm der dubiose Italiener Mario Scaramella einige sehr aufschlussreiche Geheimpapiere ausgehändigt haben. Aus ihnen gehe hervor, dass ein Sonderkommando des FSB für den Politkowskaja-Mord verantwortlich zeichnete.

Litwinenko sollte den Dokumenten zufolge der Nächste sein. Als er diese Information erhielt, hatte er seinen Tee bereits getrunken …

4.

Tödliche Geschäfte

Den Vatikan erpresst man nicht: Roberto Calvi, 1982

Am frühen Morgen des 18. Juni 1982 herrschte bereits reger Betrieb auf den Straßen im Londoner Financial District. Der Alltag rief die Menschen in ihre Büros, alles ging seinen gewohnten Gang, auch für einen jungen Bankangestellten, der sich gerade zu Fuß auf dem Weg zu seinem Kreditinstitut befand. Als er an der *Blackfriars Brigde* vorbeikam, der Dominikaner-Brücke, warf er einen eher beiläufigen Blick auf ihre gleichmäßigen Bögen, an denen damals einige Renovierungsarbeiten durchgeführt wurden. In diesem Augenblick stutzte der Banker, hielt inne und sah genauer hin. Ihm war zunächst ein orangerotes Seil aufgefallen, das von einem Baugerüst herabhing. Nicht weiter bemerkenswert, hätte nicht am unteren Ende eine Leiche gehangen.

Die **Blackfriar Bridge** *in London.*

Diese Szenerie konnte glattweg einem alten Edgar-Wallace-Streifen entstammen – *Der Tote in der Themse*! Nur war sie bittere Realität und daher wirklich erschreckend. Während die Autos unablässig über die Brücke donnerten und die Stadt mehr und mehr erwachte, hing unter dem Bauwerk offenbar schon seit Stunden jener Leichnam.

Nachdem sich der Banker wieder einigermaßen gefasst hatte, machte er sich sofort zur nächsten Polizeistation auf und meldete seine gruselige Entdeckung – atemlos hastete er durch die Türe und stieß hervor: »An der Brücke hängt eine Leiche am Seil!«

Von der Uferböschung war der Tatort nicht zugänglich, also ruderten die Polizisten mit einem Boot hin. Sie umfuhren den Sockel der Brücke und sahen hier, an ihrem nördlichen Ende, das metallene Baugerüst im Wasser. Und genau wie der Zeuge berichtet hatte, hing hier die Leiche eines älteren Mannes. Das schmutzige Themsewasser umspülte den Unterleib des Toten und wog die leblosen Gliedmaßen leicht hin und her. Die Beamten der Londoner *River Police* durchschnitten den Strick und befreiten die Leiche vom Gerüst – oder umgekehrt. Der Mann schien noch nicht lange tot zu sein. Wenn er sich dort aufgehängt hatte, dann musste dies ohnehin in der gleichen Nacht geschehen sein, sonst wäre er längst entdeckt worden.

Jene Leiche musste zu Lebzeiten wohlhabend gewesen sein. Der Körper steckte in einem teuren Anzug, in den Taschen hatte der Mann massenweise Geld, insgesamt um die 15 000 Dollar in verschiedenen Währungen. Seltsam war das unfraglich, denn wer trägt schon so viel Geld bei sich? Ohnehin ist bekannt, dass reiche Menschen nur wenig oder überhaupt kein Bargeld bei sich tragen. Sie überlassen die nötige finanzielle Regelung jeweils ihrem mit entsprechenden Mitteln ausgestatteten Begleitpersonal oder zahlen unbar, wie mittlerweile fast jedermann.

Was hatte es mit dem Toten auf sich? War er Opfer eines Verbrechens oder aber doch der eigenen Hand? Ein Raubmord kam jedenfalls wirklich nicht in Frage, so viel war gleich klar. Bei der Durchsuchung des Jacketts fanden die Beamten auch einen italienischen Pass. Er war auf den Namen »Calvini« ausgestellt, Gian Roberto Calvini. Also wandte sich die Polizei an die italienische Botschaft in London. Ein »Calvini« war zwar nicht bekannt, doch entsann man sich eines wenige Tage zuvor spurlos verschwundenen Mannes namens Calvi. Und der war kein Unbekannter, sondern Direktor der römischen *Banco Ambrosiano*. Der Botschaftsmitarbeiter begleitete die Beamten zurück zum Fundort, wo er den mittlerweile schon »entrüsteten«, aber noch auf dem Boden liegenden Calvi eindeutig identifizierte. Der trug jetzt zwar keinen Schnauzbart mehr, dennoch gab es keinen Zweifel: Jener Tote war Roberto Calvi, der wegen seiner zwielichtigen Geschäfte, die er für den Vatikan erledigte, auch »Bankier Gottes« genannt wurde. Niemand wusste, was ihn nach London geführt hatte, wo ihn ausgerechnet ein junger Banker tot auffand.

Der »Bankier Gottes«: Roberto Calvi war in finstere Transaktionen verwickelt. Am 18. Juni 1982 wurde er erhängt unter der »Brücke der Schwarzen Brüder« in London aufgefunden.

Der Fall schien zunehmend mysteriöser zu werden. Ein bedeutender italienischer Bankier wird, mit falschem Pass und den Taschen voller Geld, erhängt unter einer Londoner Brücke aufgefunden! Dieser Bankier war zudem auch noch in dubiose Geschäfte verwickelt. Wenn das nicht förmlich nach Mord roch! Doch *Scotland Yard* zeigte sich eher unbeeindruckt. Zunächst dauerte es erst einmal fünf geschlagene Wochen, bis man sich zu einer Autopsie des Toten durchrang. Was zuerst so lange gedauert hatte, verlief dann allerdings kurz und schmerzlos – auch für Roberto Calvi. Bekanntlich beklagen sich die Patienten eines Pathologen nur selten.

Jedenfalls ging die Autopsie unter Leitung von Dr. Keith A. Simpson zügig vonstatten und endete mit dem klaren Ergebnis: Die Leiche war tot!

Nun, ein wenig mehr brachte man schon in Erfahrung: Selbstmord durch Strangulation.

Das mit der Strangulation war schon richtig, nur fragte es sich damit immer noch, wie es dazu gekommen war und ob nicht doch jemand anderes Hand angelegt hatte. Davon waren jedenfalls die Angehörigen des Toten überzeugt. Sie sprachen klipp und klar von Mord.

Laut Simpson hingegen gab es hierauf keinerlei Hinweise. Das Seil hatte den Hals gewaltsam zusammengezogen, doch geschieht das ja genauso auch bei einem Suizid. Und von einem vorausgegangenen Kampf, von Verletzungen, Vergiftungen, Betäubungsmitteln fand sich keinerlei Spur – wenn also überhaupt, dann musste das wahrhaft ein perfekter Mord sein.

Anfang November 1982 wurde der tote Calvi nach Italien zurückgebracht. Am 2. November fand in Mailand eine weitere Autopsie statt, auf Anordnung des dortigen Gerichts. Man wollte eine zweite Meinung einholen, so etwas ist in der Medizin auch posthum nicht unwichtig. Die italienischen Pathologen kamen dabei so ziemlich zum gleichen Ergebnis wie ihre Londoner Kollegen. Keine Anzeichen für falsches Spiel. Verdachtsmomente für ein Verbrechen? Für Mord? Fehlanzeige!

Bei dieser Einschätzung wäre es wohl noch für viele Jahre geblieben, vielleicht sogar für immer, hätte nicht ein Mitglied jener Mailänder Medizinergruppe eben doch Verdacht geschöpft. Bei Professor Antonio Fornari, einer italienischen Pathologen-Kapazität, begannen sämtliche Alarmglocken zu läuten, als er den Toten näher begutachtete und zudem auch die Situation am Tatort noch einmal genau rekonstruierte.

Fornari glaubt sich sogar zu erinnern, vor Jahren ein Konto bei der *Banco Ambrosiano* gehabt zu haben. Ihren Direktor lernte er jedoch erst als Leiche kennen. Das brachte der Beruf des Pathologen eben mit sich. Und seit jener Autopsie ließ ihn der Fall Calvi nicht mehr los. Für Fornari begannen die Mysterien schon lange, bevor er dem Banker erstmals die kalte Hand schüttelte, bevor die Leiche vor seinem prüfenden Auge auf dem Seziertisch lag. Die gesamte Fundsituation sträubte sich nämlich bereits gegen die viel bemühte Selbstmordthese.

In ihrer hervorragenden Buch- und Filmdokumentation des Falles berichten die beiden Autoren Heribert Blondiau und Udo Gümpel sehr plastisch von ihrem Zusammentreffen mit dem eminenten italienischen Pathologen, dessen Fachurteil auch die Mailänder Richter endlich davon überzeugte, dass Calvi ermordet worden war. Vor laufender Kamera schildert Professor Fornari seine ersten Eindrücke und erklärt: »Ein guter Gerichtsmediziner aber muss nicht nur die Leiche genauestens auf jeden auch noch so minimalen Hinweis auf einen gewaltsamen Tod absuchen können, er muss auch die gesamten Todesumstände mit berücksichtigen … In meiner 40-jährigen Karriere als Gerichtsmediziner habe ich sehr viele Fälle von Selbstmord durch Erhängen gesehen. Aber noch niemals habe ich den Fall eines Selbstmörders gesehen, der sich das Leben durch einen Sprung ins Wasser genommen hätte, wie Calvi, der ja von einem Gerüst unter einer Brücke in das Wasser der Themse bis zur Brusthöhe eintauchen musste.« Und die Autoren fügen hinzu: »Keiner hätte je einen Selbstmord durch Erhängen im Wasser gesehen.« Das wäre in der Tat etwas Neues gewesen – überdies aber gerade für Calvi ein Ding der Unmöglichkeit.

Wie sich herausstellte, hätte der unglückliche Bankier nach einem längeren Fußmarsch schließlich in völliger Dunkelheit eine unsichere, da sehr steil nach unten führende Treppe hinabsteigen und anschließend einen regelrechten Bocksprung vollführen müssen, um überhaupt das Gerüst zu erreichen. Wäre Calvi jung, schlank und sportlich gewesen, hätte er diese Übung wohl meistern können. Der Banker war allerdings das glatte Gegenteil. Jener recht kleine, untersetzte Mann brachte immerhin 120 Kilo auf die Waage. Außerdem gab es da noch etwas anderes:

Als Calvi noch am Strick hing, durchsuchte die Polizei die durchnässten Taschen des Toten und entdeckte darin noch fünf Kilogramm Steine. Der italienische Geschäftsmann schien also befürchtet zu haben, sein Körpergewicht alleine würde nicht ausreichen, ihm das Genick beim Sprung in die Themse auch wirklich zu brechen. Fünf Kilogramm mehr konnten da schon einiges ausrichten.

An sich wirklich idiotisch! Das waren im Grunde fünf Kilo Augenwischerei gewesen, um den Eindruck eines Freitodes zu verstärken! Aber immerhin: Wahrlich leichter wurde der Sprung auch durch die Steine nicht.

Nun befand sich Calvi allerdings immer noch nicht am Ziel. Vielmehr musste der schwerfällige alte Mann in stockfinsterer Nacht ohne jeden Halt über das Gerüst dackeln, um schließlich am finalen Punkt seiner Lebenslinie anzulangen. Der lag nämlich in sieben Meter Entfernung auf der anderen Seite des Metallgestells, das bald zu Calvis Galgen avancierte. Was folgte, war buchstäblich schwerfällig – ein wirklich schwerer Fall nach unten, so schien es.

Aber auch das stimmte nicht. Und für Fornari ergibt sich daraus das entscheidende Argument gegen Suizid. Denn wenn Calvi wirklich vom Gerüst sprang, legte er beim festgestellten Abstand zwischen dem Knoten am Gerüst und der Schlinge am Nacken einen freien Fallweg von ungefähr anderthalb Meter zurück. Vor allem beim nicht unerheblichen Körpergewicht Calvis, das durch die Steine sogar noch geringfügig erhöht war, hätte dieser Weg absolut gereicht, um den Halswirbelbereich schwer zu schädigen. Doch nichts! Gar nichts!

Auch laut Simpsons Autopsiebericht trat der Tod nicht durch Genickbruch, sondern durch Ersticken ein. Aber in der angetroffenen Situation war das schlichtweg gar nicht möglich. Calvi konnte auch nicht einfach ins Wasser hineingeglitten sein. Mehrfach wiederholte Dummy-Tests am Tatort konnten belegen, dass an Calvis Kleidung dann unvermeidlich Spuren von Rost und Farbe des Gerüstes hätten haften bleiben müssen. Doch auch hier nichts! Gar nichts!

Allmählich konnte Fornari in alter Sherlock-Holmes-Manier ein plausibles Szenario für den tatsächlichen Lauf der Geschehnisse jener Nacht entwerfen. Die Fundsituation und sämtliche Autopsieergebnisse deuteten darauf hin, dass der »Bankier Gottes« mit einem Boot zum Gerüst gefahren wurde. Offenbar hatte ihn sein Mörder von hinten mit einer Schlinge bewusstlos gewürgt und dann an einem der metallenen Pfosten festgemacht – zu jener

Stunde stand die Themse hoch, sodass diese Stelle vom Fluss aus bestens erreichbar war. Dann sank der Wasserspiegel langsam ab und mit ihm der mittlerweile tote Banker. Am Morgen hing Calvi in der Themse – wie ein Teebeutel im halbleeren Glas.

Wer auch immer der oder die Mörder waren, sie schienen jedes Detail bedacht und es sich bei allem auch noch richtig bequem gemacht zu haben. Doch diese Geschichte klang beinahe so, als ob sich Sherlock Holmes, Hercule Poirot und Miss Marple verschworen hätten – oder eher: Arthur Conan Doyle und Agatha Christie –, um den scheinbar perfekten Mord auszutüfteln. Fornari schien sich seinerseits bestens in jenen illustren Kreis genialer Ermittler einzureihen. Hatte er sich mit seinen Schlussfolgerungen letztlich vielleicht hoffnungslos verstiegen? Diesen Vorwurf wehrt er entschieden ab, denn er kann harte Fakten vorlegen für das, was er sagt.

Da waren beispielsweise die Spuren der Strangulation. Sie waren sogar doppelt vorhanden. Würde das Ergebnis der ersten Autopsie stimmen, hätte sich Calvi wohl gleich zweimal erhängt und wäre damit auf jeden Fall ins Buch der Rekorde gekommen. Doch so, wie Kennedy nur ein Gehirn haben konnte und auch Colby nicht zweimal starb, so machte jetzt auch Calvi keine spontane Ausnahme von der Regel. Man stirbt eben nur einmal, und das reicht meistens auch.

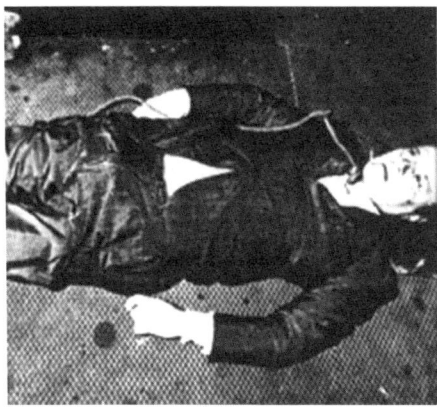

Calvi, kurz nachdem er vom Gerüst unter der Blackfriars Bridge abgenommen worden war.

Für Fornari war klar: Die eine Spur musste entstanden sein, als jemand dem Banker von hinten die Schlinge über den Kopf zog, um das Ende einzuleiten. Die andere Spur entstand, als die Mörder Calvi an der Gerüstkonstruktion aufknüpften, um sein Ende nunmehr tatsächlich zu besiegeln. Diese Herleitung des Geschehens wird noch durch einen weiteren pathologischen Fund bestätigt: Fornari entdeckte Hautabschürfungen im Bereich der Wangenknochen. Sie deuten klar darauf hin, dass Calvi die Schlinge schnell über den Kopf gelegt und auch sehr rasch und mit aller Gewalt zugezogen wurde. Das Gegenteil würde auch wenig Sinn ergeben haben, hätte sich am Ende das Opfer dann vielleicht sogar gegen die unfreundliche Behandlung sträuben können! Man wollte es aber möglichst praktisch haben.

Fornari hatte sich festgebissen, er wusste jetzt schon genau, es definitiv mit brutalem Mord zu tun zu haben. Doch fand er noch mehr Indizien hierfür. Auch an der Kleidung des Toten, die zuvor ebenfalls nie genau begutachtet worden war, stieß er auf interessante Hinweise.

An der Hose entdeckte er einen auffallend großen Ölfleck, an den Schuhen des Toten einige Reste von Farbe. Aber nicht die gelbe vom Gerüst. Die Farbe an den Schuhen war grün. Das Wasser der Themse hatte sie glücklicherweise nicht abgewaschen, und beides – Ölfleck sowie Farbreste – bestätigen das Szenario, in dem Calvi an Bord eines kleinen schmutzigen Hafenbootes an seine ungewöhnliche Richtstätte gebracht wurde.

Und noch etwas fiel dem wirklich perfekt arbeitenden Fornari auf: Der Henkersstrick war mit einem Seemannsknoten gebunden! Calvi aber hatte weder die leiseste Ahnung von Seefahrt noch davon, wie man einen solchen Knoten bindet. Für gewöhnlich legte er sich sowieso eher eine edle Krawatte um den Hals; die passte besser zu seinem dunklen Anzug und drückte auch nicht so ...

Fornari weiß sehr genau zu sagen, wann das tödliche Spiel ablief. Die letzten schrecklichen Momente Calvis sind zeitlich um kurz vor zwei Uhr früh anzusiedeln. Anhand einer genaueren Begutachtung der Totenstarre waren bereits die Londoner Pathologen auf ungefähr die gleiche Zeit gekommen. Calvi trug außerdem zwei Uhren bei sich, eine Taschenuhr und eine Armbanduhr. Letztere, eine *Patek-Philippe*, war nicht wasserdicht – ungefähr so wie die ganze Suizid-Geschichte. Jedenfalls war die Uhr um 1.52 Uhr stehen geblieben. Genau dann nämlich, als der unglückliche Calvi unter der Brücke … hängen blieb.

Zu guter Letzt verriet auch der Themse-Stand nach recht umfangreichen Berechnungen, wann Calvi aufgeknüpft worden war. Als man ihn fand, hing der tote Bankier, wie bereits erwähnt, nur noch mit dem Unterkörper im Wasser. Sein Jackett war aber bis auf Achselhöhe durchnässt und eingeweicht. Zusammen mit der Seillänge und der Tidenhöhe jener Nacht ergab sich daraus der gesuchte Zeitpunkt. Die Methode bestätigt: Es muss wenige Minuten vor zwei Uhr früh geschehen sein.

Nur, warum? Warum musste Calvi sterben? Wer war dieser geheimnisvolle Mann und wer waren seine Mörder?

Der Name Calvi verbindet sich auf immer mit einem der größten Bankenskandale Italiens. Als Chef der *Banco Ambrosiano* stand er der zweitgrößten Privatbank des Landes vor. Roberto Calvi und der Chef der Vatikanbank, der nicht minder dubiose Erzbischof Paul Marcinkus, standen in enger geschäftlicher Beziehung. Die *Ambrosiano*-Bank bildete den wesentlichen Dreh- und Angelpunkt unsauberer vatikanischer Transaktionen. Und die Vatikanbank strahlte in engelsgleicher Sauberkeit. Schon der offizielle Name dieser Bank erhebt sie über jeden Zweifel: *Istituto per le Opere di Religione*, kurz IOR – das *Institut für religiöse Werke*.

»Der Gorilla«: Erzbischof Paul Marcinkus – Chef der Vatikanbank.

Der Vatikan, jener Staat mit Sonderstatus, bildete für derlei Transaktionen eine hervorragende Plattform, während Calvi und seine Bank wirtschaftliches und fachliches Potenzial in Hülle und Fülle lieferten. Der 1,90 Meter große, in Chicago geborene Marcinkus begann seine Vatikankarriere im Jahr 1952 und wurde schließlich Leibwächter des Papstes. Man nannte ihn auch »Der Gorilla«. Sein ganzes Erscheinungsbild strahlte nicht viel Klerikales aus. Der Bischof fiel eher durch ein oft grobes Benehmen auf, er rauchte und gab sich auch in seinen markigen Sprüchen ziemlich weltlich: »Die Kirche lebt nicht nur vom Ave Maria«, sagte er einmal. Und ein andermal: »Wir legen unser Geld dort an, wo es am meisten bringt.« Mit Marcinkus im Vatikan und Calvi in der *Banco Ambrosiano* sowie mit zusätzlichen schattenhaften Figuren eines weit gefächerten Unterweltnetzwerkes sehen wir uns den Spitzenakteuren einer groß angelegten Finanzverschwörung gegenüber. Rund fünf Jahre sollte es dauern, um einigermaßen Licht in die mörderischen Abgründe zu bringen, die sich da aufgetan hatten. Daraus resultierten dann drei Haftbefehle, einer davon gegen Erzbischof Marcinkus, die beiden anderen gegen seinen Stellvertreter Luigi Mennini und den Chefbuchhalter Pellegrino De Strobel. Von da an konnte Paul Marcinkus die Mauern des schützenden Vatikans für geraume Zeit nicht verlassen und zog sich 1990 schließlich in die Vereinigten Staaten zurück. Dort starb er im Februar 2006 in Sun City bei Phoenix in Arizona.

Doch zurück in die aktive Zeit, als Marcinkus noch eifrig Patronatsbriefe für Calvi unterzeichnete, die alle Gläubigerbanken sofort davon überzeugen sollten, das von ihnen an den »Bankier Gottes« verliehene Geld zurückzuerhalten. Calvi hatte seinerseits sehr fleißig ein verwirrendes Netzwerk angelegt, um jeden Prüfer an den Rand des Wahnsinns zu treiben und die Gelder durch unsichtbare Kanäle verschwinden zu lassen. Schließlich waren es rund 200 nur auf dem Papier existierende Kreditinstitute, echte »Geisterbanken« – man könnte auch von handfesten »Nebelbanken« sprechen.

Dies alles nur, um Spuren zu verwischen. Die einzige reale Bank war die *Cisalpina* auf den Bahamas. Calvi und Marcinkus verwalteten dieses Unternehmen gemeinsam, wobei auch hier vieles darauf hindeutet, dass dabei sehr schmutzige Geschäfte abgewickelt wurden. Denn über *Cisalpina* wurden ganz offenbar Drogengelder aus lateinamerikanischen Staaten gewaschen. Unterstützend wirkte dabei die *World Finance Corporation* in Miami mit.

1987, als die Mailänder Ermittlungsrichter ihre Ergebnisse vortrugen, erschien ein ausführlicher Beitrag in der *Zeit*. Damals, am 6. März jenes Jahres, schrieb der Autor Friedhelm Gröteke unter anderem:

»Einige Dutzend Institute liehen Calvis *Banco Ambrosiano* für dessen Tochtergesellschaften in Panama zusammen eine Milliarde Eurodollar. Die Ermittlungsrichter fanden heraus, dass Roberto Calvi 500 bis 600 Millionen Dollar davon wegnahm, um über die Holding *Suprafin* Aktienpakete seiner eigenen Bank aufzukaufen. Die brachte er anschließend bei Dutzenden von Briefkastengesellschaften auf den Bahamas, in Liechtenstein und Panama unter. In der Hauptversammlung ließ er dann – zusammen mit der vatikanischen Bank als befreundeter Großaktionärin – die Puppen tanzen – an Fäden, die niemand sah.

Als der *Banco Ambrosiano* und ihrem Chef im Frühjahr 1982 die Schulden über den Kopf wuchsen und Bankpräsident Calvi sich unter der Londoner Themse-Brücke der Schwarzen Brüder erhängte, suchte sein Vize-Präsident Roberto Rosone beim Kollegen Marcinkus im Vatikan um Audienz nach und präsentierte ihm die Patronatsbriefe, in denen die IOR für den Milliardenkredit garantierte. Doch der Erzbischof zog aus einer Kassette Gegenbriefe heraus. Die waren von Calvi unterschrieben. Darin erkennt der Bankpräsident der *Ambrosiano* an, dass die IOR keine Verpflichtungen habe. Marcinkus blieb entsprechend zugeknöpft – und der Zusammenbruch der *Banco Ambrosiano* war nun nicht mehr aufzuhalten. Mit 1,2 Milliarden Dollar Verlust endete der bis dahin größte Bankenkrach Italiens.«

Wohlgemerkt, damals war tatsächlich noch vom Selbstmord Calvis die Rede, der Fall wurde allgemein als solcher akzeptiert, und keiner stellte die offiziellen Ergebnisse der ersten Obduktion in Frage – bis auf Fornari! Erst mehr als ein Jahr später, am 1. Dezember 1988, entschied dann das Mailänder Zivilgericht auf dessen zweiten Autopsiebericht hin, dass Calvi definitiv das Opfer eines kaltblütigen Mordes geworden war.

Calvi hatte dem Vatikan, der hinter den Geisterbanken stand, über sein Netzwerk gigantische Summen verschafft. IOR und sein Chef Marcinkus waren voll und ganz in die verschwörerischen Geldbeschaffungsmaßen verwickelt. Doch Calvi geriet zunehmend unter Druck. 1978 schon erarbeitete die Bank von Italien einen Bericht über die *Ambrosiano*-Bank und stellte darin fest, dass etliche Milliarden Lire auf illegalem Weg ins Ausland geschafft worden waren.

1981 wird Calvi zu vier Jahren Haft verurteilt und sitzt im Gefängnis von Lodi. Dort unternimmt er tatsächlich einen Selbstmordversuch – was natürlich bald allgemein bekannt wird. Allein deshalb schien diese Todesart für ihn bereits geradezu vorbestimmt. Damals, 1981, überlebte Calvi den Versuch und kam auch bald aus der Haft frei, um seine Geschäfte in der Bank weiterzuführen. Doch die Geheimnisse lasteten auf ihm. Was, wenn die eigentlichen, die wirklich großen Machenschaften sowie sein komplettes Netzwerk aufgedeckt würden, was, wenn der Vatikan ihn sitzen ließe? Aber er hatte ja die von Marcinkus und auch von Papst Johannes Paul II. unterschriebenen Patronatsbriefe und zahlreiche Dokumente, mit denen er notfalls alles selbst auffliegen lassen konnte – ja, er konnte den Vatikan gegebenenfalls erpressen.

Was Calvi im Einzelnen wusste, enthüllte sich den Gegenkräften zunächst nicht, aber es schien genug sein, um enormen Schaden anzurichten. Gegenüber seiner Tochter Anna sagte er einmal: »Wenn ich auspacke, dann werden die Priester den Petersdom verkaufen müssen, dann wird kein Stein im Vatikan mehr auf dem anderen bleiben.«

Zwei Wochen vor seinem Tod schreibt Calvi in seiner wachsenden Verzweiflung und Sorge über den Zusammenbruch seiner Bank einen Brief an Papst Johannes Paul II. – er warnt ihn vor den Folgen und verlangt Hilfestellung. Doch der Papst antwortet nicht.

Am 9. Juni 1982 berichtet Calvi seinem dubiosen Vertrauten Flavio Carboni, der als Bindeglied zwischen dem Vatikan und der Unterwelt fungiert, er werde nunmehr vom IOR-Geschäftsführer Luigi Mennini, dem Stellvertreter von Marcinkus, regelrecht erpresst. Menninis Sohn, der zum Kreis der Vizedirektoren von

Ambrosiano rechnet, könne die finsteren Geschäfte offenlegen. Er könne Roberto Calvi ohne Weiteres wegen seiner illegalen Auslandstransaktionen anzeigen.

Die Bedingung, dies nicht zu tun, war völlig einfach und leicht verständlich. Calvi sollte wieder Geld beschaffen, viel Geld! Er sollte zusätzliche 300 Millionen Dollar an das IOR vermitteln. Nun begann sich die Schlinge um Calvis Hals bereits zuzuziehen. Trotzdem gab der »Bankier Gottes« noch nicht auf. Er glaubte, das Problem lösen und auch sich selbst dabei in Sicherheit bringen zu können. Denn Angst hatte er schon lange, und er wusste, auf welches Spiel er sich einließ.

Mittlerweile verfolgte ihn die Angst auf Schritt und Tritt. Jetzt wollte er aber einen neuen Schachzug unternehmen. Er war sich sicher, in der Schweiz, in Zürich »die richtigen Knöpfe drücken zu können«. Hier glaubte er die Summen loshebeln zu können, um seine Bank zu retten und den geldhungrigen Vatikan zufrieden zu stellen. Er will als strahlender Sieger nach Rom zurückkehren.

Als Calvis Leibwächter am 11. Juni die Türe zur Wohnung des Bankiers öffnet, findet er sie leer vor. Nur eine kleine Notiz liegt am Nachtkästchen: »Unvorhersehbare Pflichten erfordern es, mich für ein paar Tage zu entfernen« – wobei sich andere dann bald um die *dauerhafte* Entfernung kümmerten.

Calvi hat das Land verlassen. Teils scheint es der Versuch zu sein, die Situation zu retten, teils aber ist es auch eine Flucht. Die nächsten Tage sind von einer abenteuerlichen, von einer gehetzten Reise auf verschlungenen Pfaden gekennzeichnet. Und immer dabei: die geheimnisvolle Aktentasche mit den brisanten Dokumenten.

Vom Flughafen in Rom geht es zunächst nach Triest. Dort trifft Calvi mit dem Zigarettenschmuggler Silvano Vittor zusammen. Der allerdings soll jetzt keineswegs Glimmstengel illegal über die Grenze bringen, sondern einen von himmlischen und höllischen Furien gleichermaßen gejagten Bankier. Vittor stammt aus dem Freundeskreis Carbonis. Mafioso Ernesto Diotallevi stattet den *Ambrosiano*-Chef mit einem falschen Pass aus. Calvi soll dann unerkannt nach Jugoslawien gebracht werden, von dort nach Österreich. Die Filmemacher Blondiau und Gümpel berichten hierzu:

»Am Abend kommt Vittor mit einem Freund, der später als Eligio Paoli identifiziert wird, genannt ›il biondino‹, der Blonde. Die prall gefüllte Aktentasche Calvis bleibt in Triest bei Vittor. Vittor suggeriert Calvi, so sagt es Carbonaris Sekretär Pellicani aus, dass es unvorsichtig sei, die Dokumente … beim zweimaligen illegalen Grenzübergang mit sich zu führen. Er, Vittor, werde die Tasche direkt nach Klagenfurt bringen. Calvi willigt schließlich ein und nennt Vittor angeblich sogar die Kombination des Zahlenschlosses seiner Aktentasche.

Um 23.45 Uhr verlässt Calvi italienischen Boden. Er soll erst als einbalsamierter Leichnam wieder zurückkehren, im Herbst 1982.«

Vielleicht war der umständliche Weg über Jugoslawien vor allem deshalb eingeplant worden, um einen Vorwand zu schaffen, Calvi die Aktentasche abzunehmen. Jedenfalls gelangt der »Bankier Gottes« auf seiner Odyssee nun in einer Jolle ins jugoslawische Zusterna und danach mit dem Wagen in einer nächtlichen Fahrt nach Klagenfurt. Calvi nutzt auch die Gelegenheit, um nach Wien zu fahren und dort den ehemaligen Metzger Leopold Ledl zu treffen. Er will von ihm weiteres, den Vatikan belastendes Material erhalten. Mittlerweile sind auch Flavio Carboni und seine Freundin in Klagenfurt eingetroffen. Angeblich habe ihm Calvi nach seiner Rückkehr aus Wien aus Dankbarkeit seine teure *Cartier*-Uhr geschenkt und dann begonnen, lautstark über den Vatikan zu schimpfen.

Um Mitternacht stößt nun Vittor seinerseits zu dem Kreis und bringt auch die kostbare Tasche mit. Er hatte zwischenzeitlich genügend Zeit, das Material zu durchforsten. Das mochte der Entscheidungsfindung gedient haben: Wusste Calvi wirklich zu viel und musste daher sterben, oder konnte man ihn ziehen lassen? Die Antwort auf diese Frage ist bekannt.

Der Bankier sprach sehr viel über den Vatikan und wusste auch, wohin die Gelder geflossen waren, die Marcinkus zunächst dem IOR einverleibt hatte. Johannes Paul II. führte das Geld der polnischen Arbeiterbewegung *Solidarnosc* unter Lech Walesa zu. Nur so konnte der Umbruch realisiert werden, ein Umbruch, den auch die US-Regierung unter Ronald Reagan und die CIA sehnlichst erwarteten. Letztlich galt alles einem guten Zweck, und der heiligt bekanntlich die Mittel. Das Ganze funktionierte freilich nur mit Calvis massiver Unterstützung – doch jetzt hatte er ausgedient, er war finanziell ausgelaugt; üble Enthüllungen standen kurz bevor, und er selbst konnte ebenfalls alles ans Licht bringen, denn er wusste einfach viel zu viel. Also wurde er fallen gelassen – wie eine heiße Kartoffel, allerdings am Strick.

Calvi und Vittor machen sich am Abend des 13. Juni in die Schweiz auf. In einem Telefonat mit seiner Frau spricht er davon, eine wichtige Operation beenden zu müssen, sagt aber nichts über seinen Aufenthaltsort. Der ändert sich ohnehin fortwährend. Nach weiterem Hin und Her soll sich Calvi in Bregenz sehr plötzlich dazu entschlossen haben, nach London zu gehen, wo er zusammen mit Vittor am Abend des 15. Juni eintrifft. Carboni zeigt sich etwa zur selben Zeit in Zürich sehr rührig. Er telefoniert sehr viel, auch mit Washington.

In London angekommen, beziehen Calvi und Vittor das Zimmer 881 im *Chelsea Cloisters*, einer drittklassigen Unterkunft, über die Calvi geradezu entsetzt ist. Wahrhaft nichts für den immer noch einflussreichsten, mächtigsten Privatbanker Italiens! Calvi ist außer sich und ruft den Mann an, der diese muffige Absteige vermittelt hat: einen Mann namens Albert Kunz. Natürlich ebenfalls nicht gerade von der Sorte »Hinz«, sondern ein hochrangiger Schweizer Armeeoffizier. Darüber hinaus ist er Mitglied der P2-Freimaurerloge von Licio Gelli.

Das »Hotel« soll Anonymität gewähren, und sein besonderer »Charakter« ist es auch, der letztlich die besten Voraussetzungen schafft, die Mörder unerkannt mit dem unglücklichen Calvi entkommen zu lassen. Der wiederum wird immer misstrauischer, verlässt das Hotel

Emblem der italienischen P2-Loge.

nicht und verliert auch langsam sein Vertrauen in Carboni. Es gibt auch jeden Grund dazu.

Was Calvi nicht wusste und auch erst 15 Jahre später ans Licht kam, ist die Tatsache, dass Carboni nicht erst am 16. Juni nach London nachreiste, sondern ziemlich zur gleichen Zeit, wie Calvi eintraf. Damit blieb ihm offenbar genügend Spielraum, den Mord vorzubereiten und in die Wege zu leiten. Offiziell hingegen sei er nur gekommen, um eine adäquatere Unterkunft für seinen Freund Calvi zu organisieren – was dem edlen Samariter später die Mordanklage gebracht habe.

Am 17. Juni wird Carboni ungewöhnlich früh aktiv und telefoniert schon am Morgen mit dem Bruder von Giulio Andreottis rechter Hand, Außenhandelsminister Claudio Vitalone. Ministerpräsident Andreotti gilt als »Vertrauensmann der Mafia auf der politischen Ebene«. Die diversen Kräfte scheinen sich nun zusammenzuraufen, um den finalen Akt im Drama Calvi einzuleiten. Dazu telefoniert Carboni auch mit dem P2-Logenmitglied Kunz.

Nun bricht der letzte Abend im Leben von Roberto Calvi an. Die Sonne wird er nie wieder aufgehen sehen. Gegen 17 Uhr ruft Carboni im *Chelsea Cloisters* an und erklärt, er habe nun ein besseres Hotel gefunden. Calvi packt seine Sachen zusammen in der Hoffnung, nun endlich eine geeignete Unterkunft zu erhalten, die ihm wenigstens einigermaßen die Möglichkeit bieten würde, einige wichtige Persönlichkeiten für die von ihm geplanten Schachzüge zu treffen. Wenige Minuten zuvor fiel in Mailand die Entscheidung, ihn abzusetzen und die Zwangsliquidierung der *Banco Ambrosiano* einzuleiten.

Calvi ist verzweifelt. Dennoch will er Gegenmaßnahmen ergreifen. Es ist gegen 22 Uhr, als zwei jüngere, italienisch sprechende Männer in das *Chelsea Cloisters* gehen und die langen, schummrigen Flure nach Calvis Zimmer absuchen. Sie irren sich in der Türe und klopfen versehentlich bei dem Kunstmaler Gerald Coomber. Die beiden Fremden sehen sofort, dass sie den Falschen vor sich haben. Nach einem kurzen Wortwechsel verabschieden sie sich wieder. Erst später soll Coomber denselben Männern zusammen mit dem verständlicherweise bereits stark mitgenommen aussehenden Bankier im Aufzug wieder begegnen. Damit ist Coomber der letzte Zeuge, der Calvi lebend sah. Die Aktentasche hat er jetzt nicht mehr bei sich.

Calvi muss einen triftigen Grund gehabt haben, den Männern freiwillig zu folgen. In jedem Falle ging es dabei um seine Existenz – nur wollte er sie retten, die anderen zerstören. Wen er an jenem letzten Abend nur wenige Stunden vor seinem gewaltsamen Tod noch traf, bleibt rätselhaft. Carboni erklärte, Calvi habe tatsächlich vorgehabt, sich »mit zwei Personen« in London zu treffen.

Er muss mit diesen Leuten noch zu Abend gegessen haben, das ergab eine dritte Autopsie im Jahr 1999. Dieses Dinner war seine Henkersmahlzeit. Was später geschah, bleibt im Detail unbekannt. Auch, wie man Calvi schließlich dazu brachte, ins Themse-Boot zu steigen. Möglicherweise gelang dies unter dem Vorwand, seine Spur damit verwischen und ihn an einen sicheren Ort bringen zu wollen. Vielleicht gaben die Täter vor, eine Änderung der ursprünglichen Absicht eines Hotelumzugs wäre gut; Calvi müsse möglichst schnell und unerkannt das Land verlassen. Darauf könnte auch hinweisen, dass er, als man ihn erhängt vorfand, keinen Bart mehr hatte. Gerald Coomber allerdings ist sich sicher, dass Calvi seinen markanten Schnorrati im Aufzug noch trug.

Vittor ist an jenem Abend zunächst nicht da, kehrt dann allerdings später auf Zimmer 881 zurück, wo er die Abwesenheit Calvis bemerkt. Er scheint Carboni telefonisch informiert zu haben, denn die *British Telecom* registriert einen ausgehenden Ruf. Calvi aber kann es nicht gewesen sein.

Ein Vergleich der Aufzeichnungen der *British Telecom* mit den Daten des *Sheraton Inn*, in dem Flavio Carboni logierte, lässt den Schluss zu, dass Carboni in jener Nacht noch wiederholt mit Zimmer 881 telefonierte. Unter den Gesprächspartnern findet sich auch Albert Kunz – der P2-Kontakt.

Calvi hängt bereits unter der Brücke der Schwarzen Brüder, der *Blackfriar Bridge*. Eigentlich sind damit die Dominikaner gemeint. Seltsam aber, dass es wohl gerade diese Brücke sein musste – denn auch die Mitglieder der P2-Loge werden manchmal als die »Schwarzen Brüder« bezeichnet. Auch Calvi selbst war angeblich ein Mitglied von P2, seine Ermordung und natürlich auch die genau ausgewählte Örtlichkeit seien eine deutliche Warnung aus den Kreisen der Logenbrüder gewesen.

Laut Aussage des Mafia-Informanten Francesco Marino Mannoia, der aufgrund seiner Enthüllungen in das US-Zeugenschutzprogramm aufgenommen wurde, hatte man Calvi eigentlich deshalb umgebracht, weil sich mit dem Untergang der *Ambrosiano*-Bank auch Mafiagelder im Nichts aufgelöst hatten. Der Mordauftrag sei von Mafiaboss Giuseppe Calò und Licio Gelli ausgegangen, während der Killer selbst vielmehr der Londoner Mafioso Francesco Di Carlo gewesen sei. 1997 wurden Calò und Carboni von römischen Strafverfolgern angeklagt, in den Calvi-Mord verwickelt gewesen zu sein. Sechs Jahre später erklären die Behörden, dass die Mafia nicht allein eigene Interessen verfolgte, sondern auch versucht habe sicherzustellen, dass Calvi keine politisch bedeutsamen Personen oder Repräsentanten der Freimaurer, der P2-Loge und des IOR erpressen konnte.

Am 5. Oktober 2005 beginnt in Rom der Prozess gegen fünf Personen, die des Mordes an Roberto Calvi bezichtigt wurden: Giuseppe Calò, Flavio Carboni und seine österreichische Freundin Manuela Kleinzig, Silvano Vittor sowie Ernesto Diotallevi. Am 6. Juni 2007 werden alle fünf Personen freigesprochen.

CIA, Drogen und Mord:
Adler Berriman Seal, 1986

Das kleine Städtchen Alexander ist ein verschlafenes Nest im ländlichen Arkansas, unweit vom ebenfalls ziemlich verschlafenen Little Rock. Eine Gegend, in der nicht viel los ist. Das ausgedehnte Waldland war bis in die 1880er-Jahre wirklich so etwas wie das Ende der Welt. Dann wurden die ersten Eisenbahnlinien durch die Einsamkeit gelegt, und die Zahl der Siedler wuchs seitdem ganz allmählich. Auch die Industrie begann sich auszudehnen, doch das Land ist weit. Viele Pensionäre suchen sich heute deshalb hier ein ruhiges Domizil fürs Alter. Die Natur hat hier noch richtig Platz. In den riesigen Parks begegnen Wanderer oft tagelang keinem anderen Menschen, und neben den zackigen Ozark Mountains im Norden bieten auch die westlichen Regionen mit den Ouachita Mountains reizvolle Abgeschiedenheit. Eine Abgeschiedenheit, die allerdings auch anderen Aktivitäten als Wandern, Klettern und Bergsteigen sehr entgegenkam.

Alexander befindet sich nahe einem über lange Zeit hinweg strengstens überwachten und viele Jahre geheim gehaltenen Ort, der unter Eingeweihten als A-12 bekannt war. Wenn mitten in der Nacht wieder einmal der Lärm von Flugzeugmotoren die Stille durchbrach und vom Wind in die fernen Ansiedlungen getragen wurde, mochten die einen oder anderen ahnen, was sich dann in den dunklen Wäldern abspielte. Für die direkt Beteiligten schien sich einmal mehr das Märchen von Sterntaler zu erfüllen, allerdings in einer eher modernen Variante. Wenn die Maschine kurz über A-12 kreiste, fiel bald eine kostbare Fracht vom Himmel. Das konnte pro Woche durchaus um die neun Millionen Dollar bringen.

Was da aus der Luft abgeworfen wurde, waren zentnerweise Drogen. Dank jener »drug drops« über den einsamen Waldgebieten waren die Maschinen bei ihrer Landung auf dem weiter im Westen gelegenen *Mena Airport* sauber. Auch wenn jeder wusste, was sich zu nächtlicher Stunde zutrug, hätte niemand versucht, wirklich etwas gegen den exzessiven Drogenhandel zu unternehmen. Dafür steckte zu viel Macht dahinter. So liefen die Geschäfte für gewisse Kreise wie am Schnürchen, meist klappte alles bis ins letzte Detail, und außerdem hatte man ja wahrhaft Routine.

In einer späten Augustnacht im Jahr 1987 allerdings gab es ein paar Komplikationen. Damals war das Bodenpersonal von A-12 doch ziemlich nervös, denn bei der vorherigen Lieferung war dem Bergungsteam der Braten vor der Nase weggeschnappt worden. Irgendwer musste, wie und durch wen auch immer, Wind von der Operation bekommen haben und holte sich die fette Beute, noch bevor die »rechtmäßigen Besitzer« ihrer habhaft werden konnten. Als sie an Ort und Stelle eintrafen, wo eigentlich wieder Pakete im Wert von einigen Millionen Dollar herumliegen sollten, war der Boden bereits blank geputzt. Keine Spur mehr von allem, auch nicht von den Dieben.

Jetzt war man also alarmiert. Eine solche Schlappe durfte ein zweites Mal nicht vorkommen. Das war in etwa der Stand der Dinge, als die nächste Drogenoperation über die abgelegene Waldbühne gehen sollte. Der Abend senkte sich über Little Rock, die Dunkelheit kam – und mit ihr die »drug drops«. In den Wäldern spielte sich aber in jenen späten Stunden des 22. August noch mehr ab, denn damals waren ein paar vereinzelte Gestalten in der Nähe unterwegs, nächtliche Besucher, die im Grunde überhaupt nichts mit den dunklen Machenschaften der Drogenbarone von Arkansas zu tun hatten.

Hier und da pirschten Jugendliche durchs Unterholz. Warum sie um diese deutlich vorgerückte Uhrzeit noch in den Wäldern herumspazierten, bleibt ein ungelöstes Rätsel. Vielleicht wollten sie nur auf eine spannende nächtliche Hirschjagd mit ihren Taschenlampen gehen, vielleicht aber hatten sie doch ein paar mehr oder minder vage Gerüchte im Ort aufgeschnappt, die ihre Neugierde weckten. Gemunkelt wurde ja schon lange. Wie gesagt, man weiß es nicht.

Am nächsten Morgen gegen 4.25 Uhr donnerte der Frachtzug der *Union-Pacific*-Gesellschaft lautstark durch die noch schlummernde Landschaft. Gerade setzte die Dämmerung ein, aber noch herrschte weitgehende Finsternis. Die Fahrt ging nordwärts, an Little Rock vorbei. Plötzlich tauchte im Scheinwerferkegel der Lok etwas Dunkles, Undefinierbares auf. Es lag mitten auf den Schienen. Zum Bremsen war es längst zu spät, und die mächtigen Stahlräder rollten mit voller Wucht über das Hindernis hinweg.

Bald bestätigten sich die schlimmsten Befürchtungen – der Zug hatte sogar gleich zwei Menschen erfasst und getötet. Es waren zwei Jugendliche, die beiden Teenager Don Henry und Kevin Ives aus Alexander. Auch sie waren in der Nacht losgezogen, um angeblich auf die Jagd zu gehen. Sie waren aber nicht etwa übermütig vor der heranrasenden Lok noch über die Schienen gesprungen, sondern müssen sich bewusst auf die Gleise gelegt haben, direkt nebeneinander, um ganz gezielt in den Tod zu gehen.

Don Henry (links) und Kevin Ives.

Als sie sich von zu Hause verabschiedeten, wirkten sie aber nicht anders als sonst, auch die Tage zuvor waren sie bester Stimmung gewesen. Der Gerichtsmediziner von Arkansas, ein gewisser Dr. Fahmy Malak, der mit der pathologischen Seite des Falles betraut war, sprach von einem bedauerlichen Unfall. Die beiden jungen Opfer mussten wohl nach dem Genuss von rund 20 Marihuana-Zigaretten nebeneinander auf den Schienen eingeschlafen sein. Den Zug hatten sie nicht mehr bemerkt. Und damit war ihr gemeinsames Ende besiegelt.

Niemand außer Dr. Malak wollte diese Geschichte ernstlich für bare Münze nehmen. Die Familien der Getöteten liefen Sturm gegen die Behauptungen des Pathologen und gingen gemeinsam an die Öffentlichkeit. Großteils stießen sie bei den Behörden auf harte Mauern des Schweigens. Wer den Fall zu ergründen versuchte, musste offenbar mit einigen Schwierigkeiten rechnen. Die Mutter von Kevin Ives kämpfte jahrelang darum, dass endlich die Wahrheit auf den Tisch käme. Sie war überzeugt davon, dass ihr Sohn und sein Freund brutal ermordet worden waren. Und dafür lagen ihr mittlerweile Beweise vor. Der unabhängige Pathologe Dr. Joseph Burton war sich nach einer zweiten Autopsie sicher: Don Henry und Kevin Ives waren bereits einige Stunden tot, als der Zug sie erfasste. Dr. Burton fand im Gegensatz zu Malak auch Spuren einer vorausgegangenen Gewaltanwendung, Verletzungen, die nicht von dem Zug stammen konnten. Die beiden waren brutal gestoßen und geprügelt worden. Später konnte sogar der Gegenstand identifiziert werden, mit dem Kevin Ives das Gesicht regelrecht zertrümmert worden war. Das FBI besaß über den Fall angeblich zwar keinerlei Aufzeichnungen, Jahre später kamen dann durch öffentlichen Druck und unter Berufung auf das Gesetz zur Informationsfreiheit plötzlich doch Akten zum Vorschein. Nunmehr gab es in den Archiven des FBI schlagartig 17 000 Seiten zu dem Fall! Jener Gegenstand war ein Gewehr vom Kaliber 0.22, das die beiden Jugendlichen auf ihren letzten Ausflug mitgenommen hatten und das in der teilweise zensierten FBI-Akte #166C-LR-35380 beschrieben wird.

Insgesamt stand jenseits aller Zweifel fest, dass Henry und Ives einem schrecklichen Verbrechen zum Opfer gefallen waren. Doch Dr. Malak beharrte auf seiner Erklärung und betonte, dass niemand die Jugendlichen auch »nur mit einem Finger berührt« habe. Diese Behauptung allerdings war angesichts der Tatsachen reinster Zynismus.

Malak folgte mit seiner offiziellen Erklärung bereits einer geradezu traditionellen Linie, denn er hatte schon bei früheren Fällen durchweg haarsträubende Expertisen ausgestellt. Zwei Jahre zuvor beispielsweise, als er bei einem gewissen Raymond P. Allbright einen Selbstmord statuierte, obwohl sich das Opfer gleich fünfmal hintereinander in die Brust geschossen haben müsste. Dann war da jemand namens James Milam. Angeblich, so ging damals das Gerücht, war er zufällig Zeuge einer Drogenoperation geworden und musste daher sterben. Laut Dr. Malak wäre ihm wohl eine Magenoperation besser bekommen. Der mit völlig verfälschten Autopsieberichten sehr flinke Doktor bescheinigte dem Toten ein perforiertes Magengeschwür. Daran sei der Mann auch gestorben – also: ein natürlicher Tod. Nur gab es da noch eine winzige Kleinigkeit: Als man Milam auffand, fehlte sein Kopf. Also eigentlich nicht weiter der Rede wert. Aber auch für diese doch eher seltsame Begleiterscheinung eines Magengeschwürs konnte Dr. Malak eine plausible Erklärung anbieten: Den Kopf hatte Milams kleiner Hund verputzt! Der niedliche Wuschel hatte wirklich ganze Arbeit geleistet und nicht das kleinste »Bisschen« übrig gelassen. Auf den Hund, aber mehr noch auf Dr. Malak schien jedenfalls Verlass zu sein, wenn es darum ging, lästige Beweise zu beseitigen! Dieser Pathologe war der richtige Ansprechpartner, sobald mächtige Auftraggeber Hilfe bei offiziellen pathologischen Gutachten benötigten.

In jener Nacht vom 22. auf den 23. August 1987 streiften wie gesagt noch einige andere Jugendliche durch das geheimnisumwitterte Waldgebiet. Und es sollte nicht bei dem grausigen Doppelmord bleiben, auch wenn bis zu den nächsten bizarren Todesfällen noch einige Zeit verstrich. Denn auch die anderen nächtlichen Ausflügler hatten zu viel gesehen, sie waren sogar Zeugen der Ermordung von Henry und Ives geworden. Einer von ihnen war Keith Coney, der dann im Juli 1988 bei einem mysteriösen Motorradunfall ums Leben kam. Er wurde mit durchschnittener Kehle aufgefunden. Nur wenige Monate später, im November 1988, starb sein Namensvetter Keith McKaskle – der Täter stach ihn mit 113 Messerstichen nieder! Im Januar 1989 tötete man Gregory Collins durch einen Schuss mitten ins Gesicht. Er sollte vor Gericht im Falle Henry/Ives aussagen. Coney und Collins kannten sich. Beide waren mit Boonie Bearden befreundet, der im März 1989 verschwand. Ein anonymer Anrufer nannte den angeblichen Ort, an dem Bearden ermordet worden sei. Dort wurde die Kleidung des Opfers gefunden, doch von Bearden fehlte jegliche Spur – bis heute. Nur einen Monat später begann ein junger Mann namens Jeff Rhodes seinen Eltern zu erzählen, er wisse mehr über das, was Henry und Ives damals zugestoßen war. Er schien auch außerhalb seines Familienkreises einige Andeutungen gemacht zu haben. Rhodes wurde bald darauf mit einem Kopfschuss getötet, verstümmelt und auf einer Müllhalde angezündet.

Die Liste setzt sich noch fort, die Beispiele hier sollen genügen. Wiederholt wurde versucht, diese Mordfälle aus dem gemeinsamen Kontext zu reißen. Dann wieder wird wohl absichtlich einiges durcheinandergebracht. Kritiker erklären plötzlich, wie es denn sein könne, dass James Milam als Zeuge der Drogenoperation und des Mordes an Henry und Ives umgebracht wurde, wenn er doch Monate *vor* diesen Vorfällen starb! Das ist in der Tat ein schlagkräftiger Einwand, vor allem, weil Milam nie ernsthaft als Zeuge jenes Doppelmordes erwähnt wurde, sondern nur als Beleg für die Gutachten von Dr. Malak! Auch der Doppelmord selbst soll jedoch gänzlich andere Hintergründe gehabt haben und in keinerlei Zusammenhang zum Mena-Drogen-Skandal stehen. Demnach hatten die beiden Jungen vor, Drogen aus einem Privathaus zu stehlen, wurden dabei erwischt und zu Tode geprügelt. Die ehemalige Freundin eines der Täter habe ausgesagt, er und drei weitere Männer seien in den Mord verwickelt gewesen. Doch von einer wirklichen Aufklärung des Falles keine Rede, alles verläuft im Sande. Die Quelle ist gerade ein einziger unbestätigter Text, mehr nicht.

Im Fall jenes Doppelmordes wurde nach Strich und Faden gelogen und vertuscht, Ermittlungen von Staatsbevollmächtigten wurden behindert und private Ermittler beruflich ruiniert, Sheriffs unter Druck gesetzt, Unterlagen beseitigt. Doch wer war »Mister X«, wenn es ihn denn überhaupt gab? Wer war der große Unbekannte, der hinter jenen Aktivitäten steckte und somit auch in letzter Konsequenz für die bestialischen Morde verantwortlich war?

Die Drogengeschäfte liefen in wirklich großem Stil ab, hier flossen Milliardensummen. Diese gigantischen Operationen konnten nicht ohne Rückendeckung von ganz oben ablaufen, sonst wären sie längst aufgeflogen. Doch Drogen sind ein Geschäft, das sich niemand entgehen lassen will, auch die CIA nicht.

Der verfemte investigative Journalist Daniel Hopsicker widmete seine Nachforschungen jenen unheimlichen Vorgängen, wie sie sich vor allem in den 1980er-Jahren in Arkansas abspielten. 1997 schrieb er: »Der Markt an Opium, Heroin, Kokain und Marihuana in den Vereinigten Staaten von Amerika erzeugt ein Gesamthandelsvolumen von über 130 Milliarden US-Dollar pro Jahr, womit Import, Verkauf und Verbreitung von Drogen ein Unternehmen schaffen, das mehr Einkünfte erzeugt als jede der größten multinationalen Körperschaften in der Welt. Dieser Markt lässt das Gesamtvolumen an illegalen Drogen in den Vereinigten Staaten größer werden als das Bruttosozialprodukt aller bis auf ein Dutzend Nationen der Welt.«

Seit Langem schon war die CIA am Drogenhandel beteiligt – im Grunde ein Gemeinplatz. Nicht umsonst gab man den Initialen des Geheimdienstes auch scherzhaft eine neue Bedeutung und betitelte die CIA als die *Cocaine Importation Agency*! Mena erwies sich als eine geheime CIA-Drogenzentrale. Und in diesem Kontext taucht vor allem ein Name immer wieder auf: Adler Berriman Seal, kurz Barry Seal. Er gilt als der größte Drogenschmuggler der Vereinigten Staaten. Und offenbar konnte ihm niemand etwas anhaben, denn hinter ihm standen noch weit mächtigere Leute.

Barry Seal, Jahrgang 1939, war der Sohn eines Süßigkeiten-Großhändlers aus Baton Rouge, Louisiana. Alles hatte also völlig harmlos begonnen – wobei, so ganz dann auch wieder nicht, denn schon der alte Seal hatte seine deutlichen Schattenseiten. Abgesehen davon, dass er trank wie ein Loch, war er Mitglied des berüchtigten *Ku Klux Klan*. Doch verglichen mit seinem Sohn war der Candy-Clansman ein Heiliger. Bevor sich Barry Seal auf Naschereien ganz anderer Art – nun, sagen

CIA-Agent und Drogenschmuggler Barry Seal.

wir, fixierte, machte er zunächst eine steile Karriere als Pilot. Schon im Alter von 15 Jahren flog er erstmalig eine Maschine im Alleingang. Ein Jahr später war er schon bei der *Civil Air Patrol* (CAP) in Baton Rouge dabei und zeigte in mancherlei Hinsicht schnell auch guten Geschäftssinn.

So verdiente er sich sein Auskommen anfangs mit dem Fliegen von Werbebannern. In den 1950er-Jahren sei er bei CAP-Übungen angeblich auch mit Lee Harvey Oswald zusammengetroffen. Was seine Karriere betraf, erreichte Seal schnell alle Ziele, die er sich gesteckt hatte. Er gründete mehrere Firmen in Baton Rouge, darunter den *Seal Sky Service* und die *Aerial Advertising Associates*. Seine enormen Qualitäten als Pilot wusste bald auch die CIA zu schätzen, bei der Seal wohl Mitte der 1950er einstieg. Hier flog er Sondereinsätze und schloss sich auch militärischen Kommandos an. Der begabte Flieger arbeitete zudem auch für den Multimillionär Howard Hughes sowie die *TWA Corporation* und wurde zunächst jüngster Kapitän einer *Boeing 707*, dann auch jüngster Kapitän einer *747*.

Die glanzvolle Karriere war die eine Seite des »Siegels«, die zunehmende Verwicklung in düstere Machenschaften innerhalb jenes grauen Nebels, der Geheimdienste und das organisierte Verbrechen ineinander fließen lässt, war die andere Seite von Seal. Das brachte ihm immer wieder Verhaftungen und Prozesse ein, doch schien er unantastbar zu sein. So auch, nachdem er angeklagt worden war, sieben Tonnen Plastiksprengstoff nach Mexiko verfrachtet zu haben. Als die Strafverfolger plötzlich eine Automatikwaffe, die überhaupt nichts mit dem ganzen Fall zu tun gehabt hatte, als Beweismittel einbrachten, kippte die ganze Geschichte zugunsten Seals. Aufgrund von Verfahrensfehlern wurde der Prozess für ungültig erachtet – und Seal war wieder frei! So macht man das! Natürlich war die Sache ein abgekartetes Spiel. Denn der Sprengstoff war an kubanische Gegner Fidel Castros geliefert worden, und eigentlich hatte niemand etwas dagegen. Außerdem benötigte man den fähigen Mann dringend bei der Agency. Und genau hier erscheint Seal unmittelbar nach seiner Freilassung als

»Vollzeitkraft«, um jetzt ständig zwischen den Vereinigten Staaten und Lateinamerika hin- und herzujetten.

Laut Hopsicker wurde Barry Seal nun Agent der *Special Operations Group* der DEA – und damit Agent der amerikanischen Drogenbekämpfungsbehörde, der *Drug Enforcement Administration*, deren Mitarbeiter allerdings selbst oftmals die Seiten wechselten. Die gesamte DEA steckte tief in jenen mehr als dubiosen Geschäften. Seal arbeitete unter Leitung von Lucien Conein, der für die geheimen Missionen der DEA zuständig war und eigentlich ohne Weiteres auch Lucien Cocaine hätte heißen können. Er war unter anderem Ehrenmitglied in der »Korsischen Bruderschaft«, ein auf den Schmuggel von kontrollierten Substanzen spezialisiertes Syndikat.

Barry Seal seinerseits konnte dem Reiz gewisser Leckereien auch nicht widerstehen und wurde im Dezember 1979 auf dem Rückweg von Ecuador in Honduras mit 40 Kilo Kokain »im Gepäck« verhaftet. Das brachte ihm einige Monate Haft ein, fern allen heimatlichen Schutzes.

Trotzdem hatte auch der Gefängnisaufenthalt so seine ganz eigenen Vorteile. Im Knast nämlich traf Seal auf einen Kollegen – den Drogenschmuggler William Roger Reeves, der für die Ochoa-Familie aus Medellin in Kolumbien tätig war. Immerhin war das Medellin-Kartell einer der größten Kokain-Exporteure auf unserem schönen blauen Globus. Seal und Reeves verstanden sich auf Anhieb. Noch in ihren blauweiß gestreiften Schlafanzügen kamen sie ins Geschäft.

Seal stieg ins Medellin-Kartell ein und verfrachtete ab 1982 Drogen für seine neuen Partner in die USA. Nirgendwo anders als in Mena richtete er nun seine verdeckte Operationsbasis ein. Hier ging es nicht um die Krümel, hier ging es um den ganzen Kuchen. Und wer sich diesen Aktivitäten in den Weg stellte, der schaffte es entweder gerade noch rechtzeitig, sich selbst zu verkrümeln, oder wurde vom Räderwerk einer unsichtbaren Macht zermalmt, was wahrscheinlicher war. Drogen und auch Waffen bildeten jedenfalls die beiden Standpfeiler jenes Unternehmens, um das sich Seal in Mena zu kümmern hatte.

1984 schien Seal allerdings etwas falsch gemacht zu haben – im März jenes Jahres wurde er wegen Schmuggels von Quaaludes, eines speziellen, von den indischen Forschern Kacker und Zaheer entwickelten Sedativums, sowie wegen Geldwäsche angeklagt und stand in Fort Lauderdale im sonnigen Florida vor Gericht. Wirklich falsch gemacht hatten allerdings offenbar nur die Ermittler etwas. Denn sehr schnell war die US-Regierung mit im Spiel – und Seal wieder frei.

Der CIA-Pilot, den wohl eine Haftstrafe von zehn Jahren erwartet hätte, wandte sich direkt an den damaligen Vizepräsidenten George Herbert Walker Bush. Der war bekanntlich auch als späterer US-Präsident ein harter Bekämpfer des amerikanischen Drogenproblems, mit dem Ergebnis, dass die Situation nach seiner Amtsperiode schlimmer war als je zuvor.

Seal erschien jedenfalls in Washington, bei einer geheimen Sitzung von Bushs Drogen-Arbeitsgruppe. Diesen Namen konnte man schnell doppeldeutig verstehen. Hier berichtete Seal, die linksorientierten *Sandinistas* in Nicaragua seien direkt in die Drogengeschäfte verwickelt. Das Medellin-Kartell habe eine Übereinkunft mit ihnen getroffen: Man habe ihnen eine Beteiligung versprochen, um dafür einen geeigneten Flugplatz für den Narkotika-Transfer zu erhalten. Das war der eine Deal der Dealer. Der andere betraf eine Übereinkunft mit der US-Regierung, die mehr als interessiert daran war, die *Sandinistas* öffentlich als Drogenschmuggler an den Pranger zu stellen. Seal schlug eine verdeckte Operation vor, in der er Beweisfotos machen und sie dann Ronald Reagan übergeben wolle. Tatsächlich gelang dem Insider Seal ein solches Beweisfoto: Es zeigt den Drogenboss Pablo Escobar, wie er nicaraguanischen Soldaten beim Verladen von mehr als einer Tonne Kokain in eine C-123-Frachtmaschine assistiert.

Für Seal bedeutete das eine bemerkenswerte Minderung des Strafmaßes. Von den zehn Jahren waren nur noch sechs Monate übrig, und die liefen auf Bewährung.

Barry Seal musste dennoch etliche weitere Male vor Gericht erscheinen. Im Grunde war das nicht weiter schlimm. Doch wie war es um seine kolumbianischen Partner bestellt? Befürchtete er nicht die Rache der Ochoa-Familie und des Medellin-Kartells? Da schien er sich aber keine größeren Sorgen zu machen. Denn von den führenden Köpfen hatte er nicht einen Einzigen in seine Enthüllungen hineingezogen.

Weit größere Sorgen machte er sich wegen George Bush. Dem war klar, dass Seal viel zu viel wusste. Nicht nur über die Regierungsbeteiligung am Drogengeschäft, nicht nur über politische Winkelzüge und illegale Geheimdienstaktivitäten, sondern auch über eine geheime DEA-Aktion, in deren Verlauf die beiden Bush-Söhne George und Jeb beinahe als Drogenhändler aufgeflogen wären. Seal besaß eine Kopie der belastenden Videoaufzeichnungen, so sagt zumindest Daniel Hopsicker.

Seal fühlte sich seines Lebens nicht sicher: Sein schmuckloses Haus glich einer Festung, ausgerüstet mit Überwachungseinrichtungen und großteils verdeckten Fenstern.

Allmählich wurde Barry Seal durch sein Wissen und sein enormes Netzwerk zu gefährlich. Sein ungewöhnliches Leben musste wohl auch ein ungewöhnliches Ende nehmen.

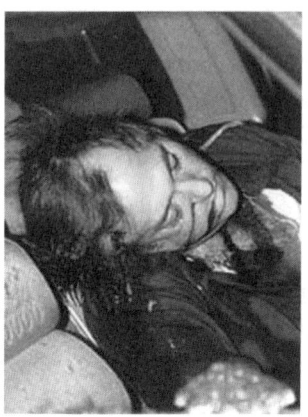

Am 19. Februar 1986 wurde Barry Seal beim Einparken erschossen.

Am Abend des 19. Februar 1986 hielt sich Barry Seal in Baton Rouge auf. Er manövrierte gerade seinen weißen Cadillac in eine passende Parklücke, als von der Seite ein Mann in seine Richtung sprang, der hinter einem Müllcontainer gelauert hatte. Der Unbekannte lief auf die Fahrerseite zu und feuerte aus einer Maschinenpistole zwei Schussfolgen auf Seal ab. Der CIA-Drogenboss hatte noch gesehen, wie sein Mörder auf ihn zustürzte. In den letzten Momenten seines Lebens riss Seal die Hände an den Kopf, hielt sich die Ohren zu und presste den Kopf auf das Lenkrad. Doch die Schüsse trafen ihn unausweichlich.

Seal war sofort tot.

Der Killer rannte nun schleunigst zum bereitstehenden Fluchtfahrzeug, das sofort beschleunigte und schnell verschwand. Zeugen wollen Gelächter aus dem Fahrzeug vernommen haben. Der blutüberströmte Barry Seal kippte auf die Beifahrerseite hinüber und war endlich unschädlich gemacht. Belasten konnte er niemanden mehr, nicht einmal auf dem Beifahrersitz. In seiner Brieftasche fand sich die private Telefonnummer von George H. W. Bush.

Herzinfarkt und doch selbst erhängt: Amschel Rothschild, 1996

Am Montag, dem 8. Juli 1996, war in der Welt wieder so einiges los – ein Tag wie jeder andere also. Das Nachrichtenspektrum spannte sich damals von einer Menschenrechtsanhörung in Mmabatho, Südafrika, über die Eröffnung der Klimakonferenz in Genf, den Verlauf der *Tour de France*, Neuigkeiten zum Prozess von O. J. Simpson und der Bedrohung von US-Truppen durch bosnische Serben bis hin zur Jahresversammlung von *B'nai B'rith*.

Genauso gab es auch Lokalberichte über ein neues Affengehege im Zoo von Los Angeles und die Festnahme von Avocado-Dieben am Ende der Welt. Kurzum, alles mehr oder minder Berichtenswerte wurde auch berichtet. In den nächsten Tagen allerdings hätte vor allem eine ganz spezielle Meldung die Schlagzeilen beherrschen müssen, doch ausgerechnet sie fehlte. Wenn überhaupt, so erschienen nur kurze, kaum weiter bemerkenswerte Notizen über einen Vorfall, der sich ebenfalls am 8. Juli 1996 zugetragen hatte.

Als jener frühsommerliche Tag zur Neige ging, entdeckte ein Zimmermädchen eine Leiche in der Luxussuite des Pariser *Bristol*-Hotels. Der Gast hatte sich mit dem Gürtel seines Bademantels stranguliert. Dieser ganz spezielle Gast war nicht einfach nur ein wohlhabender Geschäftsmann gewesen, er hatte zu den ersten Kreisen der Gesellschaft gezählt, als Erbe einer der mächtigsten und reichsten Familien der Welt: Es war Amschel Mayor James Rothschild. Ein Sproß genau jener legendären und geheimnisumwitterten Familie Rothschild, die seit dem 18. Jahrhundert zu einem dynastischen Imperium aufgestiegen war.

Ihren Anfang nahm diese ganz besondere Erfolgsgeschichte mit Mayer Amschel Bauer, der im Jahr 1744 in Frankfurt geboren wurde.

Die jüdischen Wurzeln der Familie brachten damals einige Probleme mit sich, da Bauers Vater Amschel Moses unter anderem mit Kleidung aus feiner Seide handelte, was Juden verboten war. Sein Sohn hatte zunächst mit geschäftlichen Dingen nicht allzu viel im

Amschel Mayer Bauer – er lebte von 1744 bis 1812 – war der Begründer der Dynastie Rothschild.

Sinne und strebte weit mehr danach, zu studieren und ein Rabbiner zu werden. Doch nach dem Tod der Eltern musste er sofort reagieren und seinen ursprünglichen Kurs ändern, um für den Broterwerb zu sorgen. Und das gelang ihm glänzend. Er fing in einem Bankhaus an und lernte schnell. Seine Karriere führte ihn an den Hof des Landgrafen Wilhelm IX. von Hessen-Kassel, um dort dessen persönlicher Finanzagent zu werden.

Amschel Bauer und der Landgraf teilten etliche Interessen, darunter auch die Liebe zu Antiquitäten und die Beschäftigung mit der Freimaurerei. Wilhelm selbst war Freimaurer. Mit der Zeit versammelte Bauer einen eminenten Klientenkreis um sich und verstand sehr genau, worum es nun ging. Schon damals war Information unabdingbar, Information über den Markt, über Tendenzen, über Politik. Und möglichst all diese Informationen sollten verfügbar sein, bevor andere sie erhielten. Nur so war man der Konkurrenz voraus, nur so ließen sich die besten Geschäfte machen und Fehler vermeiden.

Auf welchen Grundfesten das immense Vermögen ruhte, das Amschel Bauer schließlich anhäufte, war Gegenstand zahlreicher Diskussionen und konnte nie mit absoluter Gewissheit geklärt werden. Eine Theorie besagt, das Geld kam aus England. Denn der Landgraf erhielt von der britischen Krone sehr hohe Geldsummen, um die hessischen Soldaten im Kampf gegen amerikanische Kolonialisten zu unterstützen. Es war die Zeit des Revolutionskrieges. Wilhelm überantwortete die Summen seinem Vertrauensmann – Amschel Bauer, der sie entsprechend investieren sollte. Die sinnvollste Investition soll Bauer darin gesehen zu haben, seinen Sohn Nathan mit diesen Mitteln auszustatten, um ihm in London die Gründung eines Bankhauses zu ermöglichen. Die Gelder sollen später allerdings wieder zurückgeflossen sein. Sie sollen die Starthilfe für eine Weltdynastie gewesen sein.

Die ganze Geschichte klingt eigentlich wie ein Märchen. Amschel Bauer hatte vier weitere Söhne, und jeder von ihnen baute eine Bankenfiliale auf. Salomon war in Wien tätig, Carlmann in Neapel, und der wiederum auf Amschel getaufte älteste Sohn wirkte in Frankfurt.

Ganz im Sinne alter Familienerkenntnis organisierten sich die Brüder hervorragend und hielten engsten Kontakt. Die Kommunikation zwischen ihnen war ein wesentlicher Faktor des Erfolges und bestens organisiert. Man hielt täglich schriftlichen Kontakt. Anstelle von Fax, Telegramm und E-Mail funktionierte das damals mittels Brieftauben, Kutsche und Kurier – das System war so perfekt aufgebaut, dass die Brüder des Frankfurter Seidenhändlers und Geldwechslers noch vor den Regierungen über politische Entscheidungen und den Verlauf von Kriegen unterrichtet waren. Ein entscheidender Vorsprung.

Die Familie stand auch stets in engem Kontakt zum Hochadel und zu Staatsoberhäuptern und befand sich schließlich in der Lage, Regierungen Geld zu leihen. So nahm die politische Macht dieser »internationalen Banker« enorm zu. Die reiche Familie thronte schließlich im Zentrum mächtiger Manipulationen und konnte jetzt direkten Einfluss auf das Weltgeschehen nehmen. Die britischen Kolonien in Amerika bekamen dies bald zu spüren, denn bis dahin hatten sie noch ihr eigenes Geld herausgegeben. Nun erhielt König George III. von England eine Petition des über halb Europa verteilten Bankiers-Clans mit dem Anliegen, die Kolonien in ihrer finanziellen Unabhängigkeit einzuschränken. Denn von nun an sollten sie ihr Geld nur noch gegen Zins von der Bank von England ausleihen können.

Für George war es kaum möglich, ablehnend zu reagieren, allein schon, da die Bankiers viel Geld in die Unterstützung der britischen Armee gesteckt hatten. Schon damals beeinflusste die Hochfinanz die Neue Welt und war in der Lage, politische Abhängigkeiten bis in die höchsten Kreise hinein zu schaffen. Nicht umsonst erklärte der damalige britische Premier Sir William Pitt: »Es gibt etwas hinter dem Thron, das mächtiger ist als der König.« Der enorme

Aufstieg der Familie des Seidenhändlers aus dem Frankfurter Ghetto brachte bald noch andere Neuerungen und Vorzüge mit sich. Denn im Jahr 1816 wurden vier Söhne Amschel Bauers durch Kaiser Franz I. in den Adelsstand erhoben, zwei Jahre später folgte dann Nathan, und alle erhielten schließlich im Jahr 1822 den österreichischen Freiherren-Titel. Bereits zuvor, ungefähr zu der Zeit, als Nathan Bauer in London eintraf – also gegen das Jahr 1811 –, hatte die Familie sich zu einer Namensänderung entschlossen. An ihrem einstigen Zuhause hatte ein Emblem gehangen, ein rotes Schild. Und dies sollte nun Pate für den neuen Namen stehen: Rothschild. Er sollte gleichsam auch ein Schild gegen den Antisemitismus jener Zeit sein, wobei die Rothschilds sich entschlossen, an vielen Orten nicht-jüdische Agenten für ihre ausgedehnten Unternehmungen einzusetzen. Manche mögen darin später eine Verschleierungstaktik und eine andere Form der Infiltration gesehen haben, andere deuten dies wiederum als Beleg dafür, dass die Rothschilds keineswegs eine Verschwörung betrieben, in die beispielsweise Angehörige anderer Religionen nicht eingeweiht sein durften.

Es scheint insgesamt ratsam, dieses Thema nicht am falschen Ende festzumachen und Machtfragen mit spezifischen Glaubens-

Mayer Carl von Rothschild (1820–1886), Enkel von Amschel Bauer. Auf seinem Grabmal findet sich ein vielsagender Leitsatz: »Durch Weisheit wird ein Haus gebaut und durch Verstand erhalten.«

fragen zu verknüpfen. Über die Jahrhunderte waren Macht und Glauben auf unterschiedlichste Weise eng miteinander verwoben, doch lässt sich diese uralte Erkenntnis, dieses uralte Prinzip nicht an einer Glaubensrichtung allein festmachen. Die verschiedensten Machtstrukturen und Geheimorganisationen verfolgen definitiv politisch und auch religiös motivierte Zielsetzungen. Dass solche Gruppierungen, die sich im Geheimen treffen und nie über ihre Entschlüsse öffentlich berichten, durchaus in der Lage sind, handfeste Verschwörungen zu planen, in die Wege zu leiten und durchzuführen, scheint naheliegend. Die jüdischen Wurzeln der superreichen Rothschilds spielten sicherlich eine Rolle dabei, dass immer wieder erklärt wurde, es gebe eine jüdische Weltverschwörung, gefördert durch moderne Geheimbünde. Im Umkehrschluss bedeutet dies natürlich, dass Angehörige anderer Glaubensrichtungen und Rassen, ganz gleich nun welcher Provenienz, minder beteiligt an den großen Machtspielen dieser Welt wären. Wir wissen genau, wie schnell Andersdenkende und Minoriten verfemt werden, wir wissen aus der Geschichte, wie Menschen gegen Menschen gehetzt wurden, vor allem, weil wir – meist wieder von Obrigkeiten – in einer alten Tradition dahingehend verbildet wurden, nach einer gesellschaftlichen una sancta zu leben und zu denken und uns nicht die geringste Mühe zu geben, einander als das zu verstehen, was wir nun einmal alle in erster Linie sind: Menschen unter Menschen. Aber wir wollen thematisch nicht zu sehr abdriften. Der amerikanische Autor Jim Marrs, ein erfolgreicher Autor »veschwörungstheoretischer« Literatur, stellt fest: »Während es unzweifelhaft wahr ist, dass viele Vertreter der reichen Weltelite ein jüdisches Erbe besitzen, sollte man nicht durch die Frage rassischer oder religiöser Zugehörigkeit abgelenkt werden. Es gibt keine substanziellen Beweise, dass Juden oder Hebräer – oder jegliche andere Rasse oder religiöse Gruppe – gieriger oder ambitionierter sind als irgendwer anderer.«

Ganz ohne Zweifel aber zählen die Rothschilds zu den einflussreichsten Familien unseres Planeten, und dies wie gesagt nicht erst seit gestern. Unter den jüngeren Mitgliedern des Hauses trat der

1937 verstorbene Lionel Walter de Rothschild hervor, allerdings weniger als Banker denn als Politiker und Mann mit verschiedenen Gesichtern. So erscheint er zwar als exzentrischer Playboy, doch auch als ernsthafter Amateurwissenschaftler. Rothschild, der auf *Champneys Tring* lebte, einem großzügig angelegten englischen Herrensitz, der mittlerweile als Schlosshotel dient, schuf eine der größten naturwissenschaftlichen Sammlungen und einen eigenen Zoo. Sein Bruder Nathan Charles, ursprünglich ebenfalls Bankier, hatte als Naturschützer eine ziemlich ungewöhnliche Leidenschaft entdeckt und wurde zu einem der weltweit führenden Flohforscher! Seine Tochter wurde Biologin und setzte die Flohforschung ihres Vaters erfolgreich fort. Sie starb 2005 im Alter von 96 Jahren. Ihr Bruder, Nathan Victor, der dritte Lord Rothschild, teilte seine Interessen gleichmäßig auf Wirtschaft und Wissenschaft auf. Seine Arbeit als Zoologe täuscht nicht über seinen weitreichenden Einfluss in der Politik und Ökonomie hinweg. Er leitete Forschungsprojekte des *Shell*-Konzerns und war im Zweiten Weltkrieg als britischer Agent tätig. Was das Bankenimperium betrifft, wie es von den verschiedenen Zweigen der Familie Rothschild geschaffen wurde, so ist es zu einem für Außenstehende undurchschaubaren, gigantischen globalen Netzwerk geworden. Doch selbst um eine nur oberflächliche Aufschlüsselung der diversen Unternehmen soll es hier nicht gehen.

Nathan Victor Rothschilds älterer Sohn Jacob, der vierte Lord und Erbe des prunkvollen Schlosses *Waddesdon Manor*, gilt als geborener Bankier, der begabteste Finanzstratege der mächtigen Familie. Das Schloss war ein Projekt seines Wiener Urgroßonkels Ferdinand gewesen. Er hatte dabei Anleihe bei den Loire-Schlössern genommen. Weil er für dieses Anwesen viel Platz benötigte und einen freien Blick in die Landschaft liebte, mussten rund 150 Bauernhäuser weichen. Das herrliche Schloss in Buckinghamshire, unweit von London, beherbergt eine der erlesensten Kunstsammlungen der Welt.

Der Lord ließ das Prunkschloss für einen schlapp dreistelligen Millionenbetrag von Grund auf restaurieren – auch kleine Dinge können eben Freude bereiten. Sehr viel Geld floss und fließt über die Hanadiv-Stiftung auch nach Israel, an verschiedene Institutionen des Landes. Sämtliche Rothschilds führen diese Transaktionen durch.

Jacob Rothschild ist der Chef des englischen Zweiges der Familie. Als Präsident der hauseigenen Bank schied er 1980 aus, um in kürzester Zeit einen gigantischen Finanzkonzern ins Leben zu rufen und wieder zu verkaufen. Dann, Mitte der 1990er-Jahre, zog er sich aus dem aktiven Geschäftsleben zurück.

Während er zu den genialsten und umtriebigsten Bankiers unter den Rothschilds zählte, zeigte sich sein deutlich jüngerer Bruder Amschel wiederum weniger am Geschäftsleben interessiert. Er liebte das Leben auf seiner Farm *Rushbrooke* bei Bury St. Edmunds, ebenso seine Erfolge als Rennfahrer. Immerhin galt er als einer der besten Amateurrennfahrer des Landes. Dass er über eine stattliche Kollektion an Fahrzeugen verfügte, versteht sich dabei nahezu von selbst.

Es war jener Amschel Mayor James Rothschild, der am 8. Juli 1996 tot im vornehmen *Bristol*-Hotel aufgefunden wurde. Angeblich Selbstmord. Trotz seines immensen Reichtums und eines existenziell völlig sorglosen Lebens, das der Millionenerbe zusammen mit seiner Familie führte, habe Amschel Rothschild an Depressionen gelitten. Seine Frau Anita, eine geborene Guinness und ebenfalls millionenschwere Erbin, bestätigte in einer schriftlichen Erklärung an das Gericht: »Seine Familie bemerkte seine depressiven Tendenzen. Wir kennen den Grund hierfür nicht, aber durch gewisse Vorfahren war er für diese Handlung prädestiniert. Der Verlust seiner Mutter hat ihn belastet.«

Auch die drohende Last, das Familienimperium übernehmen zu müssen, habe ihn bedrückt, so wird vermutet. Doch genügten all diese Faktoren, um einen Suizid zu provozieren? Der Hang zur Schwermut kann natürlich auch Schwerreiche heimsuchen, selbst wenn das für den Normalmenschen kaum nachvollziehbar ist. Wenn Gesundheit und Konto stimmen, wenn die ganze Familie gesund und munter ist, warum sich dann selbst den Hahn abdrehen? Erst recht, wenn man geradezu in Saus und Braus lebt und einem die ganze Welt offen steht wie ein goldenes Scheunentor!

Amschel Rothschild war gerade einmal 41 Jahre alt und schien sein Leben doch sichtlich genossen zu haben! Tatsächlich gab es in seinem Fall auch wirklich einige Merkwürdigkeiten, die gegen die offizielle Selbstmordthese sprechen. Die französische Polizei kam jedenfalls sehr schnell zu einem völlig konträren Schluss und erklärte den Tod Rothschilds eindeutig für Mord!

Noch einmal zurück an den Ort des Geschehens: das Badezimmer der Luxus-Suite von Hotel *Bristol*, Paris. Hier wurde der Multimillionär von einem Zimmermädchen um 19.32 Uhr Ortszeit tot aufgefunden, stranguliert mit dem Gürtel des Bademantels. Das eine Ende war, zu einer Schlinge geknotet, um den Hals des Toten gelegt, das andere Ende fest mit einem Handtuchhalter verbunden. Damit beginnt bereits das Rätselraten. Zunächst einmal: Würde ein intelligenter Mensch denn wirklich ausgerechnet eine derart qualvolle Todesart wählen? Wenn sich Rothschild lediglich zu Boden fallen ließ, hätte die Kraft des Sturzes wohl kaum dazu ausgereicht, sein Genick ganz sicher zu brechen und ihn damit augenblicklich zu töten. Die Strangulation, wie sie Rothschild durchgeführt haben soll, hätte vielmehr zum Tod durch Ersticken geführt. Aber nicht einmal das hätte wirklich funktioniert, denn: Der Handtuchhalter war viel zu schwach an der Wand befestigt, als dass er das Gewicht eines menschlichen Körpers gehalten hätte!

Nachdem der Leichnam fotografiert worden war, zog einer der Beamten ein einziges Mal mit einem festen Ruck an der Halterung. Und schon kam sie aus der Wand heraus! Das Ganze hätte demnach als missglückter Suizidversuch geendet. Die Wand hätte ein paar Löcher gehabt, Rothschild ein paar blaue Flecken. Und das wäre es dann auch schon gewesen.

Suizid in der Luxus-Suite – die französische Polizei jedenfalls sprach nie davon. Aber seltsamerweise schritt Premierminister Jacques Chirac zügig ein und sprach ein Machtwort: Die Polizei solle ihre Ermittlungen einstellen – dies berichtete die russische Zeitung *Nase otacestwo* am 20. November 1996. Und auch die

Todesursache wurde plötzlich vernebelt. Da war nicht mehr durchgängig von Selbstmord die Rede, sondern von einem schnöden, noch weit weniger spektakulären Infarkt. Überhaupt schien irgendjemand darum bemüht zu sein, das Medienecho gering und den Tod eines der reichsten Männer der Welt aus der öffentlichen Diskussion zu halten.

Es musste jemand mit enormem Einfluss sein, ein Mann wie der fiktive Medienmogul Elliot Carver aus dem James-Bond-Streifen *Tomorrow Never Dies* (*Der Morgen stirbt nie*). Carver betreibt ein Stealth-Boot, von dem aus seine brutalen Helfer völlig unerkannt das britische Kriegsschiff *HMS Devonshire* versenken, um einen Angriff Chinas vorzutäuschen und damit einen Krieg zu provozieren. Dieses Ereignis versetzt den machtgierigen Carver in die Lage, die Medien-Weltherrschaft an sich zu reißen. Sein enormes Vorauswissen gibt ihm den entscheidenden zeitlichen Vorsprung gegenüber der ahnungslosen Konkurrenz. »Wenn es darum geht, die Einschaltquoten zu steigern, ist ein Krieg unschlagbar«, erkennt Carver. Natürlich durchschauen ihn die Geheimdienste und vor allem Bond, sodass der skrupellose Bösewicht am Ende natürlich auf recht unangenehme Art das Zeitliche segnet.

Die Kontrolle der Medien bedeutet auch eine Kontrolle der Meinungen. Was wird in der Welt berichtet, was nicht – wer hierüber entscheidet, kann die Welt in der Tat beherrschen!

Elliot Carver hat es nie gegeben, er ist das Produkt einer fantasievollen James-Bond-Welt. Doch ganz so fiktiv ist jener Charakter eben doch nicht. Seine filmischen Schöpfer haben sich etwas dabei gedacht, denn sie haben offenbar eine ganz bestimmte Person im Auge gehabt.

Der reale Elliot Carver heißt Rupert Murdoch. Es gibt viele Parallelen zwischen der Filmfigur und ihrem authentischen Vorbild. Beide sind exzentrische Außenseiter, die das Geschäft ihrer Väter übernahmen und zu schwindelnden Ausmaßen expandieren ließen. Carver wurde in Hongkong geboren, Murdoch in Australien, beide opfern ihre Untergebenen brutal, wenn sie nicht mehr gebraucht werden. Bei Carver geht das natürlich so ganz nebenbei

Der reale »Elliot Carver«? Medienmogul Rupert Murdoch.

mit einem eleganten Kopfschuss, beim Sympathen Murdoch immerhin auf die humanere Weise einer fristlosen Kündigung. Neben vielen anderen Gemeinsamkeiten ist die herausragendste zweifelsohne die Herrschaft über ein gewaltiges Medienimperium.

Tatsächlich besitzt Rupert Murdoch das größte Medienimperium der Welt! Aus welchen Gründen auch immer, Murdoch verschickte massenweise Faxe rund um den Globus, an all seine rund 600 Redaktionen und Nachrichtenmanager. Auf den ersten Seiten durfte hierüber nichts berichtet werden. »Er befahl ihnen, Amschels Tod als Herzattacke darzustellen, wenn überhaupt«, so ließ der britische Journalist Ian Gooding durchblicken und fügt noch hinzu: »Niemand hier hat jemals einen derartigen Druck erlebt, eine Titelstory zu töten. Aber am Ende war die Vertuschung komplett.« Diese Titelgeschichte wurde also offenbar genauso abgewürgt wie Amschel Rothschild selbst. Das Ganze geschah innerhalb von nur einer Stunde nach der Entdeckung des Toten.

Auch die Familie selbst hüllte sich in Schweigen. Sprecher der Privatbank *N. M. Rothschild & Sons* bestätigten als Todesursache allerdings einen Suizid. Doch die Verwandten verweigerten die Preisgabe weiterer Informationen. Selbstmord hatte es im Hause Rothschild bereits gegeben. 1923 nahm sich Amschel Rothschilds Großvater Charles das Leben. Er war allerdings an Gehirnentzündung erkrankt. Laut Freunden litt sein Enkel, der noch recht junge Rennfahrer, darunter, von seiner mächtigen Familie nun doch in die Rolle des Bankiers gedrängt zu werden. Jedoch war er bereits acht Jahre lang in diesem Geschäft tätig. Er hatte gewiss nicht immer Erfolg während dieser Zeit, dennoch wählte ihn der gebieterische Sir Evelyn de Rothschild als künftigen Nachfolger, und das musste wohl Gründe haben.

Die Informationen zu dem Fall fließen insgesamt spärlich, und weder die Familie noch Bekannte noch die sonst eher auf spektakuläre Geschichten erpichten Medien wollen konkret werden.

Ein Wall-Street-Kenner, der ebenfalls anonym bleiben möchte, gibt zumindest seinen persönlichen Eindruck wieder: »Amschel Rothschilds Stern war am Aufgehen, fern jeglicher ›Besorgnis‹, und er genoss seinen Erfolg. Ich glaube nicht einen Moment, dass er sich plötzlich umgebracht hat. Hinter dieser Geschichte steckt weit mehr.« Amschel Rothschild hinterließ keinen Abschiedsbrief. Was an jenem Montagabend in der Luxus-Suite des *Bristol* geschah, wird wahrscheinlich nie ans Licht kommen.

5.

Schauplatz Deutschland

Der Schwur: Uwe Barschel, 1987

Es gibt im Leben jene Momente des völligen Alleinseins. Jeder kennt und fürchtet sie. In diesen Augenblicken nehmen wir unser Dasein wohl intensiver, aber auch erschreckender wahr, als uns sonst bewusst wird. Das Empfinden, unentrinnbar ans Selbst gekettet zu sein, gänzlich isoliert vom Rest der Welt, überkommt uns in der Regel meist vor scheinbar unlösbaren Aufgaben und Lebenssituationen. Menschen, die kurz davor stehen, ihrem Leben ein Ende zu setzen, fallen in diesen singulären Abgrund, aus dem es kein Entrinnen mehr gibt – dann beginnt die große Schwärze sich über ein weiteres Leben zu legen. Wenn Menschen sich daran machen, jenes Selbst zu vernichten, weil sie in dieser letzten Handlung den einzigen Ausweg sehen, dann sind sie in der Regel wirklich ganz mit sich allein. Manchmal aber trügt der Schein, und in diesem Buch haben wir schon manche Fälle beleuchtet, bei denen die vermeintlichen Selbstmörder bei ihrer vermeintlich ultimativen Verzweiflungstat keineswegs so alleine waren, sondern unterstützt von hilfreicher Hand in den gar nicht so freiwilligen Tod gingen.

Nicht, dass Menschen wie William Colby, Roberto Calvi oder Amschel Rothschild keine Probleme im Leben gehabt hätten. Doch fragt sich, ob ihre Probleme existenzieller Natur waren und ob diese Personen sich und ihr ganzes Leben wirklich bereits vollends aufgegeben hatten, als ihr letzter Tag anbrach. Wie sich gezeigt hat, waren diese Menschen vielmehr fern einer Selbstaufgabe, und die Begleitumstände ihres Todes deuten sämtlich auf einen erzwungenen Selbstmord hin. Man könnte bald schon darauf verfallen, diese besondere Variante des Dahinscheidens auch als puren Mord zu bezeichnen.

Ähnlich verhält es sich im bereits recht lange zurückliegenden Fall von Uwe Barschel, einem Fall, der angesichts der damit verbundenen Kräfte, der ungelösten Rätsel sowie der weitreichenden Vertuschung bis zum heutigen Tag nichts an Aktualität verloren hat. Oder haben sollte. Trotzdem ist über die Geschichte bereits ziemlich viel Gras gewachsen, was einigen Kreisen natürlich sehr gelegen kommt. Denn auch in diesem Fall tun sich gleich etliche Abgründe auf, und auch hier wurde ganz offenbar ein Mord als Selbstmord getarnt.

Wenn man heute den Namen »Uwe Barschel« in die populärste Internet-Suchmaschine eingibt, wirft das System keine 50 000 Nennungen aus. Das ist eingedenk des spektakulären Todes jenes nicht unbekannten deutschen Politikers ziemlich erstaunlich. Etliche Zeitgenossen werden selbst mit dem Namen nicht mehr allzu viel anzufangen wissen. Doch immerhin finden nicht zuletzt auch im World Wide Web, dem Netz, noch aktuelle Diskussionen statt, und Menschen fragen nach den wahren Hintergründen – wenn auch manchmal in eher saloppem Ton. »Welches Arschel killte Barschel?«, will da jemand beispielsweise wissen. Über die Jahre hinweg kristallisierte sich auch in der Öffentlichkeit zunehmend heraus, dass der ehemalige schleswig-holsteinische Ministerpräsident ganz bestimmt nicht aus freiem Entschluss aus dem Leben schied, sondern von finsteren Handlangern mächtiger Interessensgruppen beseitigt wurde. Doch bis zum heutigen Tag stehen noch viele Fakten zum Fall Barschel unter Verschluss. Das Ganze erinnert an die Situation beim Mord von Roberto Calvi, der eine ähnliche Zeitspanne zurückliegt.

Am 11. Oktober 1987 begibt sich der *Stern*-Reporter Sebastian Knauer in das Genfer Hotel *Beau Rivage*. Er soll ein Gespräch mit dem Politiker Uwe Barschel führen, der in Zimmer 317 logiert. Um 12.43 Uhr steht der Reporter vor der Türe, an der ein rotes Schildchen hängt – *Bitte nicht stören*. Doch der Termin ist abgesprochen. Als auch nach mehrmaligem Klopfen niemand reagiert, drückt

Knauer die Klinke nach unten. Der Raum ist nicht verschlossen. Langsam öffnet der Reporter die Tür.

Es ist wie in einem Krimi.

Im abgedunkelten Zimmer regt sich nichts. Als Knauer in den Flur tritt, bemerkt er dort einen schwarzen, verschnürten Schuh und einen abgerissenen Knopf am Boden. Auf dem Bett liegt ein ordentlich zusammengelegter Pyjama, daneben ein Sammelband mit Erzählungen von Jean-Paul Sartre. Doch vom Interviewpartner keine Spur – zunächst. Vorsichtig drückt Knauer nunmehr die Türe zum Badezimmer auf, wo er seine schlimmsten Ahnungen bestätigt sieht: Uwe Barschel liegt tot in der Badewanne, vollständig angekleidet wie für einen beruflichen Anlass, einen Pressetermin vielleicht – Anzughose, weißes Hemd, dunkle Krawatte. Knauer sieht keine Spuren äußerer Gewalt. Der in den Monaten zuvor in arge Bedrängnis geratene Politiker hatte offenbar Selbstmord begangen.

Ein Gespräch war da nicht mehr möglich. Aber Knauer schießt dafür ein Foto, das berühmt wird. Später schildert er seine unmittelbaren Empfindungen, die er bei jenem Anblick hatte: »Diese total stille Wasseroberfläche, die mitgeteilt hat, da ist etwas ganz zum Stillstand gekommen – das ist tot.«

Barschel schien jeden Grund für einen Suizid gehabt zu haben. Jeder wusste mittlerweile, dass er sehr zentral in eine schmutzige Affäre verwickelt war, die auch sehr schnell seinen Namen trug und sich nahtlos in die deutschen Politskandale einreihte. Wie meist, so hing auch diese unschöne Geschichte mit einem Wahlkampf zusammen. Waterkantgate statt Watergate, so witzelte man damals auch.

Bekannt wurde das Ganze prompt am Samstag vor der damaligen Landtagswahl. *Der Spiegel* präsentierte Enthüllungen, die von Barschels Medienreferenten Reiner Pfeiffer in die Welt gesetzt worden waren. Der Mann hatte ganz offenbar den richtigen Namen! Pfeiffer erklärte, der CDU-Politiker habe eine umfassende Verleumdungskampagne gegen Björn Engholm in Auftrag gegeben, seinen Konkurrenten von der SPD. Detektive sollten sein

Der deutsche Politiker Uwe Barschel geriet durch »Waterkantgate« in arge Bedrängnis.

Privatleben ausspionieren. Vor allem sei es natürlich darum gegangen, Engholms Integrität zu demontieren. Da war nunmehr die Rede von fragwürdiger Steuermoral und sogar einer Aids-Infektion!

Der auch als Barschel-Pfeiffer-Affäre bekannt gewordene Skandal weitete sich so zügig aus wie ein kalifornischer Waldbrand. Barschel war rundum von Flammen umgeben. Und das ihm verbliebene sichere Fleckchen Erde schrumpfte zusehends. Jetzt kam noch die Enthüllung hinzu, dass der Topkandidat der CDU seine Mitarbeiter ganz offenbar zu falschen eidesstattlichen Versicherungen gezwungen hatte. Was war das nur für eine miese Masche!

Dieser Mann hatte auf einer Pressekonferenz am 18. September 1987, vier Tage nach der Wahl, ein geradezu historisches Ehrenwort gegeben: »Über diese Ihnen gleich vorzulegenden Eidesstattlichen Versicherungen hinaus gebe ich Ihnen, gebe ich den Bürgerinnen und Bürgern des Landes Schleswig-Holstein und der gesamten deutschen Öffentlichkeit mein Ehrenwort – ich wiederhole –, ich gebe Ihnen mein Ehrenwort, dass die gegen mich erhobenen Vorwürfe haltlos sind.« Seitdem war der Name Barschel geradewegs zum Synonym für Lüge und Lippenbekenntnis, für Schimpf und Schande geworden, für ein Ehrenwort, das man in der Pfeife rauchen konnte.

Uwe Barschel während seiner »Ehrenwort-Konferenz«.

Am 2. Oktober 1987 trat Uwe Barschel von seinem Posten als schleswig-holsteinischer Ministerpräsident zurück. Nun sollte ein Untersuchungsausschuss klären, was wirklich vorgefallen war. Der Spitzenpolitiker war an seiner Skrupellosigkeit und seinem Ehrgeiz gescheitert. Alle Ehre war dahin, Barschel stand vor den Trümmern seiner Karriere. Kann man so weiterleben? Sicher nicht, und auch der abgebrühte Intrigant konnte es offenbar nicht. Er ging in die Schweiz, um sich dort in ein Hotelzimmer zurückzuziehen und aus dem Leben zu scheiden. Einige ungewöhnliche Notizen und eine Reihe von Seltsamkeiten, wie sie in Zimmer 317 angetroffen wurden, deutete man damals als bewusste Inszenierung, um Verwirrung zu stiften und einen Mord zu suggerieren. Zu diesem Schluss gelangte auch die Schweizer Zeitung *La Suisse*. Sie schrieb damals über Barschel: »Ein eiskalter Machtmensch inszeniert seinen Selbstmord als Mord, um Zwietracht zu säen.«

Ganz anders sah dies die Familie Barschel. Die Frau des Politikers, Freya Barschel, eine geborene von Bismarck, sprach unmittelbar nach dem Fund des Toten von eindeutigem Mord. Exakt der gleichen Auffassung zeigte sich Bruder Eike. Doch selbst 20 Jahre nach diesen Ereignissen lagen sich die involvierten Staatsanwälte von Kiel und Lübeck immer noch virtuell in den Haaren. Laut Generalstaatsanwalt Erhard Rex in Kiel legen die Ermittlungen die zwingende Schlussfolgerung einer Fremdeinwirkung keineswegs nahe, während Oberstaatsanwalt Heinrich Wille definitiv von Mord spricht. Dabei hat sich im Laufe der vielen Jahre doch so einiges herausgestellt. Hier kamen Fakten ans Licht, die endlich ein klareres Bild zeichneten. Auch ereigneten sich weitere Vorfälle, die wiederum sehr deutlich aus den üblichen, uns mittlerweile recht vertrauten »klugen Zufällen« resultierten.

Mit der Zeit zerfiel jedenfalls ein zweites Kartengebäude, um nunmehr jene Figuren, wie sie damals im direkten Umfeld um Barschel gestanden hatten, unter sich zu begraben. Vor allem den Mann, der ihn seinerzeit ganz schön sauber verpfiffen hatte – Reiner Pfeiffer. Die Richter in Kiel lehnten es schließlich sogar ab, ein Verfahren zu eröffnen, das auf den Aussagen dieses Journalisten und Medienreferenten fußen sollte. Denn Pfeiffer hatte gelogen und betrogen, dass sich die Engholme bogen. Seine Schilderungen waren nicht beweisbar. *Der Spiegel* hatte seinem Kronzeugen damals noch die satte Summe von 165 000 D-Mark auf den Tisch geblättert – und erhielt dafür immerhin: brisante Desinformation! Das war mal eine Enthüllung, vor allem für den Verlag, der Pfeiffer augenblicklich glatt zur Hölle gewünscht haben muss! Wäre jener Mann nur ein Vampir gewesen, dann wäre er wenigstens nie im *Spiegel* erschienen!

Die Wahrheit aber war viel fantastischer als die ursprünglichen Enthüllungen Pfeiffers. Denn Anfang der 1990er-Jahre sickerte durch, dass Barschels Kontrahent nun auch nicht gerade das war, was man ansonsten vielleicht als »Unschulds-Engholm« bezeichnen hätte können. Wie sich herausstellte, wusste Björn Engholm nämlich doch ziemlich bald darüber Bescheid, was sich im Hintergrund abspielte. Mehr noch, er war sogar selbst in die ganze Sache involviert – und zwar nicht als Opfer. Denn es gab eine verschwörerische Kooperation zwischen Reiner Pfeiffer und Klaus Nilius. Letzterer wiederum war Pressesprecher von Engholm. Noch »delikater« wurde die Angelegenheit dadurch, dass Engholms Sozialminister Günther Jansen auch noch einige finanzielle Streicheleinheiten für Barschels Medienreferenten parat hatte. So diffundierten immerhin 50 000 D-Mark auf heimlichen Pfaden durch eine poröse Stelle jener Mauer, die sich zwischen der Engholm-Enklave und der Barschel-Bastion erstreckte. Ziel des warmen Regens: Reiner Pfeiffer.

Als diese Details das Licht der Welt erblickten, bedienten sowohl Jansen als auch Engholm die politische Rücktritt-Bremse und gaben ihre Ämter auf.

Mit all diesen Neuigkeiten hatte sich das Bild natürlich tüchtig gewandelt. Wenn auch Barschel gewiss kein Waisenknabe war, so rehabilitierten ihn die aktuellen Erkenntnisse zur Barschel-Pfeiffer-Affäre doch weitgehend. Jetzt wurden auch seine einstigen Beteuerungen wieder glaubwürdiger, auch sein Ehrenwort und seine Erklärung, Opfer eines Komplottes zu sein. Und jetzt stellte sich aufs

Neue auch die Frage danach, ob Barschel denn wirklich freiwillig aus dem Leben geschieden war. Hatte er das in seiner Situation nötig?

Seine Frau erklärte über die Jahre hinweg eisern, er habe den Kampf aufnehmen und die Vorwürfe gegen ihn entkräften wollen. Aufgegeben hatte er jedenfalls nicht. Also muss es doch Mord gewesen sein. Bereits einige Monate vor seinem Tod war es zu einem ernsten Zwischenfall gekommen, bei dem Barschel wie durch ein Wunder mit dem Leben davonkam.

Es war Sonntag, der 31. Mai 1987 – nebenbei bemerkt der allererste »Weltnichtrauchertag«. Barschel befand sich auf dem Rückweg von einem Treffen mit Helmut Kohl in Bonn. Nun saß er in einer zweimotorigen *Cessna 501*. Die Chartermaschine der Fluggesellschaft *Travel Air* steuerte gegen 23 Uhr den Lübecker Flughafen Blankensee an. Dabei streifte sie einen Funkmast und prallte unmittelbar danach auf dem Boden auf, um sofort in Brand zu geraten.

Die Sicht war in jener Nacht gut gewesen, der Anflug stellte kein besonderes Problem dar. Die Ermittler konnten sich nicht erklären, warum die *Cessna* so ungewöhnlich tief geflogen war, dass es überhaupt zu dem Unglück kommen konnte. Während die Piloten ums Leben kamen und auch der ebenfalls an Bord befindliche Sicherheitsbeamte Bernd Hansen lebensgefährlich verletzt wurde, konnte sich Barschel aus der lodernden Maschine retten. Er war mit einem Kreuzbeinbruch, Schrammen sowie einigen Prellungen davongekommen und lag nun auf einer Rasenfläche nahe dem rauchenden Flugzeug.

Dass ausgerechnet Barschel diesen Absturz überleben würde, glich wie gesagt einem Wunder. Der gesamte Vorfall war rätselhaft. Und vielleicht war er geplant. Vielleicht wollten bereits damals unsichtbare Hintergrundkräfte den deutschen Politiker aus dem Weg räumen, Leute, die einen Flugzeugabsturz für »todsicher« hielten und nun ziemlich enttäuscht sein mussten.

Monate später hatten sie mehr Erfolg. Irgendwer schien Barschel wirklich nicht sehr zu mögen.

Doch was sprach denn nun eigentlich für Mord und wer sollte überhaupt einen Nutzen vom Tod des CDU-Mannes gehabt haben? Wie kam es beispielsweise, dass einerseits in Zimmer 317 des *Beau-Rivage*-Hotels keinerlei Fingerabdrücke gesichert werden konnten und andererseits eine ziemliche Unordnung herrschte, die auf eine durchaus handfeste Auseinandersetzung deutet? Da waren der abgerissene Hemdknopf, der eine, säuberlich gebundene Schuh im Flur, der andere wiederum durchnässt am Badezimmerboden. Da waren die seltsamen Schleifspuren auf dem Vorleger und jenes von einer mysteriösen Substanz verschmutzte Handtuch, das jemand auf die Kofferablage am Eingang geworfen hatte. Die Substanz erwies sich später als Dimethylsulfoxid. Es macht die Haut empfänglicher für das Eindringen von Fremdsubstanzen.

Im Zimmer lag auch ein wieder ausgespültes Whiskey-Fläschchen aus dem Bestand der Minibar, das Spuren des Schlafmittels Diphenhydramin (DHP) aufwies. Dieses Pharmazeutikum wurde im Leichnam des Toten nachgewiesen, zusammen mit anderen Wirkstoffen, die Barschel vergiftet haben, allerdings in einer seltsamen Reihenfolge.

Toxikologische Untersuchungen legen nahe, dass Barschel schon bewusstlos gewesen sein muss, als ihm noch eine tödliche Dosis das Schlafmittels Cyclobarbital verabreicht wurde. Zuvor musste das Opfer auch bereits Pyrithyldion inkorporiert haben – die berühmten »K.o.-Tropfen«. Irgendjemand muss dem verfemten Politiker also aktive »Sterbehilfe« geleistet haben. Tatsächlich kursierte aufgrund jener seltsamen und anders nicht erklärbaren Begleitumstände auch die Theorie, ein Vertrauter habe Barschel bei seinem suizidalen Vorhaben unterstützt. Doch wenn es keinen Grund für Selbstmord gab, dann auch nicht für eine solche Form der Sterbehilfe.

Die einzige Sterbehilfe, die Uwe Barschel erhielt, war eine völlig ungewollte. Dafür spricht auch das spurlose Verschwinden jener von ihm beim Zimmerservice bestellten Flasche eines *85er-Beaujolais Le Chat-Botté*, die nachweislich um 18.30 Uhr serviert wurde, in üblicher Manier mit zwei Gläsern. Davon wurde eines in mehrere

Teile zerbrochen im Abfalleimer gefunden, das andere stand sorgfältig ausgespült auf dem Marmor-Waschtisch im Bad. Barschel musste am Vorabend seines Todes noch Besuch erhalten haben.

Viel getrunken kann der CDU-Politiker an jenem Abend nicht mehr haben, denn in seinem Blut wurde kaum Alkohol gefunden. Das widerspricht auch der Feststellung, der deutsche Politiker habe sich bei seinem Suizid exakt an Anweisungen der humanen Sterbehilfe gehalten. Demnach hätte er sich nicht nur mit Tabletten vergiften und in eine gefüllte Badewanne legen, sondern auch Alkohol zu sich nehmen sollen. Seltsam war zudem der Umstand, dass der vermeintliche Selbstmörder vor seinem letzten Bad nicht wenigstens sämtliche überflüssige Gegenstände aus den Taschen genommen hatte – Bargeld, Kreditkarten, Schlüssel, das komplette Alltagsrepertoire fand sich noch bei der Leiche, die in ihrem Inneren wiederum einem kleinen Chemielabor glich.

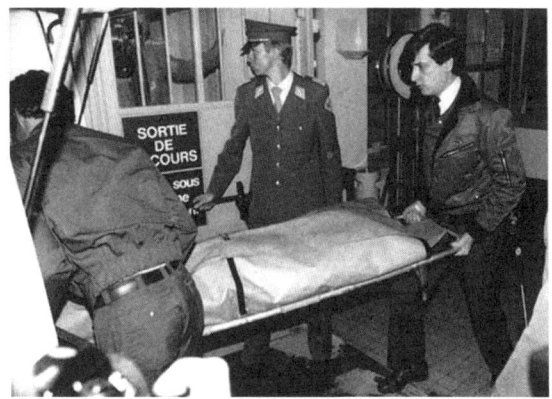

Barschels Leichnam wird aus dem Beau-Rivage-Hotel gebracht.

Für ein unfreiwilliges Ableben sprachen auch ein fremder Schuhabdruck auf dem Wannenvorleger sowie ein Hämatom an der rechten Stirnseite des Toten. Diese Spur äußerer Gewalt wurde erst bei der Obduktion festgestellt. Insgesamt war nun ziemlich offenkundig: Diese Leiche wurde getötet, als sie noch lebte! Es war Mord!

Zu diesem Resultat gelangte auch die Lübecker Staatsanwaltschaft. 1995 eröffnete sie ein entsprechendes *Ermittlungsverfahren gegen Unbekannt wegen Verdacht des Mordes an Dr. Dr. Uwe Barschel.* Die Generalstaatsanwaltschaft in Kiel ordnete allerdings drei Jahre später die Einstellung dieses Verfahrens an. Nur änderte dies nichts an den Verdachtsmomenten und trug nicht gerade zur Erhellung der Situation bei. Kein Wunder, dass seitdem eine große Zahl an Thesen kursierte, wer nun der oder die Mörder gewesen waren. Unter den Quellen, die hier Informationen an die Öffentlichkeit transportierten, fanden sich einige Personen, die nachweislich über sehr gute Kontakte in die Geheimdienste verfügten oder selbst als Agenten tätig waren. Andere stießen während journalistischer Recherchen auf ziemlich heiße Spuren. Private Forscher, Detektive und für verschiedenste Redaktionen arbeitende Reporter schienen sich dabei häufig mehr oder minder gegenseitig in die Quere zu kommen, wenn die Resultate nicht so recht übereinstimmen wollten. Allein der Konkurrenzdruck schien, wie so oft, auch hier für einige Aggressionen zu sorgen. Schnell war dann die Rede davon, dass Spinner und Verschwörungstheoretiker, Schwindler und schattenhafte Figuren alle möglichen Legenden verbreiteten, während – natürlich – die eigene Version des Geschehens die unanfechtbare Wahrheit darstellte.

Diesen fragwürdigen Kurs fuhren auch die großen Medien nicht selten. Die Hintergründe des Mordes an Uwe Barschel könnten allerdings zu komplex sein, als dass sie durch eine der bisherigen Varianten wirklich komplett aufgedeckt werden dürften. Die Thesen scheinen Stückwerk zu sein, wenn auch teilweise sehr dicht an der Wahrheit. Einige von ihnen schließen sich gegenseitig aus, während andere durchaus für eine friedliche Koexistenz geeignet sind. Denn auch Barschels Tod dürfte nicht allein einem Zweck gedient haben und von einer einzigen Gruppierung begrüßt worden sein. Doch muss es den einen tödlichen Plan, den einen großen Auftraggeber und dessen ausführende Organe gegeben haben – den oder die tatsächlichen Mörder.

Der abtrünnige *Mossad*-Agent Victor Ostrovsky veröffentlichte 1994 ein Buch über die *Geheimakte Mossad*, in dem er laut Untertitel *Die schmutzigen Geschäfte des israelischen Geheimdienstes* enthüllt – an sich keine Überraschung, denn Geheimdienstarbeit ist eben sehr oft schmutzige Arbeit. Doch das Buch enthielt manchen Sprengstoff, nicht zuletzt auch zum Fall Uwe Barschel. Was hier herauskam, verursachte einigen Wirbel und wurde allgemein auch ziemlich ernst genommen. Später hieß es dann allerdings, diese recht fantastische Version bestehe aus unbewiesenen, haltlosen Behauptungen.

Auch dieser Sinneswandel hatte seine politischen Gründe.

Nur sollte jedermann spontan einleuchten: Nach einem derartigen Komplott mit all seinen Facetten wird niemand, der unmittelbar oder auch mittelbar daran beteiligt war, die ganze Wahrheit bloßlegen können. Doch nach wie vor zählt Ostrovskys Bericht zu den glaubwürdigsten Darstellungen jener Abläufe, wie sie schließlich zur geplanten Ermordung Barschels führten.

Victor Ostrovsky lieferte damals eine detaillierte Schilderung der *Operation Hannibal*, eines recht exotischen Waffenhandels. Und er schildert detailliert den Mord, der im Rahmen dieser Operation unabdingbar wurde. Der *Mossad* hatte Barschel sogar noch eine winzige Chance gegeben. Sein weiteres Schicksal hing an einer einzigen kurzen Antwort. Die Entscheidung über Leben und Tod wurde daraufhin innerhalb von Sekunden getroffen.

Bei der *Operation Hannibal* kooperierten Geheimdienste zweier erbitterter Gegner: Israel und Iran. Dennoch lieferte Israel seinem Erzfeind in wirklich großem Stil Ersatzteile für die brachliegende Luftwaffe. Was auf den ersten Blick völlig abstrus wirkt, folgte allerdings einer simplen, althergebrachten Erkenntnis: Wenn zwei sich streiten, freut sich der Dritte. Die Aufrüstung würde den Iran-Irak-Krieg verlängern, und genau diese Absicht lag auf israelischer Linie. Zudem waren damit gute Geschäfte zu machen. Nur nicht auf direktem Wege, dazu waren die beiden Parteien sich nicht grün genug. Also lief die Angelegenheit unter anderem über Deutschland ab, das heißt, über den Bundesnachrichtendienst BND. Den hielt der *Mossad* in aller Regel für unzuverlässig und stasi-unterwandert, doch in diesem Falle sah die Sache nun anders aus. Man hatte auch einen entsprechenden Verbindungsmann im BND. Ostrovsky schildert die verschlungenen Wege, auf denen die Flugzeugteile zu ihrem Bestimmungsort unterwegs waren. Von israelischen Schiffen ging es in verschiedenen italienischen Häfen sofort auf bereitstehende und getarnte Lkws. Italiens Geheimdienst SISMI hatte schon für alles gesorgt, sodass falsche Papiere die Ware als »Agrarprodukte« auswiesen. Die Lkw-Fahrer waren ebenfalls ausgewählte Leute. Laut Darstellung von Ostrovsky stammten sie aus Licio Gellis P2-Loge und aus der italienischen Stay-behind-Gruppe *Gladio*. Nun machte sich *Hannibal* über die Alpen – nächstes Ziel war der Norden Deutschlands: Hamburg.

Auf dem Gelände eines aufgelassenen Flughafens bei Kiel kontrollierte ein gut ausgebildeter iranischer Ingenieur die Fracht auf ihre Tauglichkeit. Bei Gefallen gab es die Hälfte der Summe bar auf die Hand. Der Rest folgte bei Anlieferung im Iran.

Der BND kooperierte bei dem Geschäft nur deshalb, weil die *Mossad*-Agenten ihren deutschen Kollegen glauben machten, die Operation stehe im Zusammenhang mit der erfolgreichen Abwehr eines terroristischen Angriffs.

Alles verlief reibungslos. Die Transporte gingen von Deutschland nach Dänemark, wo wiederum der landesspezifische Geheimdienst für »höhere Zwecke« benutzt wurde. Mit dänischen Schiffen ging es schließlich in den Iran.

In Deutschland steckte der BND mittlerweile tief mit in der ganzen Geschichte und wurde nun von den Iranern gefragt, wie eine Ausbildung von iranischen Piloten außerhalb des Kriegsgebietes am besten zu bewerkstelligen sei. Nach *Mossad*-Rücksprache kam man darin überein, dies direkt in Deutschland durchzuführen, auf jenem bereits gut bewährten, längst verlassenen Flugplatz. Dort sollten die Iraner ihr zeitweiliges Domizil finden, um von 20 in Kiel und Hamburg lebenden israelischen Piloten ausgebildet zu werden – alles natürlich vom Iran finanziert. Um einen sicheren Ablauf dieser Operation zu gewährleisten, legten die deutschen Geheimdienstler nahe, den Ministerpräsidenten von Schleswig-Holstein einzuweihen: Uwe Barschel.

Von vornherein war ziemlich klar, dass der nicht sonderlich

begeistert reagieren würde. Außer, ja, außer man würde ihm einen Appetithappen zuwerfen, den er nicht verschmähen dürfte. Es ging um die Howaldtswerke/Deutsche Werft AG (HDW), einen der größten Arbeitgeber des Landes. Die HDW waren beinahe pleite, ihr Ende stand also kurz bevor. Ihre Rettung konnte die Rettung der CDU-Regierung bedeuten und wäre damit ein enormer Erfolg für Barschel geworden. Also sollte der Bundesnachrichtendienst entsprechend darauf hinwirken, dass Bundesgelder für die HDW losgeeist würden – um sich über diesen Trick der Loyalität Barschels zu versichern.

Dann stellte sich plötzlich eine politische Krise in Dänemark ein, und angesichts der nun unklaren Situation im Land bat der dänische Geheimdienst um einen Abbruch der Waffentransaktionen, zumindest für gewisse Zeit. Über Dänemark sollte zunächst nichts mehr laufen. Also blieb nur noch Deutschland übrig. Wenn Ostrovsky die Wahrheit sagt, so scheint Barschels Schicksal vor allem dadurch besiegelt worden zu sein, dass in jenen Momenten die linke Hand nicht wusste, was die rechte tat, denn während bereits der Verfassungsschutz sein Amen gegeben hatte, kreuzte der BND noch bei Barschel auf und erzählte ihm viel zu viel, alles Dinge, die er gar nicht wissen musste. Und das alles verbunden mit der bereits obsoleten Frage um Genehmigung von Waffentransporten in den Iran, die nun über Häfen in Schleswig erfolgen sollten. Barschel lehnte ab, und damit wurde es langsam brenzlig. Jetzt wurde der *Mossad* aktiv.

Mossad-Mann »Ran« ging nun auf seine Weise an diese Sache »ran«. Zunächst über die Opposition im Lande. Ostrovsky spricht lediglich von einem »führenden Oppositionspolitiker«, dem die Unterstützung des BND versichert wurde und dem Ran versprach, zum Wahlsieg zu verhelfen, sofern der Politiker eben auch ihm selbst in einer gewissen Angelegenheit behilflich wäre. Das klappte dann auch ganz gut. Als Nächstes begann Ran einen Helfer Barschels anzugehen und ihn mit einer alten unschönen Geschichte zu erpressen: der Misshandlung einer Prostituierten. Dass sich jener Helfer einst strafbar gemacht hatte, ließ sich schnell herausbekommen. Nun ließ sich daraus Kapital in Form einer hinterhältigen Kooperation schlagen.

Jener Helfer, den Ran und ein *Mossad*-Einsatzoffizier stets als »Whistler« bezeichneten, sollte jetzt behilflich sein, Barschel zu stürzen. »Whistler« bedeutet im Englischen so viel wie »pfeifen«, und niemand anderer als Reiner Pfeiffer war es, den Ostrovsky hier meint und den die beiden Männer unter Vorgabe völlig falscher Hintergründe angesprochen hatten. Demnach ging es um die deutsche Unternehmensgründung eines schwerreichen Kanadiers, bei der Pfeiffer finanziell großzügig für seine Dienste belohnt werden solle. Gleichzeitig »fütterte der *Mossad* den Verfassungsschutz des Bundeslandes mit falschen Informationen über Barschels angeblich geheime Waffengeschäfte und sonstige illegale Transaktionen, an denen sein Bruder beteiligt sei, quasi als Strohmann Barschels«, so führt Ostrovsky aus. Und der »Whistler« schließlich war für eine Verleumdungskampagne gegen den Oppositionsführer zuständig, für die am Ende Barschel in die Verantwortung gezogen wurde. Der wiederum wandte sich an den BND und drohte, dessen Fehlverhalten offenzulegen, sofern er selbst nicht wieder vollständig rehabilitiert würde. Langsam wurde es wirklich gefährlich für die Verschwörer. Die Zeit drängte, wenige Tage später waren Anhörungen vor einem Untersuchungsausschuss anberaumt, vor dem Barschel sein Wissen preisgeben wollte. Also bestand dringender Handlungsbedarf. Und man handelte.

Jetzt meldete sich ein gewisser Robert Oleff bei Barschel, der von anderen als »Robert Roloff« bezeichnet wurde. Während das deutsche Nachrichtenmagazin *Focus* auf Grundlage »verlässlicher Quellen« diesen Mann 1995 als Ex-Stasi-Oberst Peter Feuchtenberger identifizierte, steckte hinter dem Pseudonym laut Ostrovsky niemand anderer als *Mossad*-Spitzenagent Ran. Der Anrufer zeigte sich jedenfalls bestens informiert und überzeugte Barschel damit von seiner Glaubwürdigkeit. Als er daher Informationen anbot, die ihm behilflich sein würden, sein öffentliches Ansehen wiederherzustellen, kam Barschel der Aufforderung des Unbekannten nach, ihn in Genf zu treffen. Dort allerdings wartete bereits ein *Kidon*-

Team des *Mossad* auf seinen möglichen Einsatz – diese Gruppen sind auf *Mossad*-Exekutionen spezialisiert (*Kidon* = »Bajonett«).

Als besonders gut geeignet erwies sich das *Beau-Rivage*-Hotel, nicht zuletzt deshalb, weil sich in der Nähe eine Baustelle befand, wie man sie gerne zur schnellen Entsorgung von Beweismitteln nutzte. Während mehrere Einsatzpaare im Hotel lauerten, öffnete Barschel seinem vermeintlichen Samariter die Tür.

Mit Speck fängt man bekanntlich Mäuse, Ran hatte Käse mitgebracht und bestellte eine Flasche Wein dazu. Nun versuchte er Barschel zu beruhigen. Was er getan habe, sei in der Politik normal, nichts Besonderes oder Verwerfliches, er solle jetzt einfach die Sache weitergehen lassen und seinen Sturz hinnehmen. Dafür solle er eine wirklich großzügige Entschädigung erhalten, Geld spiele keine Rolle.

Und wo waren die versprochenen Informationen? Barschel verwies sein Gegenüber der Türe: Wenn Oleff nicht die entlastenden Beweise vorlegen könne, solle er augenblicklich den Raum verlassen. Damit hatte Barschel sein Todesurteil unterzeichnet.

Der *Mossad* hatte noch versucht, ihn zu verschonen, jetzt war klar, dass Barschel »nicht zu retten« war. »Oleff« ging – angeblich um die gewünschten Papiere zu holen. Nach Rücksprache mit dem gleichsam um die Ecke logierenden *Mossad*-Chef aktivierte er die Kidons und damit Phase zwei des Planes.

Während des Gesprächs mit Barschel hatte Ran keinen Tropfen des Weines getrunken, unter Vorgabe von Magenbeschwerden, sondern lediglich etwas von dem Käse gegessen, was in einem solchen Fall auch meist nicht sonderlich bekömmlich ist. Barschel schöpfte aber dennoch keinen Verdacht. Der mit einem Schlafmittel versetzte Wein sollte ihn innerhalb von einer Stunde bewusstlos werden lassen. Hätte er dem Wunsch seines Gesprächspartners nachgegeben, so wäre es dabei geblieben und er hätte einfach richtig ausgeschlafen. So aber betraten statt »Oleff« nunmehr die Kidons das Hotelzimmer. Sie hatten zuvor noch einen Kontrollanruf getätigt, um sicherzugehen, dass der Gast von 317 bereits tief und fest schlief.

Ostrovsky schildert den Ablauf der Exekution ausführlich. Sämtliche Details decken sich mit der Fundsituation und erklären auch die diversen Spuren im Zimmer.

Als die *Kidon*-Leute den Raum betreten, finden sie Barschel auf dem Boden liegend. Er ist bewusstlos. Sie breiten eine Plastikfolie auf dem Bett aus und platzieren das wehrlose Opfer mit dem Kopf zum Fußende auf der Matratze. Als Nächstes legen sie ihm ein zusammengerolltes Handtuch unter den Nacken – es ist jenes Handtuch, das später auf der Kofferablage am Eingang gefunden wird.

Nun geht es los: »Fünf Leute befanden sich zu dem Zeitpunkt im Raum«, so enthüllt Ostrovsky und kommt damit zum Mord:

»Vier kümmerten sich um das Opfer, und einer füllte die Badewanne mit Wasser und Eis ... Ein langer, gut geölter Gummischlauch wurde dem schlafenden Mann in den Hals geschoben, langsam und vorsichtig, um ihn nicht zu ersticken. Einer schob den Schlauch, während ihn die anderen Männer für den Fall einer plötzlichen Konvulsion festhielten. Sie alle hatten so etwas schon vorher gemacht.

Sobald der Schlauch den Magen erreicht hatte, brachten sie am oberen Schlauchende einen kleinen Trichter an, durch den sie nun verschiedene Pillen einführten, dazu ab und zu etwas Wasser, damit sie auch tatsächlich den Magen erreichten.

Danach wurden dem Mann die Hosen heruntergezogen. Zwei Männer hielten seine Beine hoch, und ein Dritter führte ihm rektal Zäpfchen mit einem starken Sedativ und einem fiebererzeugenden Mittel ein. Die Hosen wurden wieder hochgezogen, und die Leute warteten auf die Wirkung der Medikamente; sie legten ihm ein Thermometer auf die Stirn, um seine Temperatur zu beobachten.

Nach einer Stunde hatte er hohes Fieber bekommen. Er wurde dann in das Eisbad gelegt. Der Schock rief starke Körperzuckungen hervor. Der plötzliche Temperaturwechsel im Verein mit der Wirkung der Medikamente erzeugte so etwas, was wie eine Herzattacke aussah. Nach ein paar Minuten stellte das Team fest, dass er wirklich tot war, und begann das Zimmer aufzuräumen, um keine Spuren zu hinterlassen.«

Sie hatten in der gebotenen Eile, wie sie der Aktion grundsätzlich allein schon wegen des außergewöhnlichen Handlungsbedarfs anhaftete, trotz aller Erfahrung einige Fehler begangen. Unter anderem die Sache mit dem weggeworfenen Handtuch. Oder auch, dass die von ihnen mitgebrachte, nicht manipulierte Ersatzweinflasche nicht exakt mit der bestellten *85er-Beaujolais*-Flasche übereinstimmte. Also konnten sie keine Flasche zurücklassen. Außerdem hatten sie Schleifspuren hinterlassen, als sie Barschel mitsamt der Plastikfolie vom Bett und quer durchs Zimmer zum Bad zogen. Natürlich musste sich die Gruppe nach getaner Arbeit beeilen, den Tatort zu verlassen, und schnell hatten sich die einzelnen Mitglieder des *Kidon*-Teams wieder verflüchtigt.

Wie gesagt, Ostrovskys Report zum Fall Barschel wurde nach einigen Jahren von den großen und großteils gleichgeschalteten Medien als weitgehend unglaubwürdig hingestellt, ohne dass jemals wirklich plausiblere Szenarien vorgestellt wurden. Nach dem Niedergang der DDR schien man einen geeigneteren Sündenbock gefunden zu haben als ausgerechnet den israelischen Geheimdienst, den Ostrovsky so kräftig angeschwärzt hatte. Die *Stern*-Journalisten Rudolf Lambrecht und Leo Müller nahmen sich ebenfalls der ungelösten Akte 705 Js 33247/87 an, der Akte Barschel, und führten damit eine Geschichte fort, die ihr Kollege Sebastian Knauer mit seiner Entdeckung der Leiche von Zimmer 317 aufgebracht hatte.

Lambrecht und Müller zufolge habe der CDU-Politiker in der Zeit vor seinem Tod unter starkem psychischen Druck gelitten, der seine gesamte Umgebung belastet habe. Der unter Tranquilizern stehende Barschel sei unberechenbar geworden. Ruhigen Phasen folgten demnach spontane Wutausbrüche mit sogar körperlichen Attacken. Barschel habe Termine platzen lassen, sei unzuverlässig geworden und hätte eine Art »Scheißegal-Gefühl« entwickelt. Außerdem stießen die beiden Journalisten auf ein anderes Geheimnis Dr. Uwe Barschels, der ganz offenbar ein Doppelleben führte.

Immer wieder tauchte er ab, ohne dass irgendjemand wusste, wohin er ging und was er tat. Wie sich herausstellte, flog er oftmals in die Schweiz und fuhr auch ohne die sonst erforderlichen Formalitäten in die DDR, wo er mit offenen Armen empfangen wurde. Er schien sich dort mit jungen Frauen zu treffen, ohne aber Erpressungsversuche zu fürchten, obwohl er wissentlich ständig observiert wurde. Angeblich liefen Rüstungsgeschäfte über die DDR ab, die dem Honecker-Regime die heiß ersehnten Devisen brachten. Die marode Howaldtswerft benötigte ihrerseits Aufträge – die Produktion von U-Booten sollte die Rettung sein, U-Boote für den Iran und Südafrika. Auf den Iran wollte man sich nicht einlassen, Südafrika schien der weitaus angemessenere Partner: reich und militärisch mit Israel heimlich liiert.

Die *Stern*-Reporter enthüllen etliche Details der verdeckten Geschäfte, die nach Art von Geheimdienstoperationen abgewickelt worden seien. Und sie nennen beteiligte Firmen sowie Manager. Barschel habe diesen Zeugen zufolge Millionensummen kassiert, doch dann platzte das Geschäft mit Südafrika. Die Bundesregierung stoppte das illegale Projekt im Jahr 1985 aus außenpolitischen Erwägungen heraus. Laut diesen Enthüllungen befand sich Barschel nunmehr in einer katastrophalen Situation. Er hatte Unsummen erhalten – für nichts. Er wusste sich in einem gefährlichen Spiel; mit seinen Geschäftspartnern war nicht zu scherzen, der südafrikanische Geheimdienst war ebenfalls nicht zu unterschätzen.

In Laboratorien wie *Delta G Scientific* arbeiteten ausgesuchte Forscher der Special Forces mit Reizgasen und tödlichen Substanzen, mit bislang kaum bekannten Wirkstoffen und Chemikalien für den Einsatz durch Todesschwadronen. Skrupel kannte man da gewiss nicht. So erinnern auch Lambrecht und Müller an den Fall des Agenten Victor M. de Fonseca, der einige brisante Geheimnisse ausgeplaudert hatte, somit zur akuten Gefahr wurde und daher stillgelegt werden musste. Das lief mit einer Flasche präparierter Limonade, die ihm ein Kollege anbot. Fonseca lebte noch einige Tage. Dann nicht mehr.

Uwe Barschel geriet schließlich aber nicht durch seine geheimen Aktivitäten, sondern durch Pfeiffers Intrigenspiel ins Schleudern. Und hier treffen im Grunde auch die beiden Handlungsstränge aufeinander – der Ostrovsky-Strang und der Lambert-Müller-Strang. In beiden Fällen ist klar, dass die Angelegenheit, ungeachtet der Hintergründe, über Pfeiffer ans Licht kam. Ebenso decken sich die beiden Darstellungen zumindest hinsichtlich des »großen Unbekannten«, jenes Robert Roloff oder Oleff, der Barschel in Genf treffen und ihm Entlastungsmaterial übergeben wollte. Auch spielt jeweils der Iran eine entscheidende Rolle. Waffengeschäfte, in die aber auch Israel oder der militärische Geheimpartner Südafrika verwickelt waren.

Wie sich herausstellte, machte Barschel zwei Wochen vor seinem Tod eine ebenfalls unvorsichtige Bemerkung, und zwar während eines Telefonats, das abgehört wurde. Einem Parteikollegen gegenüber erklärte er ziemlich lautstark: »Wenn die Bonner mich fallen lassen, lernen die mich kennen« – und bei anderer Gelegenheit: »Wenn ich auspacke, wackelt Bonn«. Wie hatte Roberto Calvi kurz vor seinem Tod zu seiner Tochter gesagt? »Wenn ich auspacke, dann werden die Priester den Petersdom verkaufen müssen, dann wird kein Stein im Vatikan mehr auf dem anderen bleiben.« Das klingt ziemlich ähnlich.

Durch Lambrecht und Müller war jedenfalls immerhin auch die vermeintliche Legende vom Waffenhandel wieder zu neuem Leben erweckt worden, was letztlich aber auch Ostrovskys Darstellung insgesamt unterstützt. Die beiden Autoren berichteten im Jahr 2007 ausführlich über ihre Ergebnisse. Um 1993 herum wollte kaum jemand an Waffenhandel im Zusammenhang mit Barschel denken. Damals schrieb der Journalist Werner Kalinka in seinem Werk *Der Fall B.* über die »Legende vom Waffenhandel« und erklärt: »Immer wieder ist Uwe Barschel mit Waffengeschäften in Verbindung gebracht worden. Dabei hat vor allem das vermeintliche oder tatsächliche U-Boot-Geschäft mit Südafrika eine entscheidende Rolle gespielt.« Bezweifelt wird also weniger die Existenz eines solchen illegalen Geschäftes als eine Mitwisserschaft oder Mittäterschaft Barschels. Und die DDR? »Neben der U-Boot-Affäre und Südafrika ist Barschel mit weiteren Waffengeschäften in Verbindung gebracht worden. Die immer wieder genährten Gerüchte,

Barschel habe mithilfe der DDR über das bei Rostock gelegene und von der Stasi kontrollierte Kavelstorf Waffengeschäfte abgewickelt, sind abwegig.« In jüngerer Zeit wird genau diese Möglichkeit wieder in Betracht gezogen. So gehen die Meinungen eben auseinander, immer noch.

Manchmal allerdings kann es durchaus von Vorteil sein, einmal die »Spur des Todes« zu verfolgen, wenn man der Wahrheit auf die Schliche kommen will. Denn man darf davon ausgehen, dass jene Personen wohl der Wahrheit am nächsten waren, die bald nachdem sie zu reden begannen, eines mysteriösen Todes starben. Auch im Falle Barschel gab es Leute, die dem eigentlichen Exekutionsziel bald in die ewigen Jagdgründe folgten. Der südafrikanische Geheimdienstler Dirk Stoffberg sagte aus, dass kein anderer als der ehemalige CIA-Chef und US-Verteidigungsminister Robert Gates sich mit Barschel in Verbindung gesetzt und ihn nach Genf bestellt hatte. Denn Barschel sei in die Vermittlung von nuklearer Technologie an den Iran und den Irak verwickelt gewesen. Schon wieder Waffen also, diesmal aber sogar Kernwaffen! Und Gates wollte einen umfassenden Bericht. Das war also die nächste Variante im undurchsichtigen Spiel. Nur eine weitere verwirrende Facette? Wohl eher nicht. Denn wieder schlug der »kluge Zufall« zu: Stoffberg beabsichtigte, eine eidesstattliche Erklärung zu seinen Schilderungen zu unterschreiben. Unmittelbar davor starben er und seine Frau am 20. Juni 1994 unter bisher ungeklärten Umständen. Angeblich Selbstmord. Wie praktisch!

Die Staatsanwaltschaft Lübeck fand immerhin heraus, dass am 6. Juni ein »Mr. Gates« in derselben Maschine saß, in der auch Barschel unterwegs war. Die CIA erklärte daraufhin, diese Person sei nicht Robert Gates gewesen.

Auch der geheimnisvolle Privatdetektiv, den Uwe Barschels Bruder Eike engagiert hatte, blieb auf der Strecke. Der äußerlich unscheinbare, jedoch durch und durch geheimnisvolle Jean-Jacques Griessen, der in der Genfer Rue Mont-Blanc 9 ein Geschäft für Waffen, Detektoren sowie Abhörgeräte aller Art führte und illustre Kunden wie Muammar el-Gaddafi vorweisen konnte, schien, wie er glaubte, kurz vor der Aufklärung des Mordes an Uwe Barschel zu stehen. Griessen war auch überzeugt davon, dass fünf mysteriöse Todesfälle in Europa mit dem Mord in Zimmer 317 in Verbindung standen. Einer davon sei das nächtliche Attentat auf Olof Palme gewesen.

Bevor er seine Arbeit, von der er regelrecht besessen war, abschließen konnte, starb Griessen bei einer Züricher Prostituierten – Todesursache: Herzinfarkt.

Der Fall Barschel wird die Gemüter noch länger bewegen. Gleich welche Variante sich letztlich, wenn überhaupt, als die wahre herausstellen wird oder ob in Zukunft noch weitere, völlige neue Aspekte aus dem Verborgenen ans Licht kommen werden, in jedem Fall dürfte klar sein: Es war Mord!

Moral als Vision: Alfred Herrhausen, 1989

»Ich weiß nicht, ob ich das überlebe« – als der deutsche Großbankier Alfred Herrhausen diese besorgten Worte äußerte, trennten ihn gerade noch zwei Tage von einem gewaltsamen Tod. Der Chef der Deutschen Bank galt schon länger als eine der am meisten gefährdeten Persönlichkeiten im Lande, zählte zur »Klasse 1« im Kreis der Höchstbedrohten. Auch um ihn scharten sich etliche finstere Kräfte, die sich in den verbliebenen letzten Wochen und Monaten seines Lebens zur tödlichen Gewalt verdichteten.

Im Gegensatz zu etlichen anderen prominenten Opfern der Macht war Alfred Herrhausen jedoch nicht in illegale Machenschaften hineingerutscht, nicht in Korruption und Manipulation versunken, sondern bildete trotz seines unbestrittenen Machtanspruchs und Ehrgeizes, den er innerhalb des Unternehmens an den Tag legte, nach außen eine eiserne Barriere gegen amoralische politische Entscheidungen. Genau aus diesem Grunde aber passte er wohl so gar nicht ins Konzept der mächtigsten Entscheidungsträger dieser Welt und musste sterben. Die Attentäter sind bis heute nicht gefasst. Nach über 20 Jahren herrscht immer noch weitgehende Ratlosigkeit hinsichtlich Motiv und Mörder.

Am frühen Morgen, genau um 8.34 Uhr früh, bebt plötzlich die Erde im Seedammweg, Bad Homburg. Eine markerschütternde Explosion zerfetzt eine dunkle Limousine, schleudert den schweren Wagen regelrecht durch die Luft. Fensterscheiben zersplittern, Gläser klirren und Bilder fallen von der Wand. Anwohner spüren, wie sie die Druckwelle als fester, dumpfer Schlag erfasst. Bei den Älteren werden augenblicklich die schrecklichsten Kriegserinnerungen wach. Auf der Straße bietet sich ein Bild der Verwüstung. Das Autowrack steht quer auf der Fahrbahn, zahlreiche Splitter und Blechteile sind meterweit verstreut, sogar die Fahrzeugtüren hat die wuchtige Detonation komplett aus der Karosserie gerissen. Schockiert und wie gelähmt stehen die Menschen an den Fenstern oder auf der Straße. Jedem ist allerdings sofort klar, Zeuge eines tödlichen Sprengstoffattentats geworden zu sein.

Der Chef der Deutschen Bank, Alfred Herrhausen.

Manche konnten sich bereits denken, wer das Opfer war. Sie wussten, dass Alfred Herrhausen in diesem ruhigen Stadtviertel wohnte. Der Anblick einer schwarzen Mercedes-Limousine, die in Begleitung von Sicherheitsfahrzeugen majestätisch über den Seedammweg gleitet, war ihnen durchaus vertraut. Herrhausen wohnte nur wenige hundert Meter vom Ort des Anschlags entfernt. So hörte auch die Frau des Top-Managers jene tödliche Explosion. Waltraud Herrhausen wurde indirekt Zeuge des Mordes an ihrem Mann. Ein sofortiger Anruf auf das Autotelefon brachte ihr die letzte Gewissheit. Als sich niemand meldete, eilte sie zu ihrem Wagen und fuhr los. Nur Minuten nach der Explosion erreichte sie den Schauplatz des Verbrechens. Trotz aller Sicherheitsmaßnahmen war hier nun tatsächlich das Schlimmste eingetroffen.

Doch warum war Alfred Herrhausen so extrem gefährdet gewesen? Oder umgekehrt gefragt: Was machte Deutschlands mächtigsten Bankier so gefährlich – und für wen? Diese Fragen mögen einfacher zu beantworten sein, als man zunächst vermuten würde. Und sie führen uns unweigerlich direkt an die Person Herrhausen heran.

Der Chef der Deutschen Bank galt trotz seiner klaren Grundsätze vielen Freunden, Bekannten und Kollegen als ein oftmals widersprüchlicher Mensch. Herrhausen wurde 1930 als Sohn eines Vermessungsingenieurs in Essen geboren und erlebte somit den Zweiten Weltkrieg als Heranwachsender, dessen Kindheit von der allgemeinen Not jener Zeit prägend mitbestimmt wurde. Als »Trümmerkind« verdingte sich Alfred Herrhausen als Schüler unter Tage, um seine Ausbildung mit dem hart erarbeiteten Lohn finanzieren zu können. Ursprünglich hatte er noch beabsichtigt, seinen späteren Lebensunterhalt als Lehrer zu verdienen, nahm dann allerdings ein Studium der Wirtschaftswissenschaften in Köln auf. Nach der Promotion arbeitete er zunächst für Energiekonzerne, um 1969 schließlich zur Deutschen Bank überzuwechseln, wo er schnell Karriere machte. Tatsächlich sollte es nur zwei Jahre dauern, bis er hier in die Vorstandsetage einzog. Einige Jahre fungierte er zusammen mit Friedrich Wilhelm Christians als Sprecher des Vorstands, seit 1988 übte er diese Tätigkeit alleine aus und stand als Solitär an der Spitze des Unternehmens.

Herrhausen war durch und durch ein Machtmensch, wenn auch auf eine ganz eigene Art. In den letzten Jahren seines Lebens hatte er ein Imperium um sich formiert, während die Verflechtung von Banken und Industrie einen Gipfelpunkt erreichte. Alfred Herrhausen saß an den zentralen Schalthebeln dieses Komplexes und verstand sie wahrhaft zu bedienen, wobei sein Machtstreben allein auf die Deutsche Bank fokussiert war. Macht bedeutete für ihn jedoch nicht automatisch Machtmissbrauch. Macht ging für ihn vielmehr mit Verantwortung und Kreativität einher, mit moralischen Werten und Pflichten. Auf der einen Seite stand die Welt der Zahlen und harten Fakten, auf der anderen Seite diejenige der Humanität. So war der Sinn des Ganzen in seiner Welt immer noch auf den Menschen gerichtet. Herrhausen fragte noch nach dem Gemeinwohl, wo andere längst nur den eigenen maximalen Profit um jeden Preis anstrebten, und er sprach einmal von einer »Versittlichung der Politik statt einer Politisierung der Sitten«.

Schon seit Studientagen tendierte Herrhausen zu philosophischen Erwägungen. Auch später befasste er sich mit kosmologischen und eschatologischen Fragestellungen, sinnierte über den unbestreitbaren Gottesbeweis und die Evolution des Universums. Das schien alles doch eher ungewöhnlich für einen erstrangigen Geldmenschen und Superbankier zu sein! Sein eher profanes Umfeld wollte alledem nicht so recht folgen, und Fachkollegen wie Konkurrenten äußerten sich in ihren Kommentaren oft gleichermaßen verwundert wie bewundernd, wenn auch ein herablassender Unterton selten ausblieb. Da war beispielsweise auch die Rede vom

»bankernden Philosophen«. Dennoch blieb Herrhausen stets der Bankier, denn selbst wenn er über die Evolution des Universums nachdachte, über Werden und Vergehen kosmischer Strukturen, dann wandte er seine Einsichten – so entrückt sie auch zu sein schienen – in letzter Konsequenz wieder auf sein Fachgebiet und sein Unternehmen an: die Deutsche Bank.

Herrhausen war während seiner philosophischen Ausflüge auf ein paradoxes Prinzip gestoßen, das sich Tag für Tag aufs Neue bestätigte. Er hatte die Veränderlichkeit als einzige Weltkonstante erkannt. Alles unterlag dem Wandel, nichts vermochte wirklich in sich zu ruhen, und so übertrug er dieses offenbar universal wirksame Prinzip auf sein Unternehmen, das ebenfalls nie im Zustand der Ruhe verharren durfte. Flexibilität, Wandel und Kreativität waren als Triebkräfte permanent erforderlich.

Der mächtigste Bankier Deutschlands befürchtete fortwährend, sein Unternehmen sei nicht groß genug, nicht unabhängig genug. Hier schien er tatsächlich eine Weltmachtstellung anzustreben. Doch seine Leitlinien ließen diese Position nicht um jeden Preis zu. Hier gab es eben noch die Verantwortung für die Allgemeinheit. Ähnlich wie Olof Palme folgte auch Herrhausen als eine Art Einzelkämpfer gewissen Grundsätzen, wie sie in jenen Kreisen nur selten anzutreffen sind. Und wie Olof Palme war auch Herrhausen in engsten Kontakt mit den Mächtigsten dieser Welt gelangt, als er in den Kreis der Bilderberger eingeladen wurde, in dem sich schon Palme alles andere als beliebt gemacht hatte.

Ebenso tat sich zwischen den Zielen jener »Hohepriester der Macht« und dem deutschen Top-Bankier eine tiefe Kluft auf. Da wollte einfach nichts zusammengehen. Wenn Herrhausen sein Bankhaus in die Unabhängigkeit zu führen versuchte, und das sogar auf globaler Ebene, dann stellte er sich deutlich gegen die Absichten der aggressiven Globalisierer. Und er hegte noch weitere unerfreuliche Pläne, die er jenem erlesenen Kreis besser nicht enthüllt hätte. Obwohl allgemein zwar immer wieder beteuert wird, die Bilderberger würden nicht aktiv in die Politik eingreifen, belegt die Geschichte das glatte Gegenteil. Und so wird eben aus dem vorgeblich harmlosen, jenseits des offiziellen Protokolls zwanglos diskutierenden Kreis eine äußerst wirksame, aktive Institution, die sich aus den wahrlich mächtigsten Persönlichkeiten der Welt rekrutiert. Eine Tatsache, die von den etablierten und weitgehend abhängigen Medien nur äußerst selten eingestanden wird.

Über Bilderberger-Treffen, die immerhin auf jährlicher Basis stattfinden, hören wir hier kaum etwas, schon gar nicht über deren Agenda oder deren reale, effektive Macht. So scheint diese Gruppe beinahe schon in die Unwirklichkeit entrückt zu sein, als ein mehr oder minder nebulöses, esoterisches Gebilde jenseits der Glaubwürdigkeit – sprich: nichts weiter als das Produkt übereifriger Verschwörungstheoretiker. Umso interessanter werden dadurch einige kurze Passagen, wie sie sich in einem Beitrag des *Spiegel* finden, genauer gesagt in der Ausgabe 40/1988 vom 3. Oktober 1988. Hier werden tatsächlich die Bilderberger erwähnt – ein seltener Fall. Unter der Überschrift »Die ›Schnappsidee‹ des Alfred Herrhausen« heißt es hier unter anderem: »Herrhausen hatte auf der Bilderberger-Konferenz, einem ebenso einflussreichen wie elitären Zirkel von Politikern und Wirtschaftsführern aus aller Welt, wahrhaft Ketzerisches vorgetragen: Der Banker empfahl, über einen Schuldenerlass für die Dritte Welt nachzudenken.«

Hier lehnte sich Herrhausen tatsächlich weit aus dem Fenster, und das nicht zum ersten Mal. Den Vorschlag eines Schuldenerlasses hatte er bereits 1987 auf einer Tagung des Internationalen Währungsfonds (IWF) präsentiert und dabei einen Proteststurm ausgelöst, der ihn auch zwang, seine Absichten zu widerrufen. Unter den Gegnern fand sich auch Wolfgang Röller, damals Chef der Dresdner Bank, der sich bei diversen einflussreichen Kollegen erkundigte, wie man dem inakzeptablen Treiben des Alfred Herrhausen wohl am besten Einhalt gebieten könne. Walter Seipp, seines Zeichens Direktor der Commerzbank, nannte den von ihm geforderten Schuldenerlass eine »Schnapsidee« und gab daraufhin klipp und klar den Rat, den Sprecher der Deutschen Bank »zu stellen«, denn: Das Thema müsse »ein für allemal geklärt« werden, so zitiert ihn jener *Spiegel*-Bericht, allerdings mit dem sofortigen

Zusatz: »Nichts wurde geklärt« und mit dem Resümee: »Für Herrhausen, der sich mit seinen Gedanken nur zu gern über die Niederungen des profanen Geldgeschäfts erhebt, ›steht viel mehr auf dem Spiel als Geld und Zinsen‹. Die Schuldenkrise bedrohe den Frieden und die ökonomische Wohlfahrt der gesamten Menschheit. Der Mann von der Deutschen hält es für ausgeschlossen, dass die Wirtschafts-Welt noch lange mit der Krise leben kann ... Herrhausen zeichnet das Dilemma der Drittwelt-Staaten auf: Wenn die Schuldnerstaaten ihre Pflicht erfüllen, also Zinsen und Tilgungsraten zahlen, müssen sie knappe Mittel in den Schuldendienst stecken, statt sie produktiv zu investieren. Wollen sie investieren und stärker wachsen, müssen sie mit ihren Zahlungen in Rückstand kommen.« Und schließlich lässt der *Spiegel* durchblicken: »So allein, wie es den Anschein hat, steht Herrhausen mit seiner Ansicht allerdings nicht. Mancher Banker denkt genauso wie der Sprecher der Deutschen Bank, hat jedoch nicht den Mut, dies öffentlich zu bekennen.«

Dieser Mut machte allerdings im Kreis der Globalisierer kaum besonderen Eindruck, sondern erzeugte einfach bloß Antipathie aufgrund der geäußerten Ideen. Dass Herrhausen mit seinen moralphilosophischen Anwandlungen nicht unbedingt ins Weltkonzept von »Kissinger & Co.« passte, dürfte kaum sonderlich verwundern. Und dass er bereits lange ein unbequemer Einzelgänger war, bewies allein schon seine nicht enden wollende Beschäftigung mit dem Thema »Die Macht der Banken«, über das er über viele Jahre hinweg ständig aktualisierte Vorträge hielt, bis kurz vor seinem Tod.

Noch am 25. Oktober 1989 sprach er auf Einladung der Deutsche Messe AG in Bonn-Bad Godesberg genau über jene Frage und vertiefte die Problematik weiter. Und schließlich betonte er noch einmal: »Natürlich haben wir Macht. Es ist nicht die Frage, ob wir Macht haben oder nicht, sondern die Frage ist, wie wir damit umgehen, ob wir sie verantwortungsbewusst einsetzen oder nicht.« Am 28. Oktober 1989 wandte er sich noch einmal an den Vorstand der Deutschen Bank und diskutierte einen umfangreichen Strukturwandel sowie den beabsichtigten Schuldenerlass. Waltraud Herrhausen erinnerte sich daran, wie ihr Mann an jenem Tag niedergeschlagen nach Hause kam. Damals fielen auch seine ahnungsvollen Worte: »Ich weiß nicht, ob ich das überlebe.« Zwei Tage sollte das Überleben dauern.

Natürlich war jener Anschlag nicht die augenblickliche Antwort einer verschwörerischen Gruppe auf Herrhausens neuerliche Diskussion jenes missliebigen Schuldenerlasses für die Dritte Welt. Seine Exekution war bereits von langer Hand äußerst präzise geplant und vorbereitet worden. Anders hätte es gar nicht funktioniert.

Dass Herrhausen beseitigt werden musste, stand schon lange fest. Da waren seine persönlichen Weltmachtsbestrebungen für die Deutsche Bank, seine sehr eigene Auffassung von Macht, seine moralischen Erwägungen, seine Idee der Unabhängigkeit in einer globalisierten Wirtschaft, sein Konzept »Glasnost für den Kapitalismus«, das eine neue Offenheit anstrebte, und vieles mehr. Wenn es um die Täter geht, so bekannte sich zwar bald die damals sehr aktive Rote Armee Fraktion (RAF) zum Attentat, doch die ganze Wahrheit dürfte dies sicherlich bei Weitem nicht sein. Es gab weit mächtigere Zirkel mit weit schwerwiegenderen Motiven, Kreise, die viel eher Grund für die Ermordung des Großbankiers Herrhausen hatten als ein linksradikales Terrorkommando. Dafür sprechen auch die ganz eigene Handschrift des Anschlags sowie eine ganze Reihe von Merkwürdigkeiten.

Obwohl Alfred Herrhausen, wie schon erwähnt, zu den am meisten gefährdeten Persönlichkeiten Deutschlands zählte, wurden die Sicherheitsvorschriften sehr nachlässig umgesetzt, wenn überhaupt. Schlampigkeit und Untätigkeit von Sicherheitsleuten und Ermittlern einerseits, äußerste Präzision und Schlagkraft der Attentäter andererseits – ein erstaunliches Missverhältnis! Das gesamte Umfeld Herrhausens hätte laut Vorschrift genau überprüft werden müssen. Und zwar ständig! Es gab Sicherheitskonzepte, die eine permanente Kontrolle aller Fahrstrecken Herrhausens mit einschlossen. Sollten irgendwo unterwegs ungewöhnliche Aktivitäten auffallen, was auch immer, mussten laut jener Konzepte entsprechende Maßnahmen eingeleitet werden. Vor allem Baustellen nahe dem Anwesen der Herrhausens galten als Risiko und potenzielle Örtlichkeiten für verdeckte Terrorvorbereitungen.

Nun existierte eben genau am Ort des Attentats in der Seedammstraße eine Baustelle. Schon seit Monaten wurde dort gearbeitet, doch die Stadt hatte hierfür keine Genehmigung erteilt. Nirgends gab es einen Auftraggeber, zumindest keinen der üblichen Sorte. Jener spezielle Auftraggeber musste höchsten Schutz genießen, damit die tödlichen Vorbereitungen über Monate hinweg getroffen werden konnten, wie sie bei diesen Bauarbeiten durchgeführt wurden. Die Attentäter fuhrwerkten dort ungeniert herum, stemmten den Asphalt auf, quer über den Bürgersteig, um Kabel zu verlegen: für den Strom der Lichtschranke, die dann den Zündmechanismus auslösen sollte. Dann, eine Woche vor dem Attentat, wurden zwei Unbekannte beobachtet, die ein Kinderfahrrad an einem Begrenzungspfahl am Straßenrand festmachten. Später brachten sie dann die Sprengladung auf dem Gepäckträger an – TNT in Form einer flachen, mit Kupfer bedeckten Platte. Diese spezielle Technik kommt bei sehr effektiven, gerichteten Militärwaffen zum Einsatz. Die Explosionsenergie wird auf eine Richtung fokussiert und wirkt damit extrem stark. Dies alles passte nicht zum bekannten Vorgehen der RAF.

Die Täter schienen sich ihrer Sache in vielerlei Hinsicht sehr sicher zu sein. Nicht nur, dass sie über ausgezeichnetes Fachwissen verfügten, sie schienen auch überhaupt nicht in Sorge, dass ihre »verdeckte« Tätigkeit auffliegen könne. Die Baustelle schien regelrechte Immunität zu genießen, nicht anders die Täter. Ihre Technik besaß nämlich den Nachteil, dass sie während des Attentats selbst anwesend sein mussten.

Das Fahrrad verdeckte die Lichtschranke für den Zündmechanismus. Der sollte ausgelöst werden, sobald der Lichtweg zu einem auf der anderen Straßenseite installierten Reflektor durch Herrhausens vorbeifahrende Limousine unterbrochen wurde. Also das herkömmliche Prinzip. Nun bestand die Kunst darin, die Lichtschranke im richtigen Moment zu aktivieren, um die Ladung zu zünden. Schließlich durfte nur jener eine, gepanzerte Mercedes den Mechanismus in Gang setzen, kein vorausfahrendes und kein nachfolgendes Fahrzeug. Die Täter mussten demnach in unmittelbarer Nähe in ihrer Beobachtungsposition verharren und den Finger am »Drücker« halten. Doch schien dies kein wirkliches Problem darzustellen. Sie wähnten sich wie gesagt ganz offensichtlich in absoluter Sicherheit. Immunität!

War dies alles schon seltsam genug, gab es noch eine ganze Menge anderer bemerkenswerter Umstände. Denn die Strecke, die Herrhausens kleiner Fahrzeugkonvoi zur Deutschen Bank fuhr, wurde stets abgewandelt. Kein Außenstehender wusste zuvor, welchen Weg die drei Fahrzeuge nehmen würden. Woher wussten es dann die Attentäter? Und überhaupt: Der S-Klasse-Mercedes wurde von einem vorausfahrenden und einem nachfolgenden Fahrzeug begleitet. Normalerweise.

Tatsächlich war das auch am 30. November 1989 der Fall. Mit einem kleinen Unterschied: Kurz vor dem Anschlag waren es *insgesamt* nur noch zwei Autos. Der Wagen an der Spitze fehlte. Zeitweilig wurde dies damit erklärt, dass die vorausfahrende Limousine lediglich einen größeren Abstand zu den beiden anderen Wagen eingenommen hatte. Doch wie sich herausstellte, wurde sie regelrecht außer Dienst gestellt!

Protokolle einer Anhörung, die am 7. Dezember 1989 vor dem Innenausschuss des Bundestages stattfand, geben eine Aussage des ehemaligen Verfassungsschutzpräsidenten Richard Meier wieder, der gesagt habe: »Das Vorausfahrzeug wurde abgezogen.« Die Situation erinnert augenblicklich an die letzten Minuten John F. Kennedys, als der leitende *Secret-Service*-Beamte Henry Roberts seinen Leuten den Befehl gibt, von der Präsidenten-Limousine abzurücken. Völlig verblüfft folgen ihm die Leibwächter. Damit ist die Schusslinie frei!

Genau wie in diesem Falle der Befehl nur von höchster Ebene erfolgen konnte und Henry Roberts nur das tat, was man ihm geheißen hatte, genauso konnte auch im Falle Herrhausen die entsprechende Anweisung nur von der eigentlichen Machtebene stammen.

Dann folgte die gigantische Explosion. Sie hätte noch andere Menschen in den Tod reißen können, doch so etwas nimmt man bei derart wichtigen Morden gerne in Kauf. Denn bekanntlich heiligt eben der Zweck die Mittel.

Die Druckwelle prallt mit voller Wucht auf die rechte Fondtüre des Mercedes. Genau dahinter sitzt Herrhausen. Ein Verkleidungsteil bohrt sich in seinen Oberschenkel und öffnet die Schlagader. Der Bewusstlose verblutet nach einigen Minuten. Vielleicht aber hätte er sogar noch gerettet werden können, wäre irgendjemand ihm zuhilfe gekommen. Irgendjemand? Nun, das wären eigentlich die Personenschützer gewesen. Doch der Wagen an der Spitze war verschwunden, und die Männer im nachfolgenden Fahrzeug verharrten in sicherer Distanz. Niemand näherte sich dem Wrack, in dem Herrhausen lag. Trotz der Gefahr, die hier möglicherweise noch lauerte, vielleicht in Form einer zweiten Sprengung, wäre es nun einmal die Aufgabe jenes Begleitschutzes gewesen, sofort alles nur Denkbare zu tun, um Herrhausens Leben zu retten und den Schwerverletzten in Sicherheit zu bringen.

Aber nichts geschah. Der Einzige, der aktiven Einsatz zeigte, war Jakob Nix, der Fahrer des gesprengten Wagens! Wie durch ein

Das von der mächtigen Explosion durch die Luft geschleuderte und zerstörte Autowrack.

Wunder war ihm relativ wenig zugestoßen. Das Schicksal schien sich an seinem Namen orientiert zu haben – ebenso aber auch die untätigen Personenschützer. Nix selbst aber wurde durchaus tätig. Er stieg aus dem Fahrzeug, lief auf die andere Seite, wo Herrhausen hinter der weit herausgerissenen Hecktüre blutend auf der Rückbank lag, und versuchte ihn nach draußen zu ziehen. Doch hatte der Chauffeur etliche Splitter in Kopf und Arm abbekommen und brachte daher nicht mehr die erforderliche Kraft auf, seinen Chef zu befreien.

Alfred Herrhausen überlebte jenen Anschlag nicht. Von den Tätern fehlte bis auf die fragwürdigen RAF-Bekenntnisse jegliche Spur.

1992 dann betrat ein Mann namens Nonne die Bühne. Siegfried Nonne entstammte linksradikalen Kreisen und diente dem Verfassungsschutz zuweilen als Verbindungsmann. Er bezichtigte sich selbst, ein RAF-Terrorist gewesen zu sein, außerdem nannte er die Namen von drei anderen Beteiligten. Und allesamt hätten sie das Attentat auf Herrhausen verübt. Zwei jener Personen habe er nur unter dem Vornamen gekannt: Stefan sowie Peter. Die anderen seien Andrea Klump und Christoph Seidler gewesen. Der Terror schien mit einem Male ein Gesicht zu bekommen. Doch dauerte es nicht einmal ein halbes Jahr, bis Nonne seine spektakuläre Aussage widerrief – ein paradoxes Verhalten, das bei ungeklärten Anschlägen immer wieder von den vermeintlichen Tätern an den Tag gelegt wird. Dieser Sinneswandel findet sich sogar in den Videobotschaften Osama bin Ladens wieder. Siegfried Nonne jedenfalls erklärte am 1. Juli 1992 im WDR-Fernsehen, vom hessischen Verfassungsschutz massiv unter Druck gesetzt worden zu sein. Man habe ihn zur Aussage gezwungen und ihm zu diesem Zwecke auch unmissverständlich gedroht: Da er ohnehin labil sei, mit Alkohol- und Drogenproblemen zu kämpfen habe und sich in psychiatrischer Behandlung befinde, sei er selbstmordgefährdet. Man könne da auch ein wenig nachhelfen, so habe ihm die Behörde klargemacht. Man folgte hier demnach jenem altbewährten Konzept, mittels dessen man gerne versucht, Täter wie auch gelegentlich Opfer als psychische Wracks hinzustellen und immer wieder geeignete Sündenböcke zu finden.

Aber wenn es nun wirklich so war, wie offiziell behauptet wurde, wenn also Nonne tatsächlich nicht ganz bei Trost war, als er seine Aussage zu Protokoll gab, was dann? In dem Falle hätte er, aus welchen Gründen auch immer, blanken Unsinn verbreitet, und von den wahren Mördern fehlte weiterhin jegliche Spur. Die Geschichte von den Drohungen wäre wohl ohnehin eine einzige Räuberpistole.

Nun gab es allerdings zwei offiziell in Auftrag gegebene Gutachten von anerkannten psychologischen bzw. psychiatrischen Fachleuten, die jenem Kronzeugen durchaus Glaubwürdigkeit bescheinigten. Allein das Dilemma blieb, denn nur eine Version der Geschichte konnte stimmen. Man entschied sich für Nonnes erste Version, eigentlich kein sonderliches Wunder. Damit war die Räuberpistole vom Tisch, und man konnte endlich Täter vorführen. Die zugrunde liegende Logik blieb jedoch fragwürdig. Nonne erwies sich demnach als glaubwürdig und unglaubwürdig zugleich. Doch dann zeigte sich auch der vermeintliche Terrorist reuig und kehrte ebenfalls zu seiner ursprünglichen Behauptung zurück: Der Mord gehe auf das Konto der von ihm genannten Personen.

Nur enthüllte er bald, auch diese Aussage unter entsprechendem Druck gemacht zu haben. Schon wieder? Ja, aber mit dem kleinen Unterschied, dass es diesmal die Fernsehjournalisten gewesen sein sollen, die ihn zu seiner Aussage zwangen. Diese Schilderungen schienen der Glaubwürdigkeit des Zeugen nicht unbedingt förderlich. Die Sache wurde immer verrückter. Und da gab es noch ein verrücktes Detail.

Die ersten spektakulären Enthüllungen Nonnes wurden am 21. Januar 1992 öffentlich gemacht. Der V-Mann hatte die Namen von vier beteiligten Terroristen genannt, die sogar zeitweilig zusammen in seiner Wohnung in Bad Homburg, Am Hessenring 116, gelebt hatten. Nun wollte es vielleicht wiederum der schon mehrfach zitierte »kluge Zufall«, dass Nonnes Halbbruder Hugo Föller lediglich zwei Tage nach der vermeintlichen Aufklärung des Falles

Herrhausen plötzlich starb. Unmittelbar zuvor hatte er sowohl im Bekanntenkreis als auch gegenüber Beamten des Bundeskriminalamtes mehrfach erklärt, am Tag vor dem Attentat niemanden bei Nonne in der Wohnung gesehen zu haben. Auch die Nachbarn hatten keine anderen Personen dort gesehen. Die Terroristen konnten diesen Aussagen zufolge also gar nicht dort gelebt haben.

Doch Siegfried Nonne blieb bei der Erklärung, die den Behörden am genehmsten war – und fuhr recht gut damit. Im Jahr 1994 wurde das Verfahren gegen ihn unter Bezugnahme auf die Kronzeugenregelung eingestellt. Begründung: seine Beteiligung an der Aufklärung des Anschlags. Und alles schien nun in Ordnung zu sein. Dass Nonne hinsichtlich seiner Aussagen zu den Tätern als glaubwürdig erachtet wurde, hinsichtlich seiner Darstellung einer Nötigung aber als unglaubwürdig, diese Besonderheit schien größtenteils niemanden zu stören. Dann kam das Jahr 1996 – und mit ihm der vermeintliche Attentäter Christoph Seidler. Jetzt meldete er sich persönlich zu Wort und konnte ein unanfechtbares, astreines Alibi präsentieren. Plötzlich sah die ganze Sache wieder völlig anders aus. Auch ließen sich die Behauptungen der RAF-Mitgliedschaft von Seidler und auch von Andrea Klump nicht weiter aufrechterhalten.

Seit 2004 wird im Fall Herrhausen wieder gegen »Unbekannt« ermittelt. Drei Jahre später aber präsentierte David Crawford, ein Journalist des amerikanischen *Wall Street Journal* (WSJ), seine Recherchen, die einen völlig neuen Täterkreis nahelegen. Crawford durchforstete Akten der Stasi, ganz besonders Material einer für sehr spezielle Einsätze zuständigen Abteilung. Hier plante man die »Destabilisierung des Klassenfeindes« durch Operationen, die terroristischen Aktivitäten stark ähnelten. Diesen Dokumenten zufolge arbeiteten verschiedene Stasi-Leute offenbar auch mit Terrorgruppen in Europa zusammen, vor allem mit der RAF. Und die Stasi verübte angeblich auch mehrere Anschläge in einer Weise, die dann eine RAF-Urheberschaft vermuten ließ.

Die DDR-Staatssicherheit unterhielt ihre Sondereinheit in der kleinen Gemeinde Wartin unweit der polnischen Grenze. Dort bildete sie den Dokumenten zufolge Spezialagenten für Sabotage- und Terroranschläge aus, sei es zur Vergiftung von Trinkwasser auf bundesdeutschem Boden, um gleich Millionen von Westdeutschen zu schädigen oder gar zu töten, sei es sogar zur Sprengung von Atomkraftwerken. Das klingt natürlich reichlich verrückt, denn auch Stasi-Chef Erich Mielke konnte letztlich nicht wissen, ob der Wind immer aus dem Osten wehen würde. Im Falle der »Arbeitsgruppe des Ministers/Sonderfragen« (kurz: AGM/S) schien er das allerdings wirklich zu tun. Nur steht keineswegs fest, dass die AGM/S tatsächlich verbrecherische Aktivitäten in Westdeutschland entfaltete. Ex-Stasi-Mitarbeiter erklären heute, bei all diesen Ideen haben es sich um reine Theorie gehandelt, von praktischer Anwendung keine Rede. Vielleicht ist auch nicht unerheblich, dass die AGM/S bereits 1987 aufgelöst wurde, also zwei Jahre vor der Ermordung Herrhausens.

Als der Crawford-Artikel am 15. September 2007 im *Wall Street Journal* erschien, erklärte der amerikanische Journalist darin auch, die Ermittlungen im Fall Herrhausen seien nunmehr intensiviert worden. Schon am 17. September folgte hierzu das Dementi der Bundesanwaltschaft. Es ist ohnehin interessant, dass die potenzielle Stasi-Verbindung zum Herrhausen-Anschlag ausgerechnet vom *Wall Street Journal* erstmals ans Licht gebracht wurde, nachdem bis dahin sämtliche Aufklärungsversuche fehlgeschlagen waren und über Jahrzehnte hinweg kein Täter präsentiert werden konnte. Das US-Börsenmagazin weist nun auf jenen Kreis hin, der auch im Falle Barschel recht genehm schien. Natürlich befindet sich der DDR-Kontext bei beiden Mordfällen durchaus im Bereich des Denkbaren und Möglichen. Allerdings weist vor allem das Herrhausen-Attentat nicht zuletzt genauso auch in die Gegenrichtung, nämlich in die USA. So könnte Crawfords Recherche zu einem Bumerang werden, denn der US-Geheimdienst CIA musste wohl auch ein gediegenes Interesse am Tod Herrhausens gehabt haben. Selbst wenn er nicht für ihn verantwortlich zeichnete, dürften die amerikanischen Auslandsagenten über das Ableben des mächtigsten deutschen Bankiers nicht allzu traurig gewesen sein. Für das

US-Bankenwesen, mit dem die CIA schon immer in engster Verbindung stand, kam der Anschlag als Glücksfall. Für die CIA, die US-Regierung und die amerikanischen Wirtschaftsbosse war das wohl eine jener Situationen, bei denen draußen die Flaggen auf Halbmast hängen, während drinnen die Korken knallen. Alfred Herrhausen bewerkstelligte die Übernahme der britischen *Morgan Grenfell Bank* in sein Deutsche-Bank-Imperium für satte 2,7 Milliarden D-Mark und zeigte damit sehr deutlich, welchen Kurs er künftig steuern wollte. Er zielte auf eine unabhängige Weltmachtstellung ab, und das konnte wohl nicht gut gehen. Seine Bestrebungen kollidierten damit schlichtweg zu heftig mit den Interessen der supermächtigen Weltbankiers.

Vor dem kalifornischen »Rat für Welt-Angelegenheiten« (*Los Angeles World Affairs Council*) erklärte der damalige amtierende CIA-Direktor William Webster am 19. September 1989, dass der US-Präsident bei seinem Europabesuch auf einen historischen Wandel hingewiesen habe. Die militärische Konfrontation zwischen Ost und West trete gegenüber der globalen Betonung wirtschaftlicher Fragen in den Hintergrund. Und er erklärte: »Wirtschaftsfragen sind bereits ein entscheidender Bereich unserer Außenpolitik sowie unserer Aufgaben zur nationalen Sicherheit.« Webster betont, dass eine Vielzahl von wirtschaftlichen Fragen unser aller Sicherheit unmittelbar beträfen, und nennt hierzu konkrete Beispiele: »Dazu zählen die Schulden in der Dritten Welt, Handelsungleichgewichte und die rasante Entwicklung auf technologischem Sektor.«

Damit war im Prinzip alles gesagt. Vor allem hätte der von Herrhausen angestrebte Schuldenerlass die Sicherheit der US-amerikanischen Banken gefährdet, denn die betroffenen Länder stehen vor allem in deren Schuld und damit auch deren Abhängigkeit. Nun stellte der Bilderberger und Herrhausen-Nachfolger Hilmar Kopper ziemlich ernüchternd fest, dass die Amerikaner zur Zeit der Ermordung Alfred Herrhausens – also zwei Monate nach der Rede von CIA-Chef William Webster – bereits mit einem Schuldenerlass einverstanden waren. Allerdings schien das lediglich eine Absichtserklärung auf dem Papier zu sein, während die Praxis regelrecht daran vorbeischlief.

2005 kam es zu einem bedingten Erlass, bei dem die G8-Staaten zur Abzahlung der Kredite in die Pflicht genommen wurden. Am 3. Juli 2005, kurz vor dem G8-Gipfel, kommentierte die *Welt am Sonntag*: »Nun klingt ›den Armen helfen‹ immer gut. In Wahrheit aber ist die gefeierte Initiative zumindest teilweise ein Etikettenschwindel. Der Erlass bezieht sich nämlich nur auf Schulden bei drei ausgewählten Geberinstitutionen, während Verpflichtungen gegenüber mehr als einem Dutzend anderer bestehen bleiben … Darüber hinaus wird Geld aus der Entwicklungshilfe mit dem Erlass verrechnet, wodurch am Ende vor allem die Geberinstitutionen der Reichen besser dastehen könnten als bisher. Gleichzeitig nimmt der Westen der Dritten Welt durch seine Handelspolitik weiter die beste Chance, sich selbst zu helfen.«

Herrhausen hatte sich bis zu seinem Tode 1989 sehr weitgehend in die Belange der weltgrößten Mechanismen eingemischt und mag in jenem mächtigen Getriebe doch ein allzu großes Sandkorn gewesen zu sein, um hier nicht als echter Störfaktor aufzufallen. So musste er wohl unweigerlich von diesem Räderwerk aufgerieben werden, bevor er ernstlich Schaden anrichten konnte. Rückendeckung konnte er jedenfalls nicht erwarten. Seine Mörder hingegen schon.

Sturz in die Tiefe:
Jürgen Möllemann, 2003

»Heute springe ich einen Einzelstern!« – Dieser Satz ist im Kontext mit dem nie wirklich aufgeklärten Tod von Jürgen Möllemann berühmt geworden. Am 5. Juni 2003 absolvierte der heftig umstrittene FDP-Politiker wieder einmal einen Fallschirmabsprung. Seit seiner Wehrdienstzeit bei den Fallschirmjägern liebte er den sportlichen Sturz in die Tiefe, doch diesmal war es sein letzter. Möllemann landete mit ausgebreiteten Armen und Beinen auf einem freien Feld, prallte völlig ungebremst mit 200 Stundenkilometern bäuchlings auf den Boden. Da gab es natürlich nicht die geringste Überlebenschance.

Angeblich hatte sich der Politiker in voller Absicht vom Hauptfallschirm gelöst und auch den Notfallschirm deaktiviert, um Selbstmord zu begehen. Doch ist Jürgen Möllemanns Todessturz keineswegs geklärt. Und bis heute werden einige Stimmen nicht leiser, die behaupten, irgendjemand unter den zahlreichen Feinden Möllemanns könne seinen Fallschirm manipuliert haben. Ganz buchstäblich also ein mysteriöser Todes-Fall! Er reiht sich ein unter die zahlreichen unaufgeklärten Anschläge, Unfälle oder vermeintlichen Selbstmorde, wie sie sich auch im deutschen Sprachraum immer wieder zugetragen haben. Die damit verbundenen Geschichten sind oft sehr unterschiedlich, doch immer befanden sich die Opfer in einem gefährlichen Spannungsfeld politischer Intrigen, von Waffengeschäften und Wirtschaftsaktionen, von abweichenden Ansichten und mächtigen Manipulationen.

Eine Häufung rätselhafter Fälle gab es gegen Mitte der 1980er-Jahre, also in jener Zeitspanne, in der auch Olof Palme sterben musste. Und nie wurden die wahren Täter gefasst, sei es beim Mord an Rüstungsmanager Ernst Zimmermann am 1. Februar 1985, beim tödlichen Anschlag auf Siemens-Vorstand Karl-Heinz Beckurts und dessen Fahrer am 9. Juli 1986 oder beim Attentat auf den Diplomaten Gero von Braunmühl am 10. Oktober 1986. Auf den Tag genau ein Jahr später starb Uwe Barschel eines höchst unnatürlichen Todes. 1989 folgte dann der Mord an Alfred Herrhausen, am 1. April 1991 fielen die gezielten Todesschüsse auf Treuhandchef Detlev Karsten Rohwedder.

Der Fall Möllemann ist wesentlich aktueller als all diese Beispiele, er erweist sich in einigen Aspekten als nicht minder rätselhaft, nimmt aber ähnlich dem ebenfalls heiß diskutierten Unfalltod des kontroversen Kärntner Landeshauptmanns Jörg Haider eine Sonderstellung ein. Hier wie da fielen keine Schüsse, hier wie da kam ein politisch hoch umstrittener, weil rechtspopulistischer Politiker bei einem Unfall ums Leben – Haider übrigens in der Nacht vom 10. auf den 11. Oktober 2008. Der eine Querkopf kam ungebremst mit dem Fallschirm herunter, der andere ungebremst mit einem VW Phaeton bei hohem Tempo von der Landstraße ab. Wir wollen hier aber Vergleiche nicht überstrapazieren.

Nur noch so viel: Was die »Akte Möllemann« betrifft, so wird sie exakt wegen des politischen Charakterbildes des FDP-Mannes nur selten unaufgeregt diskutiert, ganz ähnlich wie die »Akte Haider«. Das ist auch nicht weiter verwunderlich. Doch die politische Orientierung darf die Wahrheitsfindung bei einem Todesfall nicht beeinträchtigen. Auch in diesem Buch geht es eben nicht um die jeweiligen politischen Raster, sondern einzig um solche Fälle, deren Hintergründe nie geklärt, die aber öffentlich als Unfall oder Selbstmord dargestellt wurden. Und natürlich um solche Fälle, bei denen zwar unzweifelhaft ein Anschlag stattfand, die wahren Täter jedoch nie gefasst wurden.

Medienmensch Möllemann – strahlend und siegessicher.

Anschlag und Mord wurden bei Möllemann sehr schnell ausgeklammert – keine Fremdeinwirkung also. Auch von einem Unfall wollte niemand etwas wissen. Was übrig blieb, war die Selbstmord-Variante. Und der in die Tiefe gestürzte Politiker schien einige Gründe dafür gehabt zu haben.

Vor dem Start des Flugzeugs hatten sich seine Sportskollegen bei ihm erkundigt, ob er mit ihnen in Sternformation springen wolle. Darauf antwortete Möllemann, lieber einen »Einzelstern« zu springen – natürlich gibt es diese Bezeichnung nicht, sie ist in sich widersprüchlich, denn ein einzelner Mensch kann kaum in Formation springen. Der Politiker hatte wohl einfach einen Scherz gemacht. Andere sehen darin jedoch eine ziemlich klare Anspielung auf das eigentliche Vorhaben: den Selbstmord.

Fallschirmspringer Möllemann, eine Leidenschaft bis in den Tod. Nur war es wohl weder ein Unfall noch Selbstmord.

Jürgen Möllemann wählte demnach den Freitod mit einem spektakulären Abgang, den ihm nur noch die wenigsten zugetraut hätten. Mit 58 Jahren stand er am Ende einer glänzenden, aber schließlich auch von üblen Geschichten überschatteten Karriere. Der in Augsburg geborene Politiker hatte in Münster zunächst Deutsch, Geschichte und Sport für das Lehramt studiert, wirkte dann aber schon seit 1978 in der Wirtschaft. Nach seiner Tätigkeit für den Flick-Konzern landete er in der Politik, war Bildungsminister, dann Minister für Wirtschaft, ab Mai 1992 sogar Vizekanzler. Wenige Monate darauf, im Januar 1993, legte er seine Ämter in der Bundesregierung nieder, da er auf offiziellem Briefpapier für eine Geschäftsidee eines Verwandten geworben hatte. Nach dieser »Briefbogenaffäre« gründete er eine eigene Firma WEB/TEC, ein wirtschaftliches Beratungsunternehmen.

Doch auch politisch erwies sich Möllemann als scheinbar unverwüstliches Stehaufmännchen und als jemand, der sich so schnell nicht aus der Ruhe bringen ließ. Nach massiven Zerwürfnissen innerhalb der FDP war es dann wiederum der umstrittene Medienmagnet Möllemann, der die Partei im Jahr 2000 wieder in den

Düsseldorfer Landtag brachte. Das gelang mit einem Stimmenanteil von beinahe zehn Prozent. Im Rahmen seiner »Mission 18« (unter anderem auch: »Projekt 18«) wollte Möllemann auf 18 Prozent kommen, doch der Name des Programms weckte finstere Assoziationen. Damals trat die im Januar 2003 verstorbene FDP-Ortsvorsitzende Susanne Thaler deshalb sogar aus ihrer Partei aus, da sie in der Bezeichnung »Strategie 18« ein unterschwelliges Signal an Neonazis sah. Die 18 symbolisierte demzufolge den ersten und den achten Buchstaben des Alphabets und somit die Initialen »A. H.« für Adolf Hitler. Es wäre wohl ein eigenes Thema, die Frage zu erörtern, ob Möllemann wirklich diesen Gedanken im Hinterkopf hatte oder nicht. Tatsache bleibt, dass er die israelische Politik gegenüber Palästina massiv kritisierte und sich damit schnell dem allgemeinen Vorwurf des Antisemitismus aussetzte. Zudem war er mit Unterbrechungen bis zu seinem Tod Präsident der Deutsch-Arabischen Gesellschaft, was die ganze Geschichte nicht unbedingt einfacher gestaltete. Nicht nur in der FDP brodelte es. Auch geriet Möllemanns Beratungsfirma ins Kreuzfeuer, als die Medien mit Blick auf WEB/TEC von undurchsichtigen Waffengeschäften im arabischen Raum zu sprechen begannen. Offenbar war das, was sich bei Möllemann immer deutlicher herauskristallisierte, echter oder gar: *rechter* Zündstoff!

Während des Wahlkampfes 2002 lässt der umstrittene und unbequeme Politiker ein Faltblatt verteilen, in dem er seine Position kundtut: »Jürgen W. Möllemann setzt sich seit Langem beharrlich für eine friedliche Lösung des Nahost-Konfliktes ein: Mit sicheren Grenzen für Israel und einem eigenen Staat für die Palästinenser. Israels Ministerpräsident Ariel Sharon lehnt einen eigenen Palästinenser-Staat ab. Seine Regierung schickt Panzer in Flüchtlingslager und missachtet Entscheidungen des UNO-Sicherheitsrates. Michel Friedman [damals stellvertretender Vorsitzender des Zentralrats der Juden in Deutschland, Anm. d. Verf.] verteidigt das Vorgehen der Sharon-Regierung. Er versucht, Sharon-Kritiker Jürgen W. Möllemann als ›anti-israelisch‹ und ›antisemitisch‹ abzustempeln. Von diesen Attacken unbeeindruckt, wird sich Jürgen W. Möllemann auch weiterhin engagiert für eine Friedenslösung einsetzen, die beiden Seiten gerecht wird. Denn nur so kann die Gefahr eines Krieges im Nahen Osten gebannt werden, in den auch unser Land schnell hineingezogen werden könnte.« Möllemann spricht von einem harmonischen Miteinander und formuliert seine eigene Vision: »Gemeinsam könnten Israel und Palästina ein großes und wirtschaftliches Vorbild für ganz Asien und Afrika sein – und für Europa.« Ein Problem seitens Möllemann war wohl, dass seine Bestrebungen kaum von diplomatischen Worten begleitet waren, sondern von einer so heftigen Kritik an Israel, dass allein dadurch ein Vorankommen von vornherein unmöglich schien und zudem die gesamte FDP in ein Licht geriet, das kaum jemanden innerhalb der Partei begeistern konnte. Eher schon freuten sich die anderen Parteien über derlei Misstöne bei ihrer Gegnerschaft. Und dann kam es natürlich immer und immer wieder auf die Interpretation einzelner Aussagen an, beispielsweise als Möllemann im ZDF erklärte: »Ich fürchte, dass kaum jemand den Antisemiten, die es in Deutschland leider gibt und die wir bekämpfen müssen, mehr Zulauf verschafft hat als Herr Sharon und in Deutschland ein Herr Friedman mit seiner intoleranten und gehässigen Art, überheblich. Das geht so nicht, man muss in Deutschland Kritik an der Politik Sharons üben dürfen, ohne in diese Ecke geschoben zu werden.« Öffentlich wurde diese Äußerung eher als Heuchelei aufgenommen, vor allem, wenn Möllemann vom »Kampf gegen den Antisemitismus« sprach. Außerdem hatte er hier ja die Juden selbst für das Aufkeimen von Antisemitismus verantwortlich gemacht – eine gewagte und leicht entzündliche Logik! Sie führte postwendend zum Antisemitismusvorwurf gegen Möllemann.

Die ganze Angelegenheit schien für die FDP zunehmend zum gefährlichen Selbstläufer zu werden, auch wenn Jürgen Möllemann und auch Guido Westerwelle sich in aller Deutlichkeit gegen die erhobenen Vorwürfe zur Wehr setzten.

Nach einem verheerenden Wahlergebnis für die FDP galt Möllemann bereits als »politisch tot«. Westerwelle forderte ihn auf, sein Amt als Vizekanzler niederzulegen. Doch der zeigte sich keineswegs geschlagen oder bereit dazu, von der Bühne zu treten. Manche zählten ihn spätestens seitdem zu den Politik-Süchtigen, die nie auf ihre Macht verzichten würden.

Möllemann schlitterte damals in die tiefste persönliche Krise, die er je erlebt hatte. Er musste die FDP verlassen, und am 5. Juni 2003 um 12.19 Uhr hob der Bundestag seine Immunität auf, was sofortige Hausdurchsuchungen wegen Steuerhinterziehung und betrügerischen Machenschaften zur Folge hatte. Interessant: Bereits vor 12.30 Uhr findet sich das Bundeskriminalamt in Möllemanns privaten Räumlichkeiten ein. Dies alles geschieht, während der längst in Ungnade gefallene Politiker, der von Franz-Josef Strauß als »Riesenstaatsmann Mümmelmann« und wegen seiner saudi-arabischen Geschäfte zuweilen auch als »Jürgen von Arabien« bezeichnet wurde, nunmehr am Flughafen Loemühle im westfälischen Marl an Bord einer *Pilatus-Porter*-Propellermaschine geht, um mit neun anderen Sportlern wieder einmal einen Fallschirmabsprung zu riskieren.

Die *Pilatus* hebt um 12.15 ab, eine Viertelstunde darauf springt Möllemann in einer Höhe von 4000 Metern aus der Maschine. Wenige Minuten später ist es aus. Die Meldung vom Tod des Vizekanzlers verbreitet sich schnell. Ebenso schnell aber auch die Verwirrung. Zunächst wird klar gesagt, der Politiker sei tödlich verunglückt. Augenblicklich werden auch die Ermittlungen gegen ihn eingestellt. In den nächsten anderthalb Stunden heißt es, der Fallschirm habe sich nicht geöffnet. Dann ist plötzlich die Rede von Selbstmord – Möllemann habe überhaupt keinen Fallschirm getragen, als er sprang. Grund genug für Suizid hatte er ja gehabt, gerade am 5. Juni jenes Jahres. So wurden auch die weitreichenden Durchsuchungen von Anwesen und Konten als Auslösefaktoren seiner verzweifelten Tat zitiert. Die ebenso plötzliche Einstellung dieser Ermittlungen, die zudem nie wieder aufgenommen werden sollten, erscheint allerdings ihrerseits schon etwas seltsam. Denn ungeachtet des Todessturzes von Möllemann wäre die Aufklärung seiner Aktivitäten doch wohl weiterhin von einer gewissen Bedeutung gewesen. So aber können sich manche Beobachter des Eindrucks nicht erwehren, dass die umfangreiche Aktion vom 5. Juni nur dem Zweck dienen sollte, ein Selbstmordmotiv Möllemanns in der Öffentlichkeit zu generieren. Jeder sollte verstehen, warum dieser Mann in den Tod gesprungen war.

Nun war da die Geschichte mit dem Fallschirm. Führte Möllemann nun einen mit oder nicht? Noch im Laufe des Tages wurde geklärt, der FDP-Mann war mit dem Fallschirm abgesprungen. Allerdings habe er ihn in zirka 1600 Meter Höhe einfach ausgeklinkt. Welchen Grund außer Suizid sollte er dafür gehabt haben?

Aber da war doch noch der Reservefallschirm! Und damit gleich die nächste Frage: Warum öffnete auch der sich nicht? Dies ist jedoch nicht die einzige Unklarheit in Bezug auf das, was sich damals 1600 Meter über dem Boden abspielte. Ebenso seltsam ist, warum Möllemann seinen Hauptfallschirm zunächst öffnete, dann aber abkoppelte. Das ergibt einfach keinen Sinn. Zumindest nicht, wenn er tatsächlich Selbstmord verüben wollte. Dann hätte er ihn doch gar nicht erst öffnen brauchen!

Jetzt aber noch einmal zum Notfallschirm. Bei ihm handelte es sich um ein ausgereiftes System mit Technik der deutschen Firma Airtec, die ihr Produkt unter dem Namen *Cypres* damals bereits seit 16 Jahren auf dem Markt hatte. Es handelt sich um ein automatisches Öffnungssystem für den Schirm, kurz AOD genannt (*Automatic Opening Device*). *Cypres*, das *Cybernetic Parachute Release System* (kybernetisches Fallschirm-Öffnungssystem), wies zu keiner Zeit einen Fehler auf, es gab vor Möllemanns tödlichem Sturz noch nie ein Versagen von *Cypres*, das in einer programmierten Höhe völlig selbsttätig öffnet – dies auch für den »Fall«, dass der Springer während des Sturzes ohnmächtig wird.

Airtec produziert verschiedene Varianten des Geräts, je nach Einsatzbereich und Erfahrung des Springers. Jürgen Möllemann zählte durchaus zu den gut geübten Fallschirmspringern und konnte mit der *Expert*-Variante arbeiten. Nach einer Kalibrierung auf den momentanen Luftdruck am Boden ermittelt *Cypres* später beim Fall beinahe in Schritten von einer Zehntelsekunde alle erforderlichen Daten, wie beispielsweise augenblickliche Geschwindigkeit und Höhe.

Die *Expert*-Ausführung öffnet später als die *Student*-Version. Sobald die Geschwindigkeit 126 Stundenkilometer überschreitet und die Höhe unter 225 Meter sinkt, entfaltet sich der Reservefallschirm völlig automatisch. Der Springer muss hierfür rein gar nichts tun – und er kann auch rein gar nichts *dagegen* tun! Wenn *Cypres* erst einmal aktiviert wurde, so ist es dem Springer während des Falles nicht möglich, das Gerät mittels simplen Knopfdrucks außer Betrieb zu setzen. Er müsste das komplette Bündel vom Rücken nehmen und dann über vier einzelne Stufen deaktivieren. *Cypres* wird vor dem Absprung von einem Fachmann angebracht und eingeschaltet, anschließend erfolgen noch drei Kontrollen. Es ist wohl klar, dass bei derart riskanten Unternehmungen wie Fallschirmabsprüngen auch redundant gearbeitet wird.

Die ganze Angelegenheit um Möllemanns Sprung gestaltet sich also durchaus mysteriös. Und es gab noch andere geheimnisvolle Unregelmäßigkeiten.

Jürgen Möllemann war Präsident des Fallschirmclubs Münster. Hier hatten sich bereits früher seltsame Zwischenfälle ereignet, die von verschiedener Seite mit Möllemann in Verbindung gebracht wurden. Am 30. Mai 1999 stürzte die Krankenschwester Andrea Ullrich aus 3000 Meter Höhe in ihr Verderben. Doch was sich da abgespielt hatte, das war nachweislich kein Unfall. Das war Mord! Irgendwer hatte sich am Fallschirm der jungen Münsteranerin zu schaffen gemacht, Kabel durchgeschnitten, die Leinen verdrillt und das ganze Rettungssystem sabotiert. Dann wurde der Täter präsentiert, Ralf Kasperek, der »Freund« von Andrea Ullrich – ein mental wohl eher labiler, 33-jähriger Bahnangestellter, der sich – gelinde formuliert – völlig ausgenutzt von Ullrich vorkam und schließlich ein Ventil für seine Hassliebe brauchte.

Von einer festen Beziehung ist noch keine Rede, als Kasperek um drei Ecken herum erfährt, dass die junge Frau ihn eigentlich nur als Chauffeur zu den Sprungplätzen benötigte. Angeblich habe er später gegenüber seinem Haftrichter und gleichzeitig ehemaligen

Springerkollegen Josef Terhünte erklärt: »Die muss richtig auf die Schnauze fallen. So wie ich bei ihr auf die Schnauze gefallen bin. So, dass sie sich tot fällt.« Doch bei den öffentlichen Verhandlungen schwieg Kasperek, übrigens selbst Fallschirmspringer. Daher wurde unter anderem der Psychiater Professor Norbert Leygraf von der Universität Essen als Zeuge gehört. Er zeichnete ein ganz anderes Bild als Terhünte. Der verstockte Täter, der aber mittlerweile sein anfängliches Geständnis widerrufen hatte, habe demnach lediglich erklärt: »Ich habe geweint, als das Liebchen tot war.« Also: Da wartet Kasperek erst einmal fast eine geschlagene Woche eiskalt darauf, dass sein Opfer den Fallschirm nimmt und springt, greift zwischenzeitlich aber nicht ein, um seinen mörderischen Plan selbst noch zu unterbinden. Hernach reagiert er völlig paradox. Er gesteht zunächst und widerruft sein Geständnis anschließend; er zeigt sich völlig verstockt, dann auch völlig zerknirscht. Die ganze Geschichte scheint insgesamt wieder einmal leicht merkwürdig. Nun, die menschliche Psyche eben! Damals allerdings machen bald auch Gerüchte die Runde, Andrea Ullrich sei in Wirklichkeit das Opfer einer Verwechslung geworden, der Anschlag habe eigentlich dem im selben Club springenden Jürgen Möllemann gegolten.

Und es gab noch einen Vorfall. Am 19. August 2002 sprang Möllemann über Lemwerden in Niedersachsen ab und wollte den Hauptfallschirm in 1300 Meter Höhe öffnen. Mit Schrecken bemerkte er in diesem Moment, dass mehrere Leinen gerissen waren und die anderen Leinen sich ineinandergewickelt hatten! Damals löste er ebenfalls den Hauptfallschirm ab und landete mit dem Notschirm, der sich auch programmgemäß öffnete.

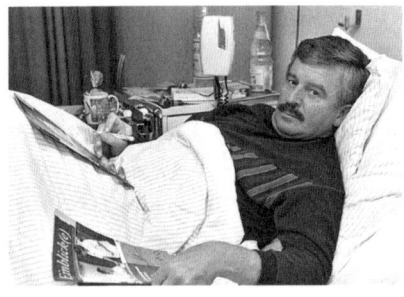

Genau wie Uwe Barschel verunglückte auch Jürgen Möllemann bereits wenige Monate vor seinem Tod. Beide Politiker kamen zunächst mit dem Leben davon.

Möllemann äußerte nach diesem Zwischenfall die Vermutung, seine Ausrüstung sei manipuliert worden. Und ein knappes Jahr später, was geschah da? Hatte Möllemann seinen Fallschirm selbst manipuliert oder waren die Täter diesmal nur gründlicher gewesen? 2007 präsentierte die *Bild-Zeitung* Ausschnitte aus einem Video, das ein Sprungkamerad namens Dave Littlewood in den letzten dramatischen Augenblicken des Politikers gefilmt habe. »Es muss Selbstmord gewesen sein!«, so erklärte die *Bild-Zeitung* damals. Die Aufnahmen sollen beweisen, dass das Notsystem nach dem Sprung ausgeschaltet war. Während des Sprungs kann es Möllemann natürlich nicht deaktiviert haben, das muss bereits vorher geschehen sein. Nur belegt das Video nicht, dass *Cypres* auch vorher zu keinem Zeitpunkt in Betrieb war. Genau dies soll aus dem Band hervorgehen, wobei angeblich auch geklärt wird, wie Möllemann die gegenseitige *Airtec*-Routine-Kontrolle umging: Kurz davor nämlich habe er sich noch einmal in den Clubraum begeben, um schnell ein Glas Wasser zu holen – laut *Bild* meinte daraufhin einer der anderen Springer von damals: »Deshalb hat er letzthin an der Theke so gekichert, als er das letzte Glas geholt hat!« Und ein anderer fügt daraufhin noch entsetzt hinzu: »Der hat es ausgelassen ... Neeeein!« Das Resümee von *Bild* war damals: »Jetzt endlich, nach vier Jahren, findet die Akte Möllemann ihren Frieden.« Und doch blieben wieder Zweifel. Erstens erscheint doch seltsam, dass Möllemann an der Theke »gekichert« haben soll, denn er befand sich gewiss nicht in einer entsprechenden Situation. Doch mag es ja sein, dass er den Verstand bereits vollends verloren hatte. Allerdings geht aus dem Filmmaterial der Satz »Er hat es ausgelassen« nicht hervor, zudem haben Zeugen damals bestätigt, die erforderlichen Sicherheitskontrollen im Beisein von Möllemann durchgeführt zu haben. Auch bei ihm sei demnach das System definitiv aktiviert gewesen.

Das Video war zudem bereits vier Jahre früher kurz in Erscheinung getreten und wurde am 16. Juni 2003 im *Focus* erwähnt, geriet dann aber wohl wieder in Vergessenheit. Wie das *Cypres*-System Möllemanns deaktiviert worden sein könnte, steht also nicht fest – Manipulation mit Fernsteuerung? Oder doch ein wie auch immer zu erklärender Defekt? Das wird schwer zu untersuchen sein. Zwar wurde das Gerät direkt nach dem Sturz angeblich – laut *Bild* – gefunden und lag zur fachlichen Begutachtung vor. Zwei Tage später wurden die polizeilichen Ermittlungen am »Unfallort« eingestellt, so berichtete damals die *Tagesschau* in den Abendnachrichten und erklärte weiter, dass ein wesentlicher Ausrüstungsgegenstand immer noch fehlte: genau jenes Gerät zur Auslösung des Fallschirms. Es »konnte nicht gefunden werden«. Die Frage bleibt dann allerdings, wie ein GSG9-Spezialist in der Lage gewesen sein soll, den Auslöser auf seine Funktion hin zu überprüfen. Genau dies wurde später nämlich behauptet. Was also wurde dem Experten vorgelegt?

Nach kurzen Ermittlungen an der Absturzstelle Möllemanns war schnell klar: Es war Selbstmord. Wirklich?

Die Akte Möllemann bleibt bis heute voller Unstimmigkeiten. Auch einige Kollegen und Freunde halten einen freiwillig gewählten Tod für kaum denkbar. So erklärte sein Freund und Kollege Wolfgang Kubicki: »Für einen Selbstmord gibt es keinen nachvollziehbaren Grund. Warum sollte er sich gerade jetzt umbringen? Er hat es im November nicht getan, als klar wurde, dass seine Karriere in der FDP zu Ende ist. Er hat es im März nicht getan, als er zum Parteiaustritt genötigt wurde.« – Gegenüber dem *Focus* (wiederum die Ausgabe vom 16. Juni 2003) stellte Kubicki fest: »In unseren damaligen Gesprächen erzählte er mir immer wieder, dass ihm jemand nach dem Leben trachtete und seine Stunde bald gekommen sei.« Wer dieser »jemand« war, darüber äußerte sich Kubicki nicht. Oder er wollte sich nicht äußern. Immerhin waren wiederum mächtige Interessen im Spiel. Manche glauben, allein die Gefahr, dass ein Politiker wie Möllemann unter Umständen einmal das Amt des deutschen Außenministers antreten könne, hätte gereicht, ihn rechtzeitig zu beseitigen. Unter denen, die ebenfalls nicht nachvollziehen konnten, dass Möllemann tatsächlich Selbstmord beging, fand sich auch der deutsche Ex-Außenminister Hans-Dietrich Genscher. Zum angeblich völlig beabsichtigten Fallschirmsprung in den Tod meinte er: »Mir will das aber nicht in das Bild passen, das ich von Jürgen Möllemann habe, denn er war eine Kämpfernatur.«

So bleibt am Ende von der alleinigen Suizidthese nicht allzu viel übrig – oder anders ausgedrückt: Man kann einen Mord keinesfalls ausschließen, die zahlreichen Ungereimtheiten sprechen hier eine deutliche eigene Sprache, ähnlich wie im Fall von Jörg Haider, der posthum manchmal sogar schon als der »österreichische Möllemann« tituliert wurde. Er verunglückte tödlich in der Nacht vom 10. auf den 11. Oktober 2008 bei schneller Fahrt auf der Loiblpass-Landstraße bei Klagenfurt, nachdem er einen anderen Wagen überholt und anschließend die Kontrolle über sein Fahrzeug verloren hatte. Laut pathologischem Gutachten trat der Tod durch Abriss des Hirnstamms ein, eine Folge der enormen Kräfte, die beim Aufprall auf den Körper wirkten. Der VW Phaeton war in einer Tempo-70-Zone mit 142 Stundenkilometern von der Fahrbahn abgekommen und schließlich gegen einen Betonpfeiler geprallt.

Jörg Haiders völlig zerstörter Phaeton.

Der offiziellen Darstellung zufolge hatte Haider unter starkem Alkoholeinfluss gestanden, als es passierte. Eine Manipulation des Fahrzeugs wurde von den Ermittlern ebenso komplett ausgeschlossen wie auch einige denkbare medizinische Ursachen. Verschiedene Rechercheure haben allerdings auch im Fall Haider eine größere Zahl an Widersprüchen festgestellt. Dies führt sie zu ganz anderen Ergebnissen, als sie in der behördlichen Version präsentiert wurden. Sie weisen unter anderem auch darauf hin, dass der gepanzerte Wagen Haiders so ziemlich das sicherste Fahrzeug war, das man sich vorstellen kann. Dennoch wurde der Phaeton völlig zerstört, und auch sämtliche Sicherheitssysteme schienen komplett ausgesetzt zu haben. Haider schien es in der Fahrgastzelle regelrecht zerrissen zu haben. Allerdings hatte es die Türholme des Wagens stark nach außen gedrückt, als ob nicht allein die Kraft des Aufpralls selbst gewirkt hätte – sondern eine gezielte Sprengung, ähnlich wie im Falle Herrhausen. Hier soll es aber nun nicht noch um die Diskussion des Todes von Jörg Haider gehen. Während die offiziellen Ermittlungen in einem Rekordtempo von nur 48 Stunden eingestellt wurden, haben private Ermittler und Journalisten versucht, den Fall in seinen zahlreichen Facetten nachzuzeichnen, wobei gerade, während diese Zeilen entstehen, wieder neue Diskussionen in Gang gesetzt wurden. Auch im Fall Haider dürfte letztlich dennoch vieles auf Nimmerwiedersehen in einem undurchsichtigen Nebel verschwunden sein. Doch die Akte deshalb ruhen zu lassen wäre wohl wie bei vielen anderen ungeklärten Todesfällen zu einfach und bequem.

Ganz gleich, welcher Provenienz und Geisteshaltung die Opfer waren, sie haben alle das Recht auf Aufklärung und auf die Wahrheit – genau wie die Öffentlichkeit. Die ganze Wahrheit wird selbstverständlich gerade bei den exponierten, bei den prominenteren Fällen oftmals aus guten Gründen nie ans Licht gelangen. Dennoch drängen nicht selten zahllose Mysterien nach außen, sie gleichen Fingern einer ausgestreckten Hand, die Aufmerksamkeit und Hilfe sucht. Es sind stille Rufe aus den Gräbern, die nach Gerechtigkeit verlangen, seien die Opfer nun bedeutende Politiker oder aber nur einfache Menschen, die sich zum falschen Zeitpunkt am falschen Ort befanden. Sofern die offiziellen Stellen jene mahnenden Stimmen nicht hören wollen, scheint es nur konsequent und richtig zu sein, wenn einzelne, zumeist private Rechercheure sich daran machen, die Fakten zu sichten und unabhängig zu bewerten; wenn sie sich daran machen, einfach mehr herauszufinden und teils selbst recht alte Fälle neu aufzurollen.

Doch der Einzelne kann kaum so schnell recherchieren und schreiben, wie die ungewöhnlichen Unfälle und Selbstmorde sich zutragen. Zu den aktuelleren Todesfällen mit jenem mysteriösen Flair zählen möglicherweise auch der angebliche Selbstmord des reichen Philanthropen Finn H. W. Casperson, der am 7. September 2009 tot hinter einem Bürogebäude auf Rhode Island, USA, aufgefunden wurde, sowie der ebenfalls vermeintliche Selbstmord des hochrangigen Rockefeller-Chefmanagers James S. McDonald, der nur eine Woche nach Casperson ums Leben kam. Er lag in seinem Wagen, der hinter dem Geschäft eines Autohändlers geparkt war. Sowohl Casperson als auch McDonald waren durch Kopfschuss gestorben. Und in beiden Fällen gingen die Ermittler sofort von Selbstmord aus. Vielleicht trifft das zu, vielleicht aber sind auch hier zusätzliche Recherchen nötig, um die wahren Hintergründe aufzudecken. Nur die Zeit wird es zeigen. Doch Verschwörungen zum Mord wird es immer geben. Das ist keine Theorie. Das ist die tödliche Praxis!

»Nach-Mord«: Und wenn sie nicht gestorben sind, dann morden sie noch heute!

Ich für meinen Teil finde, dass diejenigen, die heute noch versuchen, sogenannte Verschwörungstheorien der Lächerlichkeit preiszugeben, sich in gewissem Sinne einer Mittäterschaft schuldig machen, da sie im Extremfall denen das Wort reden, die Menschenleben auf dem Gewissen haben. Selbst wenn manche Verschwörungstheorien wirklich bar jeder Fakten sind, so existieren genügend gut fundierte Erkenntnisse mutiger Juristen, Ermittler und investigativer Journalisten, die über die Jahre eine Historie aufgedeckt haben, die wir nicht in Geschichtsbüchern finden, die aber umso mehr den brutalen Tatsachen entspricht. Es entbehrt sicherlich auch eines gesunden Gerechtigkeitsempfindens, denen das Wort zu reden, die ohnehin alle Macht auf ihrer Seite haben, während man die Opfer im Stich lässt. Und falls eine Verschwörungstheorie wirklich zu weit gehen sollte: Menschen, die aufgrund ihres Amtes jenseits der Gesetze stehen, dürften wohl weniger darunter leiden, wenn ihnen vielleicht gelegentlich Unrecht geschieht, das ihnen kaum Nachteile für Leib und Seele bringt. Insofern scheint ein allzu schonender Umgang mit diesem Personenkreis unangebracht, wird aber oftmals von den eifrigen Verfechtern der offiziellen Darstellung gepflegt, während die gleiche Gruppe hingegen jene schwächere Seite nicht im Mindesten schont und mit verbalen Attacken keineswegs geizt. Erklärbar ist dieses eigentümliche Gebaren nur als besonders traurige Variante des Rudelverhaltens. Man wähnt sich damit nämlich eindeutig auf der Seite der Mächtigen. Diese Leute fühlen sich sicher. Sie müssen keinerlei Gefahr fürchten, also können sie lautstark und selbstbewusst ins Horn der Geschichtsklitterer blasen. Die Argumente werden ihnen von den offiziellen Abschlussberichten und deren *staatlich abgesegneten*, *offiziellen* Verschwörungstheorien vorgegeben, sie müssen nicht mühsam und aufwendig recherchieren, sie müssen nicht mit Verwirrungstaktiken und Desinformation rechnen, denn sie wollen die offizielle Desinformation in keiner Weise anzweifeln und müssen dies auch gar nicht. Ihre Standpunkte können klar sein, ihr Aufwand und vor allem die mit ihrer Tätigkeit verbundene Gefahr sind vernachlässigbar. Diese unverbesserlich obrigkeitshörigen Papageienvögel der Journaille, wie sie in den verschiedensten Qualitätsschattierungen, doch mit stets gleicher Intention sowohl in wenig bemerkenswerten Internetzirkeln zu Haufe anzutreffen sind wie allerdings auch in den etablierten Medien, nähren sich von Konvention. Sie wollen überhaupt nicht verstehen, warum sogenannte Verschwörungstheoretiker, sprich aktive investigative Journalisten, lieber einmal zu weit gehen und dabei unter Umständen auch ihr Leben riskieren, als einmal potenzielles Unrecht gegen Menschen übersehen wollen, die sich selbst meist nicht oder nicht mehr wehren können.

Es erweist sich dabei geradezu selbstredend als äußerst kompliziert, die unter anderem durch geheimdienstliche Aktivitäten vielfach übertünchte und verbogene Geschichte zu begradigen und wieder in ihre ursprüngliche Form zu bringen. Wenn dies nicht komplett gelingt und das Bild zwangsläufig nicht immer klar und vollkommen begradigt ist, dann wird daraus unmittelbar wieder ein neues Argument der immer sehr selbstsicheren, weil so gefahrlos operierenden »Skeptiker«, die zumeist eben leider alles andere als skeptisch und kritisch sind, sondern kapitalen Verbrechen auch für die Zukunft Tür und Tor öffnen, eben weil sie die Möglichkeit hochgradiger Verschwörungen aus beinahe unerfindlichen Gründen permanent negieren und damit neuen Nährboden für sie schaffen.

Denn je weniger Akzeptanz die alleinige Möglichkeit von Verschwörungen in der Öffentlichkeit besitzt, desto größer bleibt der Spielraum für die Köpfe solcher Geheimaktionen. Diejenigen, die sich in einem geradezu heiligen Eifer eine Aufklärung – oder, wie man im Englischen zu sagen pflegt – ein »Debunking« von Verschwörungstheorien auf die Fahnen geschrieben haben, scheint dieser Faktor jedoch kaum zu interessieren. Zumindest teilweise versuchen sie offenbar, ihrem Leben einen Sinn durch unangefochtene Rechthaberei zu geben, was nur möglich ist, wenn sie niemand anderem als der Macht selbst hörig sind. Das ist ihre einzige Chance, vernommen zu werden. Wenn überhaupt!

Dass ihre Ausgangsposition per se in geradezu unfairer Weise schlicht durch die offiziellen Verlautbarungen weitaus angenehmer ist als diejenige der Kritiker solcher Veröffentlichungen, dürfte sie dabei kaum stören.

Letztlich aber werden sie dem Kreis der ewig Gestrigen angehören, durch die sich in der Welt noch nie etwas nach vorne bewegt hat. Sie mögen dem sanktionierten Zeitgeist nach als »seriös« gelten, als wäre dieses wunderbar effektive verbale Deckmäntelchen eine zeitunabhängige Konstante, doch in der Rückschau wird ihre Position kaum sehr vorteilhaft für sie aussehen – zumindest, sobald ihr eindeutig opportunistischer Charakter zutage tritt.

Wie gesagt, es gehört wahrlich kein Mut dazu, den Machtstrukturen das Wort zu reden, hingegen gewiss weit mehr Courage dazu, Machtmissbrauch und dessen Strukturen aufzudecken und dabei gelegentlich vielleicht den gegenüber einer Unterlassungssünde weit geringeren Fehler zu begehen, nicht jedes Detail zu klären, sondern nur ein großes, aber weitgehend zutreffendes Bild zu entwerfen. Wer hier nach dem Splitter sucht, sollte wahrhaft zuerst den Balken aus dem eigenen Auge nehmen. Selbst die abstruseste Verschwörungstheorie, die immer noch ein Quäntchen bislang unaufgedeckter Wahrheit birgt, ist in ihrer Summe weitaus wertvoller als jede vermeintlich hoch ehrenhafte Verteidigung offizieller Positionen, aus der keinerlei neue Erkenntnis hervorgeht. Wobei es ohnehin gewiss nicht ehrenhaft ist, das Wort für zuweilen mehr als fragwürdige offizielle Darstellungen zu ergreifen und sie unangefochten und allein wegen ihres amtlichen Stempels zu akzeptieren.

Und wer glaubt, jedes andere Verhalten käme unmittelbar der Anarchie gleich, hätte seinen Verstand am besten gleich an der Kasse abgegeben, an der wir die Eintrittskarte in diesen teuflischen Zirkus erhalten, den wir euphemistisch als *Welt* bezeichnen.

Nun, so manche haben das ja vielleicht wirklich getan, während andere sich darauf beschränkten, dort ihr *Gewissen* abzugeben. Viele von ihnen zählten und zählen zu denen, die sich überaus glücklich schätzen, kurzzeitig eine Eigenschaft zu besitzen, die sich Macht nennt und in der Regel bedeutet, die Kontrolle über den Bruchteil eines winzigen Lichtpunktes innezuhaben, auf dem sich alles befindet, was wir je kannten, was wir je liebten oder hassten, und der nicht die geringste Rolle im gewaltigen Meer der Unendlichkeit spielt, der schon zwischen den nächsten Sonnen verschwindet, wie sie wiederum unter Myriaden Sternen eines Spiralarms zum Nichts werden. In einer Milchstraße, die schon im Vorgarten des Universums zum kaum mehr wahrnehmbaren Glimmen schrumpft, in einem Galaxienhaufen, der sich in der schieren Dunkelheit des Raumes verliert.

Der Machtgedanke dieser Menschen beraubt sie tatsächlich ihrer Seelen, es sind im Grunde Untote, die den eigentlichen Sinn des Lebens nie erkannt haben und ihr Lebenswerk in Einheiten der Grausamkeit bemessen. Auch diese Grausamkeiten spielen im unendlichen Meer von Raum und Zeit gewiss keinerlei Rolle, ebenso wenig wie Menschenleben im Konzept der Mächtigen, die alle doch ein bisschen so sein wollen wie Gott. Letztlich sind diese Menschen zurückgeblieben im Geiste, hier enthüllt sich eine Psyche, deren verborgene, aber vorhandene Infantilismen in der Regel gefährlichste Konsequenzen zeitigen. Doch die Bedeutungslosigkeit von Gut und Böse nach universalen Maßstäben enthebt niemanden einer naturgesetzlich verankerten Grundregel. Sie können wir nicht an jener Kasse abgeben: das Wissen darum, was gut ist und was böse! Verstandesgemäße Entscheidungen geben jedermann den Freiraum zu entscheiden, wie weit er sein Handeln und die damit verbundene Verantwortung in Einklang bringen will oder kann, selbst wenn sich damit nur eine schwache Rechtfertigung verbinden mag. Wie oft haben Menschen wohl vor ihrem Handeln gesagt: »Dafür übernehme ich die Verantwortung!« – und wie viele waren es danach!

Doch diejenigen, die jenseits der Gesetze stehen, die niemals zur Rechenschaft gezogen werden können, und sich rechtzeitig aller Skrupel entledigt haben, dürften – und das belegt eben genau ihr Handeln – doch sehr schnell den Bezug zu moralischen Fragestellungen verloren haben, wie sich nicht allein durch den Verstand erfassbar sein sollten.

Jetzt geht es nur noch darum, die gesteckten Ziele zu erreichen, gleich welche Hindernisse sich in den Weg stellen, wenn nur die Effizienz stimmt. Da jeder Mensch in dieser Philosophie ersetzbar ist, kommt es auf Menschenleben nicht an, der Mensch ist lediglich noch ein Faktor in einer Kosten-Nutzen-Rechnung auf Leben und Tod. Nur einen Fehler begehen jene Besessenen zuweilen: Sie wissen sich weitgehend über den Gesetzen, sehen sich unangreifbar und unberührbar, doch sind sie weit davon entfernt, immaterielle Wesen zu sein. So endet in dem tödlichen Spiel doch so manch vermeintlich Mächtiger mit der Kugel im Kopf und dem Betonklotz am Fuß. Vielleicht aber sind es auch nur jene, die eben nicht mächtig genug waren. Barschel, Palme, Allende und selbst Kennedy schienen dies nicht zu sein. Nur Menschen wie David Rockefeller oder Henry Kissinger müssen sich offenbar keine Sorgen machen, obwohl sie unzählige Gegner und erbitterte Feinde haben. Sie scheinen wahrhaft wie Schützlinge des Bösen in einen weltfernen Olymp entrückt, auf dessen Gipfel jedoch höllisches Feuer lodert. Wer sich dort ein Denkmal setzen will, muss wohl hier unten in der Lage gewesen sein, Kriege zu entfesseln, Unschuldige – zu sogenannten Soldaten gemacht – aufeinanderzuhetzen und ganze Völkerschaften in den meist qualvollen Tod zu reißen. Man wird sich ihrer auch länger erinnern als derer, die sich für andere Menschen eingesetzt haben, sofern von Letzteren überhaupt eine Erinnerung bleibt. Denn Wohltaten lösen selten bleibende Schockerlebnisse aus! Die Erkenntnis um diese bittere Beschaffenheit der Welt hat schon manch wertvollere Zeitgenossen um den Verstand gebracht oder aber andere in verhängnisvolle, ausweglose Situationen manövriert, so wie sie teils auch in diesem Buch beschrieben wurden. Wieder andere, die zuletzt doch noch versuchten, die Seite zum Besseren zu wechseln und ihr Gewissen ein wenig zu erleichtern, indem sie Geheimnisse preisgaben, blieben bald darauf nicht selten auf der Strecke, wurden sie doch zu Verrätern einer gewissenlosen und gnadenlosen Gesellschaft, die trotz aller mehr oder minder realen Macht ihre wahre Motivation stets im Verborgen halten und daher ein Schattendasein führen muss, um sich nicht letztlich doch der Gefahr auszusetzen, von einer aufgewühlten Masse erdrückt zu werden.

Auch der Mächtigste bleibt als Individuum verletzbar und unentrinnbar mit der Vergänglichkeit verschmolzen, die von seinem körperlichen Dasein bestimmt wird. Damit wird er reduziert auf das, was er eigentlich ist – auf einen biologischen Mechanismus aus Fleisch und Knochen mit sehr begrenztem Haltbarkeitsdatum. Letztlich mag es ja der reine, wenn auch ins wahrhaft Bestialische gesteigerte Raubtierinstinkt sein, der in solchen Maschinen aus Fleisch und Knochen das Verlangen schürt, möglichst hohe Berge aus Fleisch und Knochen anzuhäufen. Doch worin auch immer der Urgrund der Grausamkeit liegen mag, am Ende muss auch der Mächtigste diese Welt verlassen wie jeder andere. Und leider, wenn der Letzte von ihnen gegangen ist, wird wohl auch kein anderer Sterblicher mehr übrig bleiben, dann, wenn die Erde zum Grabstein der Menschheit geworden ist. Erst dann wird das Morden enden. Bis dahin aber werden weiterhin Tag für Tag, Woche um Woche, Monat für Monat, Jahr um Jahr weitere mysteriöse Todesfälle folgen, deren wahre Geschichte die Öffentlichkeit nie erfahren darf. Die eigentlichen Hintermänner machen sich die Hände gewiss nie und nirgends schmutzig, denn Sündenböcke und Handlanger wird es immer geben.

Und wenn sie nicht gestorben sind, dann morden sie noch heute!

Ergänzende Literatur

Dieses bewusst kompakt gehaltene Verzeichnis erhebt naturgemäß keinerlei Anspruch auf Vollständigkeit. Es stellt weder ein Quellenverzeichnis des Autors noch eine Empfehlung dar, sondern listet teils auch allgemeinere Literatur zum Thema auf. Viele der aufgeführten Werke sind in der Regel relativ leicht zugänglich, liegen häufig in deutscher Sprache vor und lassen eine weitere eigenständige, ergänzende Beschäftigung mit dem Thema zu. Das Verzeichnis enthält keine Zeitschriftenbeträge oder Zeitungsartikel.

Die Auflistung spiegelt keine Identifikation mit den jeweils vertretenen Theorien oder politischen Ansichten der Autoren wider. Hier können selbst völlig konträre Ansichten zur Sprache gebracht sein.

Anders, Karl: *Mord auf Befehl*; Schlichtenmayer, Tübingen 1963

Ben-Zwi, H. (Hrsg.): *CIA – Geheime Macht oder modernes Regierungsinstrument*; Geo, Düsseldorf 1976

Blondiau, H./Gümpel, U.: *Der Vatikan heiligt die Mittel – Mord am Bankier Gottes*; Patmos, Düsseldorf 1999

Brisard, Jean-Charles; Dasquié, Guillaume: *Die verbotene Wahrheit – Die Verstrickungen der USA mit Osama bin Laden*; Pendo, Zürich/München 2002

Coulter, Ann: *High Crimes and Misdemeanors – The Case Against Bill Clinton*; Regnery, Washington 1998

Cornwell, John: *Wie ein Dieb in der Nacht – Der Tod von Papst Johannes Paul I.*; Piper, München 1991

Engdahl, William F.: *Mit der Ölwaffe zur Weltmacht*; Kopp, Rottenburg 2006

Ford, Franklin L.: *Der politische Mord – Von der Antike bis zur Gegenwart*; Rowohlt, Reinbek 1972

Grandt, Guido: *Schwarzbuch Freimaurerei – Von der Französischen Revolution bis zu Uwe Barschel*; Kopp, Rottenburg 2007

Grey, Stephen: *Das Schattenreich der CIA – Amerikas schmutziger Krieg gegen den Terror*; dva, München 2006

Hatfield, James H.: *Das Bush-Imperium – Wie George W. Bush zum Präsidenten gemacht wurde*; Atlantik, Bremen/Montréal 2002

Hopsicker, Daniel: *Barry & The Boys – The CIA, The Mob and America's Secret History*; MadCow, Noti/Oregon (USA) 2001

Hübner, Emil: *Das politische System der USA*; Beck, München 1993

Ignatieff, Michael: *Das kleinere Übel – Politische Moral in einem Zeitalter des Terrors*; Philo, Hamburg/Berlin 2005

Jacobs, Peter: *Auftrag Mord – Attentäter und ihre Hintermänner*; Weltkreis, Köln 1987

Kalinka, Werner: *Der Fall B. – Der Tod, der kein Mord sein darf*; Ullstein, Frankfurt/Berlin, 1993

Kean, Thomas H.; Zelikow, Philip et. al.: *The 9/11 Commission Report – Final Report of the National Commission on Terrorist Attacks upon the United States*; mit deutschsprachiger Einführung; Ringier, Berlin 2004

Kennedy, John F.: *Zivilcourage*; Econ, Düsseldorf 1964

Liman, Paul: *Der politische Mord im Wandel der Geschichte – Eine historisch-psychologische Studie*; Hofmann, Berlin 1912

Marrs, Jim: *Rule By Secrecy*; Harper-Collins, New York 2000

Matrisciana, Patrick: *The Clinton Chronicles Book*; Jeremiah, Hemet 1994

Menninger, Bonar: *Mortal Error – The Shot That Killed JFK*; St. Martin's Press, New York 1992

Middendorf, Wolf: *Der politische Mord – Ein Beitrag zur historischen Kriminologie*; Bundeskriminalamt, Wiesbaden 1968

Ostrovsky, Victor: *Geheimakte Mossad – Die schmutzigen Geschäfte des israelischen Geheimdienstes*; Goldmann, München 1994

Pearl, Mariane: *Ein mutiges Herz – Leben und Tod des Journalisten Daniel Pearl*; Scherz, Frankfurt 2004

Raith, W./Schmid, T.: *Politische Morde – 17 Fälle des 20. Jahrhunderts*; Die Werkstatt, Göttingen 1996

Rétyi, Andreas von: *Bilderberger – Das geheime Zentrum der Macht*; Kopp, Rottenburg 2006

Rétyi, Andreas von: *Die unsichtbare Macht – Hinter den Kulissen der Geheimgesellschaften*; Kopp, Rottenburg 2002

Rétyi, Andreas von: *Geheimbasis Area 51 – Die Rätsel von Dreamland*; Kopp, Rottenburg 1998

Rétyi, Andreas von: *Macht und Geheimnis der Illuminaten*; Kopp, Rottenburg 2004

Rétyi, Andreas von: *Skull & Bones – Amerikas geheime Macht-Elite*, Kopp, Rottenburg 2003

Rétyi, Andreas von: *Streng geheim – Area 51 und die Schwarze Welt*, Kopp, Rottenburg 2001

Rétyi, Andreas von: *Die Terror-(F)Lüge – Der 11. September 2001 und die besten Beweise, dass wirklich alles anders war*; Kopp, Rottenburg 2007

Rétyi, Andreas von: *Denn sie wussten zu viel – Mysteriöse Todesfälle und ihre wahren Hintergründe*; Kopp, Rottenburg 2008

Ruddy, Christopher: *The Strange Death of Vincent Foster – An Investigation*, Free Press; New York 1997

Rückmann, Kurt: *Mord am Kreuzweg – Fälle, die die Welt erregten*; Militärverlag, Berlin 1968

Ruppert, Michael C.: *Crossing the Rubicon – The Decline of the American Empire at the End of the Age of Oil*; New Society Pubs, Gabriola Island (Kanada) 2004

Thomas, K./Keith, J.: *The Octopus – Secret Government and the Death of Danny Casolaro*; Feral House, Portland 1996

Tozzer, K./Kallinger, G.: *Todesfalle Politik – Vom OPEC-Überfall bis zum Sekyra-Selbstmord*; NP, St. Pölten/Wien 1999

Yallop, David A.: *Die Verschwörung der Lügner*; Droemer, München 1993

Zentner, Christian: *... den Dolch im Gewande – Politischer Mord durch zwei Jahrtausende*; Südwest, München 1968

Bücher, die Ihnen die Augen öffnen

In unserem kostenlosen Gesamtverzeichnis finden Sie Klassiker, Standardwerke, preisgünstige Taschenbücher, Sonderausgaben und aktuelle Neuerscheinungen rund um die Themengebiete, auf die sich der KOPP VERLAG spezialisiert hat:

- Verbotene Archäologie
- Fernwahrnehmung
- Kirche auf dem Prüfstand
- Verschwörungstheorien
- Geheimbünde
- Neue Wissenschaften
- Medizin und Selbsthilfe
- Persönliches Wachstum
- Phänomene
- Remote Viewing
- Prohezeiungen
- Zeitgeschichte
- Finanzwelt
- Freie Energie
- Geomantie
- Esoterik
- Ausgewählte Videofilme und anderes mehr

Ihr kostenloses Gesamtverzeichnis aller lieferbaren Titel liegt schon für Sie bereit. Einfach anfordern bei:

KOPP VERLAG
Pfeiferstraße 52
72108 Rottenburg
Tel. (0 74 72) 98 06-0
Fax (0 74 72) 98 06-11
info@kopp-verlag.de
www.kopp-verlag.de

Ein Buch, das Sie unbedingt lesen sollten – und zwar bevor Sie Ihren Arzt aufsuchen!

Die Person, die Sie am wahrscheinlichsten töten wird, ist kein Einbrecher oder Räuber, auch kein geistesgestörter Triebtäter oder ein betrunkener Autofahrer. Die Person, die Sie am wahrscheinlichsten töten wird, ist Ihr eigener Arzt. Unglaublich? Aber wahr!

Ärzte und Krankenhäuser sind in der Zwischenzeit eine der Hauptursachen für viele Krankheiten geworden. Die Wahrscheinlichkeit, an den Nebenwirkungen der Medikamente zu sterben, die Ihr Arzt Ihnen verordnet hat, ist fünfmal höher, als bei einem Verkehrsunfall ums Leben zu kommen.

Vernon Coleman zeigt Ihnen, wie Sie sich gegen diese ernsthafte Bedrohung Ihres Lebens und Ihrer Gesundheit wehren können.

Themen aus dem Inhalt:
- Lassen Sie sich von Ihrem Arzt nicht einschüchtern.
- Die wirkliche Ursache von Krebs – und die Lösung.
- Wie Sie das Beste aus Ihrem Arzt herausholen.
- Tests und Untersuchungen – wie sicher sind sie?
- Die Wahrheit über Brustkrebs, Cholesterin und Ritalin.
- Sollten Sie eine zweite Meinung einholen?
- Fragen an Ihren Chirurgen.
- Zehn gute Gründe, warum Sie Ihrem Arzt nicht immer vertrauen sollten u. v. m.

gebunden
288 Seiten
ISBN 3-930219-99-9
19,90 EUR

KOPP VERLAG
Pfeiferstraße 52
72108 Rottenburg
Telefon (0 74 72) 98 06-0
Telefax (0 74 72) 98 06-11
info@kopp-verlag.de
www.kopp-verlag.de

Nie mehr Angst vor Krebs!

Wie Sie vermeiden, an Krebs zu erkranken – und wie man das Problem der Krebsheilung effektiv angehen kann!

Fast 400 000 Menschen erkranken allein in Deutschland jedes Jahr an Krebs. Für die Betroffenen ist die entsprechende Diagnose oft gleichbedeutend mit einem Todesurteil. Die etablierten Therapien der Schulmedizin – Operation, Bestrahlung, Chemo – sind zudem mit zahlreichen, teils schwerwiegenden Nebenwirkungen verbunden. Doch Krebs ist heute kein Todesurteil mehr!

Unglaublich, aber wahr: Es existieren außerhalb der klassischen Schulmedizin begnadete Ärzte und Naturheiler, die Tausende von Krebspatienten mit natürlichen Mitteln und alternativen Methoden therapiert haben.

Über zehn Jahre lang hat Andreas von Rétyi recherchiert, nach diesen genialen und deshalb heiß umstrittenen Ärzten gesucht. Er hat mit unzähligen Medizinern und Naturheilern gesprochen und deren Patienten befragt. Und er hat sie gefunden – jene Ärzte, die weit über dem Durchschnitt liegende Heilerfolge bei Krebserkrankungen vorweisen können.

»Wenn ich an Krebs erkranken würde, dann würde ich mich auf gar keinen Fall in einem herkömmlichen Krebszentrum behandeln lassen. Es haben nur jene Krebsopfer eine Überlebenschance, die sich von diesen Zentren fernhalten.«
Prof. Charles Mathe, französischer Krebsspezialist

gebunden
352 Seiten
ISBN 3-938516-16-X
22,90 EUR

KOPP VERLAG
Pfeiferstraße 52
72108 Rottenburg
Telefon (0 74 72) 98 06-0
Telefax (0 74 72) 98 06-11
info@kopp-verlag.de
www.kopp-verlag.de

Sechshundert Seiten pures Dynamit und Pflichtlektüre für jeden freiheitsliebenden Menschen!

»Gebt mir die Kontrolle über die Währung einer Nation, dann ist es für mich gleichgültig, wer die Gesetze macht.«

Mayer Amschel Rothschild

Wie soll ein Bankier die Macht über die Währung einer Nation bekommen, werden Sie sich jetzt fragen. Im Jahre 1913 geschah in den USA das Unglaubliche. Einem Bankenkartell, bestehend aus den weltweit führenden Bankhäusern Morgan, Rockefeller, Rothschild, Warburg und Kuhn-Loeb, gelang es in einem konspirativ vorbereiteten Handstreich, das amerikanische Parlament zu überlisten und das *Federal Reserve System* (FED) ins Leben zu rufen – eine amerikanische Zentralbank. Doch diese Bank ist weder staatlich (federal) noch hat sie wirkliche Reserven. Ihr offizieller Zweck ist es, für die Stabilität des Dollars zu sorgen. Doch seit der Gründung des FED hat der Dollar über 95 Prozent seines Wertes verloren! Sitzen dort also nur Versager? Oder hat das FED im Verborgenen vielleicht eine ganz andere Aufgabe und einen ganz anderen Sinn? G. Edward Griffin enthüllt in diesem Buch die wahren Hintergründe über die Entstehung des *Federal Reserve Systems* und den eigentlichen Sinn und Zweck dieser Notenbank.

»Was jeder wissen muss über die Macht der Zentralbank. Ein packendes Abenteuer in der geheimen Welt des internationalen Bankenkartells.«

Prof. Mark Thornton, *Auburn University*

gebunden
zahlreiche Abbildungen
672 Seiten
ISBN 3-938516-28-3
29,90 EUR

KOPP VERLAG
Pfeiferstraße 52
72108 Rottenburg
Telefon (0 74 72) 98 06-0
Telefax (0 74 72) 98 06-11
info@kopp-verlag.de
www.kopp-verlag.de

Sensationelle Funde verändern die Welt

Michael Cremos und Richard Thompsons kontroverses Buch *Verbotene Archäologie* versetzt die Wissenschaftsgilde in basses Erstaunen. Es stellt bislang als gesichert geltende archäologische Erkenntnisse praktisch auf den Kopf und zeigt, dass die klassische Archäologie massenweise Fakten über die Entstehungsgeschichte der Menschheit unterdrückt. So liefert *Verbotene Archäologie* reichhaltige Beweise dafür, dass die menschliche Rasse seit Millionen von Jahren existiert.

»*Verbotene Archäologie* ist eine bemerkenswert umfassende Prüfung des wissenschaftlichen Beweismaterials über den Ursprung des Menschen. Das Buch wertet das gesamte Beweismaterial sorgfältig aus, auch das Material, das bisher außer Acht gelassen wurde, weil es nicht in die vorherrschenden Paradigmen passt. Wir alle können von den akribischen Forschungen und Analysen der Autoren viel lernen, egal, welche Schlüsse wir aus ihrer These über das Alter der Menschheit ziehen.« – *Dr. Phillip E. Johnson, Universität von Kalifornien, Berkeley*

»*Verbotene Archäologie* wurde hauptsächlich für den Laien geschrieben und ermöglicht eine kritische Überprüfung des für die menschliche Entwicklung sachdienlichen Beweismaterials. Darüber hinaus wird das Buch eine wertvolle Quelle für vergessene Literatur sein, die normalerweise nicht leicht zugänglich ist.« – *Dr. Siegfried Scherer, Institut für Mikrobiologie, Technische Universität München*

gebunden
1056 Seiten
zahlreiche Abbildungen
ISBN 978-3-938516-33-1
29,90 EUR

KOPP VERLAG
Pfeiferstraße 52
72108 Rottenburg
Telefon (0 74 72) 98 06-0
Telefax (0 74 72) 98 06-11
info@kopp-verlag.de
www.kopp-verlag.de

Von den Maya prophezeite Schicksalswende in wenigen Jahren? Was steht uns bevor?

Ist der 21. Dezember 2012 das Ende der Welt, wie wir sie kennen?
Nach dem Glauben der alten Maya wird unsere Welt am 21. Dezember 2012 enden. Genau um Mitternacht springt ihr Kalender zum ersten Mal in mehr als 5000 Jahren wieder auf Null. Dieses »Enddatum« fasziniert die Gelehrten, seit vor etwa einhundert Jahren das System der Zeitrechnung der Maya wiederentdeckt wurde.
Am darauffolgenden Tag, dem 22. Dezember 2012, wird die Sonne bei der Wintersonnenwende in einer Ebene mit einem »Sternentor« im Zentrum unserer Galaxis stehen. Da dies nur alle 25 800 Jahre geschieht, ist es das erste Mal seit Beginn der Geschichtsschreibung, dass die Menschheit Zeuge eines solchen Ereignisses wird. Damit stellt sich die offenkundige Frage: Weshalb erfanden die alten Maya, ein Steinzeitvolk, das noch nicht einmal Räder benutzte, von Teleskopen ganz zu schweigen, einen Kalender, der in einem einzigartigen astronomischen Ereignis gipfelt, das für sie Tausende von Jahren in der Zukunft lag? Sie prophezeiten, dass diesem Ereignis eine Reihe von gigantischen Naturkatastrophen vorausgehen werde. Diese Prophezeiungen wirken vor allem auch deshalb so alarmierend, weil die Maya ihren eigenen Untergang im neunten Jahrhundert vor Christus selbst richtig vorausgesagt haben.
Es sind nur noch wenige Jahre, die uns von 2012 trennen. Können wir es uns leisten, die Botschaften der Maya zu ignorieren?

gebunden
352 Seiten
zahlreiche Abbildungen
ISBN 978-3-938516-45-4
19,90 EUR

KOPP VERLAG
Pfeiferstraße 52
72108 Rottenburg
Telefon (0 74 72) 98 06-0
Telefax (0 74 72) 98 06-11
info@kopp-verlag.de
www.kopp-verlag.de

Das größte Geheimnis des Dritten Reiches: die deutsche Atombombe

geb., 288 S., zahlr. Abb.,
ISBN 3-930219-30-6,
Sonderpreis: 9,95 EUR

geb., 256 S., zahlr. Abb.
ISBN 3-930219-90-5,
Sonderpreis: 9,95 EUR

geb., 288 S., zahlr. Abb.,
ISBN 3-930219-50-6,
Sonderpreis: 9,95 EUR

geb., 288 S., zahlr. Abb.,
ISBN 978-3-938516-61-4,
Preis: 19,95 EUR

Kopp Verlag
Pfeiferstraße 52, D-72108 Rottenburg,
Telefon (0 74 72) 98 06-0, Telefax (0 74 72) 98 06-11,
info@kopp-verlag.de, www.kopp-verlag.de